高等职业教育公共课程“十四五”规划教材

劳动：思维、能力与实践

戴海东　周　苏◎主　编
李　婵　乔凤凤◎副主编

中国铁道出版社有限公司
CHINA RAILWAY PUBLISHING HOUSE CO., LTD.

内 容 简 介

劳动教育是学生德智体美劳全面发展的主要内容之一，是中国特色社会主义教育制度的重要内容。其目的在于培养学生树立正确的劳动观念和劳动态度，热爱劳动和劳动人民。养成劳动习惯的教育，直接决定着学生的劳动精神面貌、劳动价值取向和劳动技能水平。

本书从大学“劳动教育”的课程教学出发，教学内容与教学方法做了全新的设计，所涉及的知识面广，内容包括劳动和劳动形态、劳动教育的方向、劳动教育的内涵、劳动教育的实践、劳动素养及其养成、劳动的文化建设、劳动精神与劳模精神、劳动者的工匠精神、劳动的创新发展、劳动者的权益、劳动教育的评价、创新劳动与愿景，共12章。附录部分提供了课程练习的参考答案。

本书各章内容实操性强，把劳动教育的概念、理论和技术知识融入实践中，帮助读者加深对劳动的认识和理解，是大学教育中有关劳动教育的一本理论与实践相结合的教材。

本书适合作为大学和职业教育院校开展劳动教育的教材，也可供科技工作者和工程技术人员参考或作为继续教育的教材。

图书在版编目（CIP）数据

劳动：思维、能力与实践/戴海东，周苏主编. —北京：中国铁道出版社有限公司，2021.11

高等职业教育公共课程“十四五”规划教材

ISBN 978-7-113-28553-1

Ⅰ.①劳… Ⅱ.①戴… ②周… Ⅲ.①劳动教育-高等职业教育-教材 Ⅳ.①G40-015

中国版本图书馆CIP数据核字（2021）第232493号

书　　名：劳动：思维、能力与实践

作　　者：戴海东　周　苏

策　　划：汪　敏　　　　编辑部电话：（010）83517321

责任编辑：汪　敏　包　宁

封面设计：高博越

责任校对：孙　玫

责任印制：樊启鹏

出版发行：中国铁道出版社有限公司（100054，北京市西城区右安门西街 8 号）

网　　址：http://www.tdpress.com/51eds/

印　　刷：三河市航远印刷有限公司

版　　次：2021 年 11 月第 1 版　2021 年 11 月第 1 次印刷

开　　本：787 mm×1 092 mm　1/16　印张：15.5　字数：355 千

书　　号：ISBN 978-7-113-28553-1

定　　价：49.80 元

前　言

恩格斯在《劳动在从猿到人转变过程中的作用》一文中指出:"劳动和自然界在一起才是一切财富的源泉，自然界为劳动提供材料，劳动把材料转变为财富。但是劳动的作用还远不止于此。劳动是整个人类生活的第一个基本条件，而且达到这样的程度，以致我们在某种意义上不得不说：劳动创造了人本身。"

马克思认为:"全部人的活动迄今都是劳动。"劳动是马克思思想体系中的核心观念，是马克思主义理论研究的基础。马克思把劳动比喻成整个社会为之旋转的太阳，劳动是人类生存的本质，人类的发展过程就是劳动的发展史。正如马克思所说："任何一个民族，如果停止劳动，不用说一年，就是几个星期，也要灭亡，这是每一个小孩都知道的。"

劳动教育是中国共产党从无到有、从弱到强，取得伟大胜利的宝贵法宝之一。我党历史上从开国领袖毛泽东开始，经过邓小平等领导同志，到带领人民迈进中国特色社会主义建设新时代的习近平总书记都高度重视劳动教育。

劳动教育是中国特色社会主义教育制度下学生德智体美劳全面发展的重要内容之一，其目的在于培养学生树立正确的劳动观念和劳动态度，热爱劳动和劳动人民。能否养成良好劳动习惯，直接决定着学生的劳动精神面貌、劳动价值取向和劳动技能水平。

本书从大学"劳动教育"的课程教学出发，教学内容与教学方法做了全新的设计，所涉及的知识面广，内容包括劳动和劳动形态、劳动教育的方向、劳动教育的内涵、劳动教育的实践、劳动素养及其养成、劳动的文化建设、劳动精神与劳模精神、劳动者的工匠精神、劳动的创新发展、劳动者的权益、劳动教育的评价、创新劳动与愿景，共12章。附录部分提供了课程练习的参考答案。

本书可作为大学和职业教育院校开展劳动教育的主教材。各章内容实操性强，把劳动教育的概念、理论和技术知识融入实践中，帮助读者加深对劳动的认识和理解，是大学教育中有关劳动教育的一本理论与实践相结合的教材。

本书的编写工作得到浙江安防职业技术学院、温州商学院、浙大城市学院、杭州汇萃智能科技有限公司等单位的支持。欢迎教师索取为本书配套的丰富教学资料并交流，E-mail: zhousu@qq.com，QQ: 81505050。

由于编者水平有限，书中不足之处在所难免，敬请读者批评指正。

编　者

2021年7月

目录

第一章 劳动和劳动形态

学习目标

知识目标

（1）熟悉对劳动的认识，熟悉劳动的形式，了解劳动起源论。

（2）熟悉劳动形态，了解劳动形态的变化，掌握劳动形态的内涵。

（3）学习马克思关于劳动的论述，熟悉劳动三形态。

（4）学习习近平总书记的“劳动观”。

（5）了解延安时期的劳动故事，熟悉延安时期的劳动精神，了解延安精神对当代高等教育的启示意义。

素质目标

（1）审视自身对劳动的认识、情感、态度和劳动价值观，塑造良好的劳动品德。

（2）反思自身劳动习惯的不足之处，培养积极进取的劳动习惯。

（3）学习马克思的经典劳动思想，培养对共产主义理论的认识。

（4）学习延安精神，培养热爱劳动的高尚情操。

能力目标

（1）能准确定义劳动的基础概念，能积极收集和学习革命理论。

（2）结合个人成长经历，熟悉劳动思想的不断发展进步。

重点难点

（1）理解马克思主义劳动理论的提出、发展和最新思想。

（2）熟悉马克思的劳动三形态论述。

（3）掌握习近平总书记的“劳动观”。

（4）理解、熟悉中国共产党的延安劳动精神及其伟大意义。

◎ 导读案例　习近平总书记的“劳动观”

习近平总书记一直尊重劳动、关心劳动者。党的十八大以来，他在多个场合、多次提及劳动和劳动者。

1. 关于劳动的重要性

2013 年 4 月 28 日，习近平来到全国总工会机关，同全国劳动模范代表座谈并发表重要讲话，指出：人民创造历史，劳动开创未来。实现我们的奋斗目标，开创我们的美好未来，必须紧紧依靠人民、始终为了人民，必须依靠辛勤劳动、诚实劳动、创造性劳动。劳动是财富的源泉，也是幸福的源泉。人世间的美好梦想，只有通过诚实劳动才能实现；发展中的各种难题，只有通过诚实劳动才能破解；生命里的一切辉煌，只有通过诚实劳动才能铸就。

2014 年 4 月 30 日，习近平在乌鲁木齐接见劳动模范和先进工作者、先进人物代表，向全国广大劳动者致以“五一”节（见图 1-1）问候，习近平总书记指出：劳动是一切成功的必经之路。当前，全国各族人民正满怀信心为实现“两个一百年”奋斗目标而努力。实现我们确立的奋斗目标，归根到底要靠辛勤劳动、诚实劳动、科学劳动。劳动是共产党人保持政治本色的重要途径，是共产党人保持政治肌体健康的重要手段，也是共产党人发扬优良作风、自觉抵御“四风”的重要保障。

图 1-1　五一国际劳动节

2015 年 4 月 28 日，习近平在庆祝“五一”国际劳动节暨表彰全国劳动模范和先进工作者大会上的讲话，指出：全面建成小康社会，进而建成富强民主文明和谐的社会主义现代化国家，根本上靠劳动、靠劳动者创造。劳动是人类的本质活动，劳动光荣、创造伟大是对人类文明进步规律的重要诠释。中华民族是勤于劳动、善于创造的民族。正是因为劳动创造，我们拥有了历史的辉煌；也正是因为劳动创造，我们拥有了今天的成就。

2. 如何对待劳动

2013 年 4 月 28 日，习近平来到全国总工会机关，同全国劳动模范代表座谈并发表重要讲话，指出：我国工人阶级要增强历史使命感和责任感，立足本职、胸怀全局，自觉把人生理想、家庭幸福融入国家富强、民族复兴的伟业之中，把个人梦与中国梦紧密联系在一起，始终以国家主人翁姿态为坚持和发展中国特色社会主义作出贡献。

2014 年 4 月 30 日，习近平在乌鲁木齐接见劳动模范和先进工作者、先进人物代表，向全国广大劳动者致以“五一”节问候，指出：劳动模范和先进工作者、先进人物不仅自己要做好工作，而且要身体力行向全社会传播劳动精神和劳动观念，让勤奋做事、勤勉为人、勤劳致富在全社会蔚然成风。

2015 年 4 月 28 日，习近平在庆祝“五一”国际劳动节暨表彰全国劳动模范和先进工作者大会上的讲话，指出：一切劳动者，只要肯学肯干肯钻研，练就一身真本领，掌握一手好技术，就能立足岗位成长成才，就都能在劳动中发现广阔的天地，在劳动中体现价值、展现风采、感受快乐。

2016年4月26日，习近平在知识分子、劳动模范、青年代表座谈会上的讲话，指出：素质是立身之基，技能是立业之本。广大劳动群众要勤于学习，学文化、学科学、学技能、学各方面知识，不断提高综合素质，练就过硬本领。要立足岗位学，向师傅学，向同事学，向书本学，向实践学。三百六十行，行行出状元。梦想属于每一个人，广大劳动群众要敢想敢干、敢于追梦。说到底，实现中华民族伟大复兴的中国梦，要靠各行各业人们的辛勤劳动。现在，党和国家事业空间很大，只要有志气有闯劲，普通劳动者也可以在宽广舞台上展示自己的人生价值。

3. 树立什么样的劳动观念

2013年4月28日，习近平来到全国总工会机关，同全国劳动模范代表座谈并发表重要讲话，指出：必须牢固树立劳动最光荣、劳动最崇高、劳动最伟大、劳动最美丽的观念，让全体人民进一步焕发劳动热情、释放创造潜能，通过劳动创造更加美好的生活。

2015年4月28日，习近平在庆祝“五一”国际劳动节暨表彰全国劳动模范和先进工作者大会上的讲话，指出：我们的根扎在劳动人民之中。在我们社会主义国家，一切劳动，无论是体力劳动还是脑力劳动，都值得尊重和鼓励；一切创造，无论是个人创造还是集体创造，也都值得尊重和鼓励。全社会都要贯彻尊重劳动、尊重知识、尊重人才、尊重创造的重大方针，全社会都要以辛勤劳动为荣、以好逸恶劳为耻，任何时候任何人都不能看不起普通劳动者，都不能贪图不劳而获的生活。

2016年4月26日，习近平在知识分子、劳动模范、青年代表座谈会上的讲话，指出：人类是劳动创造的，社会是劳动创造的。劳动没有高低贵贱之分，任何一份职业都很光荣。

阅读上文，请思考、分析并简单记录。

（1）习近平总书记一直尊重劳动、关心劳动者。请通过网络搜索，学习更多习近平总书记关于“劳动教育”的语句并记录。

答：____

____

____

（2）习近平总书记指出：人民创造历史，劳动开创未来。劳动是推动人类社会进步的根本力量。请简单说说你对此的想法。

答：____

____

____

____

（3）习近平总书记指出：一切劳动者，只要肯学肯干肯钻研，练就一身真本领，掌握一手好技术，就能立足岗位成长成才，就都能在劳动中发现广阔的天地，在劳动中体现价值、展现风采、感受快乐。请简单阐述你对这段指示的认识。

答：

（4）请简单记录你所知道的上一周发生的国际、国内或者身边的大事。

答：

第一节 什么是劳动

恩格斯在《劳动在从猿到人转变过程中的作用》一文中指出："劳动和自然界在一起才是一切财富的源泉，自然界为劳动提供材料，劳动把材料转变为财富。但是劳动的作用还远不止于此。劳动是整个人类生活的第一个基本条件，而且达到这样的程度，以致我们在某种意义上不得不说：劳动创造了人本身。"人类的祖先猿，是经过长期劳动才变成能制造工具的人（见图 1-2）。劳动在不同社会制度下，具有不同的地位与作用。所谓劳动，是指人们运用一定的生产工具，作用于劳动对象，创造物质财富和精神财富的有目的的活动。劳动是人类社会存在和发展的最基本条件，劳动在人类形成过程中起着决定性的作用。

图 1-2　劳动创造了人

一、劳动的认识

劳动（见图 1-3）是发生在人与自然界之间的活动。其实质是通过人的有意识的、有一定目的的自身活动来调整和控制自然界，使之发生物质变换，即改变自然物的形态或性质，为人类的生活和自己的需要服务。劳动的内涵是指人类创造物质或精神财富的活动，从外延上看一切创造物质或精神财富的人类活动都属于劳动。马克思在《1844 年经济学哲学手稿》

中指出："私有财产的主体本质，作为自为[1]的存在着的活动，作为主体、作为个人的私有财产，就是劳动。"这一论述揭示了劳动是人的一种实践活动的本质，这种实践活动是人自为的特有的活动，并能创造满足人需要的个人财富。

图 1-3 劳动

劳动是人类社会存在和发展的基本方式，是人类的本质特征。马克思分别从三个维度对劳动的价值进行全面阐释：从历史唯物主义角度出发，他阐明劳动创造了世界，劳动创造了历史，劳动创造了人类；从政治经济学角度出发，他揭示劳动是创造价值的唯一源泉；从教育学角度出发，他强调劳动是实现人的全面发展的重要途径。正如习近平总书记 2013 年 4 月 28 日，同全国劳动模范代表座谈时指出："人世间的美好梦想，只有通过诚实劳动才能实现；发展中的各种难题，只有通过诚实劳动才能破解；生命里的一切辉煌，只有通过诚实劳动才能铸就。"

二、劳动的形式

劳动的形式大体可分为两类：一种是体力劳动，一种是脑力劳动。但是任何一种劳动都是脑力和体力劳动的结合，它们共同创造物质财富和精神财富。系统辩证法认为，"劳动创造了人本身"大体经历了三个阶段：自然界在变化发展中孕育着人类；人类在制造石器中诞生；人类在学会使用火的过程中脱离了动物界。所以说，劳动是自然界与人类社会范畴的中介环节。

三、劳动起源论

劳动起源论又称社会起源说，是教育起源的三大主要观点之一，代表人物是苏联教育家米丁斯基和凯洛夫，另外两个观点涉及生物和心理起源学说。生物起源说代表人物是法国哲学家、社会学家利托尔诺和英国教育学家沛西·能。心理起源学说代表人物是美国教育家孟禄。

劳动起源论是在批判生物起源说和心理起源说的基础上，在马克思主义的历史唯物论指导下形成的。苏联的教育史学家、教育学家以及我国的教育史学家和教育学家大都认可这一观点。"劳动起源说"的直接理论依据和方法论基础就是恩格斯的著作《劳动在从猿到人转变过程中的作用》。

劳动起源论是指劳动创造了人类和社会；劳动过程的复杂性要求通过教育把人类积累的经验传授给下一代。考古学和人类学研究证明：人类原始时代教育活动就已经存在了，教育

1 自为，意思与"自助"相近，表示行为主体通过自身的行为和动作，实现目标和发展。

是一种永恒的社会现象。

劳动是人类社会形成的基础，也是人类最原始的现象，其主要包括以下观点。

第一，人类教育起源于劳动和劳动过程中产生的需要。

第二，教育是人类社会特有的一种社会活动。

第三，教育以人类语言和意识的发展为条件。

第四，教育从产生之日起，其职能就是传递劳动过程中形成的生产和生活经验。

第五，教育范畴是历史性与阶段性的统一。

劳动起源说认识到劳动是推动人类教育起源的直接动力，它克服了生物起源论和心理起源论在教育社会属性上的缺陷，看到社会性是教育起源的关键问题，符合马克思主义的历史唯物论和辩证法，从而为科学、合理地揭示教育起源的问题奠定了基础。

第二节 劳动形态演变与内涵

劳动形态指人类作用于自然界在人类生产活动中所采取的表现形式。潜在的劳动形态，指未实际发挥作用的，存在于劳动者体内和脑力的总和，即劳动能力。流动的劳动形态又称活劳动，指在实际的劳动过程中正在发挥的体力和脑力。物化的劳动形态又称死劳动，指凝结在产品中的劳动。

一、劳动形态变化

劳动形态不是一成不变的，要正确认识劳动形态及其发生的变化，以便于适应时代需要与劳动的新发展，做出劳动政策上的调整，使其更加适合社会主义市场经济和全面建设社会主义现代化的需要。

新的时代，人类劳动的形态已经发生了巨大的变化。比如：脑力劳动的比重空前增加，服务性劳动在 GDP 中的占比已经远远高于第一、第二产业，创造性劳动的重要性无与伦比，复合型劳动成为日常的劳动形态……因此，站在新时代历史坐标上深刻理解劳动形态的演变就显得十分重要。一方面，我们不能简单重复 20 世纪温饱问题尚未解决时期对于劳动及劳动教育概念的理解，将劳动教育等同于“学工学农”，而对脑力劳动、消费性劳动、创造性劳动等的重要性熟视无睹；另一方面，我们又不能简单否定体力劳动、体力劳动者的重要性，强调“以体力劳动为主，注意手脑并用、安全适度，强化实践体验，让学生亲历劳动过程，提升育人实效性”。

此外，在新时代历史坐标上深刻理解劳动形态的演变，一定要与劳动精神的坚守相统一。人类历史川流不息，劳动形态会一直演变下去。但是无论形态如何改变，劳动创造历史、劳动创造美好生活的真理从未改变。新时代的劳动教育一定要准确把握这一变与不变的辩证关系，把准劳动教育价值取向，引导学生树立正确的劳动观，崇尚劳动、尊重劳动，增强对劳动人民的感情，报效国家，奉献社会。

二、劳动形态的内涵

科技劳动成为第一生产劳动。科技劳动在生产中不仅作为生产劳动参与价值与财富的创造，而且，科技工作是复杂劳动，比普通工人可创造更多劳动价值。科学技术在创造社会财富中的巨大作用，使科技劳动成为第一生产劳动。具体表现为：一是科技对经济发展起第一位的变革作用。现代科学技术已经渗透经济活动中，渗透社会生产的各个环节，成为推动经济发展的决定性因素。20 世纪初，社会生产力发展只有 5% 依靠科技进步，而现在发达国家的这一比例已达到 70% ～ 80%。科技不只是使经济在量上即规模和速度上迅速增长，也使经济发生质的飞跃，在经济结构、经营方式等方面发生深刻变革。科学技术已成为经济发展的最重要的变革力量。二是科技在生产力诸要素中成为主要推动力量。科学技术自身不但直接体现为生产力，而且它作用于其他要素，从而成为推动社会生产力的最重要力量。三是科技使管理日趋现代化、科学化、高效化。总之，科技劳动作为第一生产劳动，已成为一种非常重要的劳动分工方式。它不仅使劳动的创造性和智能性大大加强，也推动了劳动由以体力劳动为主向以脑力劳动为主的转变，脑力劳动的主导作用日益凸显。

经营管理成为重要的劳动形态。科学技术的迅猛发展，生产社会化程度大大提高，分工越来越细，越来越专业化，其结果是使劳动过程的环节增多，链条拉长，生产商品的劳动很难在同一个独立的时间和空间完成；劳动过程成为越来越复杂的系统工程，各种相对独立的劳动职能以直接或间接的方式参与同一个商品的生产过程，从而使劳动的综合性和整体性大大加强。经济全球化的今天，一个企业要想在激烈的竞争中取得优势，必须要在经营管理方面下苦功夫才行，否则，再丰富的资源也不会得到最佳配置，再优秀的员工也不会得到起码的尊重，再广阔的市场也不会得到满意的份额。因此，必须提高对经营管理工作重要性的认识，大力培养高素质的管理人才。

精神生产和服务业的劳动日益重要。科学技术的发展，导致产业结构发生了重大变化，劳动向其他领域延伸，表现为第一产业、第二产业在国民经济中所占的比例呈下降趋势，第三产业呈上升趋势，在现代经济中占有越来越大的比重，具有越来越重要的作用。产业结构的巨大变化，导致劳动向其他领域转移和延伸，已不仅仅局限于物质生产领域，而且延伸到了社会服务领域和精神文化领域。

第三节　马克思的劳动三形态

马克思认为：“全部人的活动迄今都是劳动。”劳动是马克思思想体系中的核心观念，是马克思主义理论研究的基础。马克思把劳动比喻成整个社会为之旋转的太阳，劳动是人类生存的本质，人类的发展过程就是劳动的发展史。正如马克思所说的：“任何一个民族，如果停止劳动，不用说一年，就是几个星期，也要灭亡，这是每一个小孩都知道的。”

马克思把劳动分为三种形态：劳动的潜在形态、劳动的流动形态和劳动的凝结形态。

一、马克思关于劳动的论述

1. 劳动本质论

“人的本质是什么”一直是困扰学术界的重要难题。马克思主义认为劳动是人的本质，人的本质是一切社会关系的总和。

第一，劳动创造了人本身。恩格斯在《劳动在从猿到人转变过程中的作用》一文中，详细描述了劳动在人类从猿进化为人的过程中所起的作用。以会使用和创造劳动工具把人类社会与猿群世界得以区分开来。劳动使人学会直立行走，并且还创造了语言。

第二，劳动创造了人类生活。马克思、恩格斯在《德意志意识形态》中明确地指出:“全部人类历史的第一个前提无疑是有生命的个人的存在。”而这“有生命的个人”之所以能够存在，最主要的是因为他们能通过自己的劳动来创造和生产物质生活资料。因此，“第一个需要确认的事实就是这些个人的肉体组织以及由此产生的个人对其他自然的关系”。劳动的过程就是人通过自身的劳动作用于自然的过程，是人的本质力量与自然之间的一种物质交换过程，正是“通过实践创造对象世界，改造无机界，人证明自己是有意识的存在物，就是说是这样一种存在物，它把类看作自己的本质，或者说把自身看作类存在物”。

第三，劳动是一切价值的创造者。马克思认为“劳动是一切价值的创造者。只有劳动才赋予已发现的自然产物以一种经济学意义上的价值”。恩格斯在《自然辩证法》中也同样有过明确的表述：“其实，劳动和自然界在一起它才是一切财富的源泉，自然界为劳动提供材料，劳动把材料变为财富。但是劳动的作用还远不止于此。它是一切人类生活的第一个基本条件，而且达到了这样的程度，以致我们在某种意义上不得不说:劳动创造了人本身。”劳动是人类创造物质和精神财富的活动。

第四,劳动创造了社会关系。劳动不仅创造了人与自然的关系,还形成了人与人之间（即“劳动资料占有和使用关系，劳动的分工和协作关系，劳动产品的交换、分配和消费关系等”）以及人与主观意识之间的关系，而这些关系成为人类社会的基本关系。社会是人类劳动的产物，是劳动活动的展开形式，也必将随着劳动的发展而发展。

2. 劳动价值论

劳动创造了人类生存所必需的全部物质条件和精神条件，是促使社会历史发展的根本推动力量。社会发展的最终决定力量不是精神、意志、神灵，而是人的劳动实践。

劳动决定价值这一思想最初由英国经济学家配第提出。亚当·斯密和大卫·李嘉图也对劳动价值论做出了巨大贡献。马克思主义的劳动价值论是马克思创立并完成的，包括以下内容:商品具有二重性，即价值和使用价值，使用价值是商品的自然属性，具有不可比较性。价值是一般人类劳动的凝结，是商品的社会属性，它构成商品交换的基础。商品的使用价值和价值等范畴，是马克思用来说明商品的自然属性和社会属性的概念，深刻地揭示了商品的本质。

马克思把价值定义为：价值是凝结在商品中的无差别的人类劳动，即由抽象性的劳动所凝结。劳动价值论把价值定义为一种人类劳动，因此在劳动价值论的价值定义范围内“不能说劳动能创造价值”,《资本论》也没有“劳动创造价值”的语句，只提到具体的人或者劳动者能创造价值。商品交换中的交换是一种劳动（价值）而不是交换的不可度量的效用，这一思想最初由英国经济学家配第提出。配第认为，物的有用性使物成为使用价值，使用价值总是构成财富的物质内容，同时又是交换价值的物质承担者。劳动是价值的唯一源泉，同时也是财富的源泉，劳动是财富之父，土地是财富之母。

3. 劳动解放论

在《1844年经济学哲学手稿》中，马克思批判了黑格尔只承认“精神劳动”的价值，只知道劳动的积极方面，而忽略了其消极方面。他进一步指出：“劳动这种生命活动、这种生产生活本身对人来说不过是满足他的需要，即维持肉体生存需要的手段……一个种的全部特性、种的类特性就在于生命活动的性质，而人的类特性恰恰就是自由的自觉的活动。”人正是通过“现实的劳动”来“使自己的生命活动本身变成自己意志的和自己意识的对象”，从而实现其真正的自由与解放。

但是在资本主义时代大机器生产方式下，人的劳动被异化。异化不仅导致了劳动者与生产资料以及劳动成果的分离，还导致了人与人之间关系的异化以及社会的异化。“劳动异化”导致了人的类本质的异化。

异化状态是人类解放和自由的障碍。而要改变这个状态，就必须通过革命消灭资本主义赖以生存的经济基础——私有制。只有这样，人类才能获得真正的劳动快乐和自由，才能获得根本的解放。那将是一个美好的理想世界：“代替那存在着阶级和阶级对立的资产阶级旧社会的将是这样一个联合体，在那里，每个人的自由发展是一切人自由发展的条件”。只有建立在“人的现实的劳动”基础之上的人的解放和社会解放的统一，才是真正的人类解放。

马克思对于人的解放的思考并没有停留在对于资本主义“劳动异化”的批判，他还进一步提出了“劳动复归”的理论。只有彻底消除私有制，社会生产得到极大的发展，人类才能从劳动的束缚和奴役状态中解放出来，真正享受劳动所带来的快乐，自由地分配自己的时间，拥有自己的劳动成果，从而实现劳动的解放和人类的解放。

劳动是人类生存与发展的前提，劳动是推动历史发展的主体与动力，人人参与劳动，劳动创造社会共同财富，这一切有关于“劳动”的思想与理论成为毛泽东思想关于劳动论述的理论来源。

二、潜在形态劳动

潜在形态的劳动就是劳动者的生产技术和劳动技能。它虽然潜在于劳动者的身上，不是现实的劳动，但是它却是流动性的劳动和凝结形态的劳动的前提和条件，是劳动者能干什么的标志。一般来说，劳动者的生产技术、生产技能越高，能向社会提供的劳动就越多。因此，用潜在形态的劳动来衡量劳动者向社会提供的劳动有三个好处：一是能比较正确地估计出劳动者向社会可能提供的劳动；二是潜在形态的劳动相对稳定性大，便于考察；三是有利于劳动者的技术进步，以技术进步来改变自己潜在的劳动形态。上述的三个好处在从事复杂劳动的脑力劳动者身上表现得非常明显，因为脑力劳动者和体力劳动者不同，他们的潜在形态的劳动以学历等为标志。

三、流动形态劳动

流动形态的劳动，也就是劳动者正在进行的生产活动本身。如果说潜在形态的劳动表明的是劳动者能干什么，那么，流动形态的劳动表明的则是劳动者正在干什么。如果说潜在形态的劳动只是劳动的可能形态，那么，流动形态的劳动则是劳动的显示形态。这样，流动形态的劳动就能比较准确地反映出劳动者的实际支出。在一个企业内部，劳动者的劳动性质、强度和难易程度、劳动时间以及所担负的职责都不尽相同，也不可能每一个劳动者都能生产出凝结形态的劳动产品。这样，社会化生产，就要求企业主要以流动形态的劳动来衡量企业内部每个劳动者根据企业利益所实际支出的劳动。在企业内部以这种流动形态的劳动来衡量劳动者所提供的劳动，有利于健全企业内部的经济责任制，激励劳动者各尽所能，把潜在形态的劳动最大限度地转变为现实形态的劳动，打破企业给劳动者个人的“大锅饭”。

四、凝固形态劳动

凝固形态的劳动，就是劳动者已经物化在产品中的活劳动。它表明的是劳动者已经干出了什么。由于凝结形态的劳动具体体现于已经生产出来的产品之中，而在商品经济的条件下产品只有得到社会承认，企业才能获得相应的经济利益。因此，以凝固形态的劳动来衡量企业劳动者集体为社会提供的劳动，既能借助货币比较准确、简便地衡量出企业劳动者集体劳动的数量、质量以及有效性，又能促进企业改进生产技术，改进经营管理，提高经济效益，使全民所有制企业真正成为相对独立的经济实体。然而，在社会化大生产的条件下，凝固形态的劳动只能用来衡量企业集体向社会提供的劳动的数量、质量与有效性，很难用来衡量企业内部所有劳动者在实际生产过程中提供的劳动量，这一点，特别表现于那些生产自动化程度高，又不易检验生产以及生产任务经常变动的企业和工种。

第四节 延安时期的劳动精神

马克思主义认为，劳动是人的本质、是人的自我实现。党中央在延安十三年期间，非常重视劳动精神的培育。受制于解决抗日战争、解放战争时期主要矛盾的局限，虽然当时没有明确提出“劳动精神”，但回望那段历史，中国共产党在局部执政条件下，方方面面强调劳动意识、选树劳动模范、宣扬劳动事迹、培育劳动精神的脉络清晰可见。

历史总会给我们带来启示。习近平总书记在 2018 年全国教育大会上指出：“要在学生中弘扬劳动精神，教育引导学生崇尚劳动、尊重劳动，懂得劳动最光荣、劳动最崇高、劳动最伟大、劳动最美丽的道理，培养德智体美劳全面发展的社会主义建设者和接班人。”在高等教育新时代发展内涵中，当然也不能缺少对劳动精神的教育培养。

一、延安时期培育劳动精神的历史意义

延安（见图 1-4）时期劳动精神的培育是全方位的，是中国共产党局部执政状态下社会的共同价值取向，是人们从内而外的一种自觉行动。劳动精神属于延安精神的有机组成部分，延安精神内涵中本身就有劳动精神的因子。

（1）筑牢了执政基础。延安时期的劳动在较大成分上单指体力劳动，而体力劳动的主体是农民。中国共产党认同劳动，就是和农民拉近了感情距离，也赢得了农民对共产党的支持和拥护。此外，陕甘宁边区对旧社会的地主富农和小资产阶级进行思想改造，通过劳动教育改变其“贱视劳动”的不良思想，将其培养为社会发展的新人，使其团结在党的周围。对劳动精神的感情认同，很好地诠释了中国共产党“为人民服务”的根本宗旨，筑牢了执政根基。

图 1-4　陕西延安

(2) 改造了社会风气。劳动精神的塑造，一改陕甘宁边区之前劳动者就是“受苦人”、其社会地位低下的形象，也扫清了封建寄生意识存活的空间。陕甘宁边区“十个没有”清朗社会风气的形成，劳动精神起了很大作用。人民群众增强了依靠自己辛勤劳动改变生活面貌的信心，群众士气得到了提升。党政军干部实事求是、艰苦奋斗，工作作风得到了改善。

(3) 积累了教育经验。陕甘宁边区确定的国民教育工作方针为：学校要与劳动社会家庭相结合，同时发展生产、扩大学校。各级各类学校以此为指导，在教育教学过程中融入劳动教育的做法，既继承了中国教育的优良传统，也开创了面向生产、面向时代开展教育的新局面。

二、延安精神对当代高等教育的启示

延安时期劳动精神的培育实践和取得的经验成果，对于新时代高等教育具有重要的现实意义。高等教育是距离生产实践最为接近的一种教育类型，是基础教育的延伸，也是岗位教育的前站。高等教育的毕业生，走上工作岗位，逐渐成为社会的中坚力量，如果没有对劳动者的充分尊重，或者劳动意识缺失、轻视劳动价值，必然会影响个人事业发展和成长，也会影响高等教育的社会声誉。因此，一定要在继承优良传统的基础上，把劳动精神的培育贯穿于高等教育办学全过程。

(1) 在落实立德树人根本任务中强化劳动教育。落实立德树人根本任务，要让学生具有正确的政治方向，具有为国家、为民族而奋斗的精神境界。要教育学生牢固树立“道路自信、理论自信、制度自信、文化自信”，坚定永远跟党走的决心。高等教育要继承延安时期劳动教育兼济思想政治教育的传统，要让学生明白，中国特色社会主义事业不是轻轻松松敲锣打鼓就能实现的，要扛起这项事业的建设者和接班人的重任，必须要有“勤勉的意志、坚毅的品质和忍辱负重的性格”这些劳动背后的精神支撑。立德树人必须回答好“为谁培养人，怎样培养人，培养什么样的人”的问题，要有理论层面的解读，更要有实践层面实实在在的付出，强化劳动教育势在必行。

(2) 在深化产教融合中强化劳动教育。产教融合要向深层次迈进，要充分调动企业参与的积极性，就要使企业在产教融合中获得某种“收益”，产教融合要将学校高涨的热情化为具体的行动。二者之间有一个重要的连接点，就是人才的供给与需求的匹配。企业希望的人才是“来者能用”“来者好用”，高等院校培养的学生必须具备这种价值诉求。延安时期的学校教育非常重视这种结合，很多实行“教学、科研、生产实践三位一体的教学体制”，将学校办成“一面学习、一面工作的实际部门”。借鉴历史经验，高等教育要坚持工学结合的办学模式，培养更多双师型教师，校企合作开发更多实用教材，让课程内容与生产实际和技术进步深度、全面对接，保证实践教学的课时比例，广泛推行理实一体化教学，使学生在学校实践学习过程中体悟劳动精神、提升劳动技能。

（3）在服务经济社会发展中强化劳动教育。延安时期的劳动精神培育是面向全社会铺展开来，是因社会需求而催生出来的。所以，当代高等教育在服务区域经济社会发展过程中要强化劳动教育。然而，服务的方式非常多元，其中最为主要的一个途径就是为社会培养高素质技术技能人才。此外，还要为地方产业发展搭建服务平台，发挥科技人才优势组建社会服务团队，推广先进的科学技术，助推生产发展，引领产业升级。这些环节里，要创造机会让学生广泛地深度参与，在社会实践、科技推广、项目研发、基层扶贫等活动中了解民生、体察民情，从而增强对劳动改变生活、劳动创造幸福的情感认同，同时提高自身的劳动技能。此外，在工匠精神的培育中也应融入劳动教育。

需要注意防止两种狭隘的劳动教育：一是劳动教育就是参加体力劳动。时代在发展，新业态、新职业层出不穷，同时有一些职业和岗位在逐渐淘汰。劳动对象多样化，劳动形态也呈现各异。劳动教育不能仅仅局限于体力劳动。二是为了劳动教育而劳动。如在人才培养方案中专门设立劳动课，采取集中上课、考核等形式主义的方式刻意进行劳动教育；或者过度重视仪式感，在一场场的劳动作秀和表演中进行劳动教育。

劳动教育要回归教育本真，急不得也慢不得。劳动精神对个人应是一辈子需要修养和提升的，对社会应是全体成员应该共同培育和营造的。劳动精神在一定程度上可以对生产关系革故鼎新，促进生产力的发展。当代高等教育应借鉴延安时期劳动精神的培育经验，在劳动者担当社会生产者角色之前要将劳动意识筑牢在学生思想深处，将勤劳、诚实奋斗等劳动基因注入学生的行为模式，在提高人才培养质量的同时厚植发展内涵。

◎练　习

1. 下列关于劳动的叙述中，不正确的是（　　）。
   A. 劳动创造了人本身
   B. 劳动指的就是人在自然界从事的体力活动
   C. 劳动是指人们运用一定的生产工具，作用于劳动对象，创造物质财富和精神财富的有目的的活动
   D. 劳动是人类社会存在和发展的最基本条件，劳动在人类形成过程中起了决定性的作用
2. 人类的祖先猿，是经过长期（　　）才变成能制造工具的人。
   A. 修炼　　B. 培育　　C. 劳动　　D. 健身
3. 从（　　）上看一切创造物质或精神财富的人类活动都属于劳动。
   A. 外延　　B. 内涵　　C. 方式　　D. 理论

4. 劳动的形式大体可分为两类：一种是（　　）劳动，一种是（　　）劳动。

A. 服务，思考　　　　B. 精神，赚钱

C. 生产，生活　　　　D. 体力，脑力

5. 系统辩证法认为“劳动创造了人本身”大体经历了三个阶段。下列（　　）不属于其中之一。

A. 自然界在变化发展中孕育着人类

B. 人类在制造石器中诞生

C. 人类诞生从海洋到陆地中

D. 人类在学会使用火的过程中脱离了动物界

6. 关于教育起源有三大主要观点，但下列（　　）不属于其中之一。

A. 自然起源论　　　　B. 劳动起源论

C. 生物起源论　　　　D. 心理起源论

7. 劳动是人类社会形成的基础，也是人类最原始的现象。下列观点中不正确的是（　　）。

A. 人类教育起源于劳动和劳动过程中产生的需要

B. 教育是自然界所共有的一种社会活动

C. 教育以人类语言和意识的发展为条件

D. 教育从产生之日起，其职能就是传递劳动过程中形成的生产和生活经验

8. 劳动形态指人类作用于（　　）在人类生产活动中所采取的表现形式。

A. 舆论界　　　　B. 思想界

C. 理论界　　　　D. 自然界

9. 潜在的劳动形态，指未实际发挥作用的，存在于劳动者体内和脑力的总和，即（　　）。

A. 服务素质　　　　B. 劳动能力

C. 工作方式　　　　D. 生活条件

10. 流动的劳动形态，又称（　　），指在实际的劳动过程中正在发挥的体力和脑力。

A. 活劳动　　　　B. 死劳动

C. 强劳动　　　　D. 弱劳动

11. 要站在新时代历史坐标上深刻理解劳动形态的演变，不能简单重复将劳动教育等同于“(　　)”，却对脑力劳动、消费性劳动、创造性劳动等的重要性熟视无睹。

A. 一般生产　　　　B. 体力劳动

C. 学工学农　　　　D. 智慧生产

12. （　　）成为第一生产劳动，在生产中不仅作为生产劳动参与价值与财富的创造，而且，作为复杂劳动，比普通工人可创造更多劳动价值。

A. 农业生产　　　　B. 第一产业

C. 第二产业　　　　D. 科技劳动

13.（ ）成为重要的劳动形态。在经济全球化的今天，一个企业要想在激烈的竞争中取得优势，必须要在这个方面下苦功夫才行。

A. 经营管理　B. 商业模式　C. 科技产业　D. 现代农业

14.（ ）是马克思思想体系中的核心观念，是马克思主义理论研究的基础。

A. 经营　B. 劳动　C. 学习　D. 产业

15. 马克思认为："全部人的活动迄今都是劳动。"他把劳动分为三种形态，但下列（ ）不属于其中。

A. 潜在形态　B. 流动形态　C. 凝结形态　D. 初始形态

16. 劳动决定价值这一思想最初由英国经济学家（ ）提出。亚当·斯密和大卫·李嘉图也对劳动价值论做出了巨大贡献。

A. 达尔文　B. 阿奇舒勒　C. 配第　D. 熊彼特

17. 马克思主义的劳动价值论是马克思创立并完成的，其中包括商品具有二重性，即（ ）和使用价值，使用价值是商品的自然属性，具有不可比较性。

A. 质量　B. 数量　C. 性能　D. 价值

18. 延安时期培育劳动精神的历史意义包括（ ）。

A. 筑牢了执政基础　B. 改造了社会风气

C. 积累了教育经验　D. A、B 和 C

19. 延安时期劳动精神的培育实践和取得的经验成果，对于新时代（ ）教育具有重要的现实意义，它是距离生产实践最为接近的一种教育类型。

A. 高等　B. 基础　C. 岗位　D. 一线

◎ 实践与思考　建立劳动实践小组

组织劳动实践小组。在"实践与思考"中，通过劳动实践小组这样的集体形式来开展。为此，请你邀请或接受其他同学的邀请，组成劳动实践小组。小组成员以 3 ～ 7 人为宜。

你们的小组成员是：

召集人：________________（专业、班级：________________________）

组　员：________________（专业、班级：________________________）

________________（专业、班级：________________________）

________________（专业、班级：________________________）

________________（专业、班级：________________________）

________________（专业、班级：________________________）

________________（专业、班级：________________________）

请记录：你们为自己的劳动实践小组起的名字是：

____

你们为自己的劳动实践小组确定的共同努力的口号是：

____

小组活动：请以“头脑风暴”形式讨论，在本学期的“劳动教育”学习中，小组成员共同希望达成的学习目标是什么？请简单记录。

____

____

____

____

____

____

____

实训评价（教师）：______________________________

____

第二章 劳动教育的方向

学习目标

知识目标

（1）学习毛泽东、邓小平等老一辈领导人和习近平总书记重视劳动教育的重要论述。

（2）学习、理解中共中央国务院《关于全面加强新时代劳动教育的意见》。

（3）学习、理解教育部《大中小学劳动教育指导纲要（试行）》。

（4）理解新时代劳动教育思想，领会“劳动是一切幸福的源泉”重要思想。

素质目标

（1）审视自身的社会敏感性，培养关心政治、学习文件的积极态度。

（2）重视自身劳动态度的培养，积极进取，重视劳动教育课程。

能力目标

学会获取、学习重要文件的能力，从文件中体会政策、措施，得到事业发展方向。

重点难点

（1）了解党和国家领导人在长期革命实践中一贯坚持的尊重劳动、热爱劳动人民和推动劳动教育的处事原则与高尚情怀。

（2）理解和体会“劳动是一切幸福的源泉”。

◎ 导读案例　麦当劳的故事

克洛克的家境并不富裕，下课的时候在一家快餐店打工。起初老板安排他专门擦桌子，他毫无干劲儿，当天就溜回了家。

克洛克向父亲诉苦：“我的理想是做老板，不是擦桌子。”父亲没有反驳他，而是叫他先把自家的餐桌擦干净。克洛克拿来毛巾，在桌子上随意擦了一遍，然后看着父亲，等他验收。父亲拿来一块崭新的白毛巾，在桌面上轻轻擦拭了一下，洁白的毛巾立即脏了，分外刺眼。父亲指着桌子说：“孩子，擦桌子是很简单的活儿。但是你连桌子都擦不干净，还能做好什么，凭什么做老板？”克洛克羞愧难当。

克洛克回到了快餐店，他谨记父亲的教诲，每次擦桌子都要准备 5 条毛巾，依次擦 5 遍，而且每次都顺着同一个方向擦，为的是不让毛巾重复污染桌面。

最终，克洛克得到老板赏识留了下来，并接管了那家快餐店，做了老板。10 年后，他创立了自己的快餐店——麦当劳。

阅读上文，请思考、分析并简单记录：

（1）请分析，你怎么认识“做老板从擦桌子开始”？

答：

（2）请网络搜索，了解麦当劳目前的市值和营销分布。麦当劳还有哪些成功经验？

答：

（3）从小到大，最让你记忆深刻的劳动故事是什么？

答：

（4）请简单记述你所知道的上一周发生的国际、国内或者身边的大事：

答：

第一节 老一辈革命家重视劳动教育

2021年7月1日，习近平总书记在庆祝中国共产党成立100周年大会上的讲话指出：“一百年来，我们取得的一切成就，是中国共产党人、中国人民、中华民族团结奋斗的结果。以毛泽东同志、邓小平同志、江泽民同志、胡锦涛同志为主要代表的中国共产党人，为中华民族伟大复兴建立了彪炳史册的伟大功勋！我们向他们表示崇高的敬意！此时此刻，我们深切怀念为中国革命、建设、改革，为中国共产党建立、巩固、发展作出重大贡献的毛泽东、周恩来、刘少奇、朱德、邓小平、陈云同志等老一辈革命家，深切怀念为建立、捍卫、建设新中国英勇牺牲的革命先烈，深切怀念为改革开放和社会主义现代化建设英勇献身的革命烈士，深切怀念近代以来为民族独立和人民解放顽强奋斗的所有仁人志士。他们为祖国和民族建立的丰功伟绩永载史册！他们的崇高精神永远铭记在人民心中！”与革命工作的各个方面，与社会主义建设的各个方面一样，劳动教育是中国共产党从无到有、从弱到强，取得伟大胜利的宝贵法宝之一。

2020 年 3 月 20 日，中共中央、国务院向全国下发了《关于全面加强新时代大中小学劳动教育的意见》的文件（见图 2-1），要求全国各级各类学校要充分认识新时代培养社会主义建设者和接班人对加强劳动教育的新要求，提出全面构建体现时代特征的劳动教育体系，要求全体学生广泛开展劳动教育实践活动，着力提升劳动教育支撑保障能力，切实加强劳动教育的组织实施。

图 2-1　硬指标（朱慧卿作）

一、毛泽东同志重视劳动教育

1949 年 10 月 1 日中华人民共和国成立初期，就确认了“中华人民共和国的文化教育为新民主主义的，即民族的、科学的、大众的文化教育”的基本方针。在中国共产党从革命转向建设的初期，首先坚决摧毁半殖民地半封建社会的教育制度，迅速完成对旧中国教育制度的“坚决改造”。中央人民政府政务院 1951 年颁布《关于改革学制的决定》，重点向工农大众敞开教育普及大门，努力保障广大人民群众受教育的基本权利。

1956 年，党的八大宣告我国完成了从新民主主义到社会主义的过渡。1957 年，毛泽东同志提出：“我们的教育方针，应使受教育者在德育、智育、体育几方面都得到发展，成为有社会主义觉悟的有文化的劳动者。”这标志着我国的教育方针由新民主主义教育方针转变为社会主义教育方针，开始了建立社会主义教育制度的新征程。

1958 年，毛泽东同志认为：“教育必须为无产阶级政治服务，必须同生产劳动相结合。劳动人民要知识化，知识分子要劳动化。”同年，《中共中央、国务院关于教育工作的指示》提出：“党的教育工作方针，是教育为无产阶级的政治服务，教育与生产劳动相结合。……教育的目的，是培养有社会主义觉悟的有文化的劳动者”。

“教育与生产劳动相结合”作为党的教育方针的重要内容，经历了一个确立、调整、完善的发展历程。1949 年 9 月，新中国成立前夕的《中国人民政治协商会议共同纲领》，把“爱劳动”与“爱祖国”“爱人民”“爱科学”“爱护公共财物”一并列为中华人民共和国全体国民的公德。随着社会主义改造的完成，党实现对社会主义教育的全面领导，把“教育与生产劳动相结合”作为基本原则写入党的教育方针。

1956年，我国基本完成生产资料所有制的社会主义改造，建立了社会主义基本制度。毛泽东在1956年发表的《论十大关系》和1957年发表的《关于正确处理人民内部矛盾的问题》等著作中分析了我国社会的基本矛盾和两类不同性质的矛盾，研究了十大关系，提出了调动一切积极因素为社会主义事业服务，团结一致地进行伟大的社会主义建设的任务。他从这一大局出发观察教育问题，首次对我国的教育方针做出明确表述：**“我们的教育方针，应该使受教育者在德育、智育、体育几方面都得到发展，成为有社会主义觉悟的有文化的劳动者。”**他特别强调要在青年学生中加强思想政治工作。要使全体青年懂得，社会主义制度的建立给我们开辟了一条达到理想境界的道路，而理想境界的实现，要靠我们的辛勤劳动。青年学生除了学习专业知识之外，在思想上要有所进步，政治上也要有所进步。要学习马克思主义，学习时事政治。“没有正确的政治观点，就等于没有灵魂。”

早在1957年毛泽东主席首次提出了德智体全面发展，后来党和政府进一步发展、总结，提出培养德智体美劳全面发展的社会主义事业建设者和接班人的教育方针。

二、邓小平同志重视劳动教育

1978年，党的十一届三中全会开辟了改革开放和社会主义现代化建设新时期，党和国家工作重心转移到经济建设上来，确立以经济建设为中心的基本路线，要求教育为经济社会发展服务、为社会主义现代化建设服务，教育方针也在调整中完善。

作为党中央领导集体的核心，邓小平同志对我国教育重大问题做了深刻阐释，逐渐形成了邓小平教育理论体系，成为邓小平理论的重要组成部分。面对世界经济、科技竞争的形势和我国经济实力薄弱、资源不足、人口众多的基本国情，邓小平同志指出，社会主义的根本任务是发展生产力，科学技术是第一生产力。“我们要实现现代化，关键是科学技术要能上去。发展科学技术，不抓教育不行。”“我这里说的关于教育、科技、知识分子的意见，是作为一个战略方针、一个战略措施来说的。从长远看，这个问题到了着手解决的时候了。”1992年，邓小平同志在视察南方时再次指出：“经济发展得快一点，必须依靠科技和教育。”

邓小平同志站在社会主义历史命运的高度，反复强调要坚持社会主义办学方向，处理好坚持改革开放与坚持四项基本原则的关系，造就一代又一代社会主义事业的建设者和接班人。1985年3月7日，邓小平在全国科技工作会议上指出：“我们在建设具有中国特色的社会主义社会时，一定要坚持发展物质文明和精神文明，坚持‘五讲’‘四美’‘三热爱’，教育全国人民做到有理想、有道德、有文化、有纪律。”1978年4月22日，在全国教育工作会议上邓小平指出：“革命的理想，共产主义的品德，要从小开始培养。”

为了完善新时期党的教育方针，邓小平同志从教育事业必须与国民经济要求相适应的角度出发，强调教育与生产劳动相结合。1978年，邓小平同志在全国教育工作会议上指出：“为了培养社会主义建设需要的合格的人才，我们必须认真研究在新的条件下，如何更好地贯彻教育与生产劳动相结合的方针。”邓小平同志对教育与生产劳动相结合的组织工作进行了具体部署，对马克思主义教育思想做出了重大贡献。

从我国社会主义现代化建设的全局出发来指导教育发展，邓小平提出，实现社会主义现代化，科技是关键，教育是基础。教育是一个民族最根本的事业，以极大的努力抓教育是有战略眼光的一着。他说，我们的学校是为社会主义建设培养人才的地方，培养人才是有质量标准的。他重申毛泽东关于教育方针的论述，要求以此作为培养人才的质量标准。他要求"把毛泽东同志提出的培养德智体全面发展、有社会主义觉悟的有文化的劳动者的方针贯彻到底，贯彻到整个社会的各个方面"。学校应该永远把坚定正确的政治方向放在第一位。邓小平还提出，教育要面向现代化、面向世界、面向未来，培养有理想、有道德、有文化、有纪律的社会主义"四有"新人。他说，其中我们最强调的，是有理想。"理想就是社会主义现代化。"

面对改革开放时期的各种社会思潮，1986 年，邓小平同志强调："搞四个现代化一定要有两手，只有一手是不行的。所谓两手，即一手抓建设，一手抓法制。"他要求："要加强各级学校的政治教育、形势教育、思想教育，包括人生观教育、道德教育。"

党从社会主义事业全局出发对教育提出培养人的任务，通过立法程序变成了国家意志。1995 年第八届全国人大第三次会议通过的《中华人民共和国教育法》第五条规定："教育必须为社会主义现代化建设服务，必须与生产劳动相结合，培养德、智、体等方面全面发展的社会主义事业的建设者和接班人。"这标志着"社会主义事业的建设者和接班人"成为我国教育方针明确规定的培养目标。随着实践和认识的发展，我国的教育方针后来又增添了新的内容，但是培养"社会主义事业的建设者和接班人"的规定始终没有改变。此后，新时期教育方针不断发展完善，更加注重与生产劳动和社会实践相结合，党的十六大、十七大报告均提出"培养德智体美全面发展的社会主义建设者和接班人"的目标，在"德智体"的基础上增加了"美"。

第二节 习近平同志重视劳动教育

劳动教育是中国共产党从无到有、从弱到强，取得伟大胜利的法宝之一。我党历史上从毛泽东开始，经过邓小平等领导同志，到带领人民迈进中国特色社会主义建设新时代的习近平总书记都高度重视劳动教育。

党的十八大以来，以习近平同志为核心的党中央领导全党全国人民推动中国特色社会主义进入了新时代，在统筹推进中国特色社会主义事业"五位一体"总体布局中，更加高度重视教育事业，围绕协调推进"四个全面"战略布局，在党的十八届三中、四中、五中、六中全会上相继做出重要部署，对深化教育领域综合改革、全面推进依法治教办学、加强教育系统党的建设、促使教育更好地服务全面建成小康社会大局，提出了一系列更为具体的要求。2016 年 12 月，习近平总书记在全国高校思想政治工作会议上提出，"高校培养什么样的人、如何培养人以及为谁培养人"是一个"根本问题"。在全国教育大会上，他再次强调关于教育"根本问题"的观点，指出：党的十八大以来，我们围绕培养什么人、怎样培养人、为谁培养人这一根本问题，全面加强党对教育工作的领导。在明确教育"根本问题"的同时，他又提出了关于教育“首要问题”的观点，把“培养什么人”论定为“教育的首要问题”。

习近平总书记在北京大学师生座谈会上说：“我先给出一个明确答案，就是我们的教育要培养德智体美全面发展的社会主义建设者和接班人。”他强调：“培养社会主义建设者和接班人，是我们党的教育方针，是我国各级各类学校的共同使命。”习近平总书记是基于对历史的考察，以社会客观规律为依据，从维护中国人民根本利益和实现中华民族伟大复兴的高度来阐述为什么我们的教育要培养社会主义建设者和接班人的。他说：“近代以来我国历史告诉我们，只有社会主义才能救中国，只有中国特色社会主义才能发展中国，才能实现中华民族伟大复兴。坚持好、发展好中国特色社会主义，把我国建设成为社会主义现代化强国，是一项长期任务，需要一代又一代人接续奋斗。我们的今天就是这样走过来的，我们的明天需要青年人接着奋斗下去，一代接着一代不断前进。”为中国人民谋幸福，为中华民族谋复兴，是中国共产党人的初心和使命。中国近代以来的历史已经证明，只有坚持中国共产党人百年来接力探索开创的道路、理论体系、制度和文化为一体的中国特色社会主义，才能把我国建设成为社会主义现代化强国，实现中华民族伟大复兴。因此，在党的领导下坚持和发展中国特色社会主义，成为亿万人民为之共同奋斗的事业，成为当代中国社会生活的主题，这一事业需要一代又一代人接续奋斗。教育作为培养人的事业，对提高人民综合素质、促进人的全面发展具有决定性意义。由此就决定了作为中国特色社会主义事业有机构成部分的当代中国教育，必须承担起自己的历史使命，把培养社会主义建设者和接班人作为根本任务。

坚持中国特色社会主义教育发展道路，加快推进教育现代化，建设教育强国，既要回答“培养什么人”的问题，又要回答“怎样培养人”的问题。2018 年，习近平总书记在全国教育大会上的讲话对此做出了系统阐述。讲话中提出的**“培养德智体美劳全面发展的社会主义建设者和接班人”**这一重要论断，对培养目标和培养体系做出了新的概括，发展了党的教育方针。

“坚持把立德树人作为根本任务”和“我们的教育必须把培养社会主义建设者和接班人作为根本任务”，是习近平总书记在这一讲话中提出的关于“根本任务”的两个重要论断，是对同一个问题即“我国教育的根本任务是什么”的回答。这表明，我国教育法中规定的“教育应当坚持立德树人”，就是指坚持培养社会主义建设者和接班人，必须有实现这一培养目标的教育体系。习近平总书记在讲话中提出，要努力构建德智体美劳全面培养的教育体系，形成更高水平的人才培养体系。要把立德树人融入教育各个环节，贯穿教育各个领域。学科、教学、教材、管理等诸多体系都要围绕这个目标来设计，围绕这个目标教，围绕这个目标学。

怎样才能构建起“德智体美劳全面培养的教育体系”？落实立德树人的根本任务，需要在哪些方面下功夫？习近平总书记在讲话中强调以立德为重点，从德、智、体、美、劳诸方面做了全面阐述。立德树人，首先要在坚定理想信念上下功夫，教育引导学生树立共产主义远大理想和中国特色社会主义共同理想，增强“四个自信”；要在厚植爱国主义情怀上下功夫，教育引导学生热爱和拥护中国共产党，听党话、跟党走，扎根人民、奉献国家；要在加强品德修养上下功夫，教育引导学生培育社会主义核心价值观；要在增长知识和见识上下功夫，教育引导学生珍惜学习时光，求真理、悟道理、明事理；要在培养奋斗精神上下功夫，教育引导学生树立高远志向，历练敢于担当、不懈奋斗的精神；要在增强综合素质上下功夫，教育引导学生培养综合能力、创新思维；要树立健康第一的教育理念，开齐开足体育课，帮助学生在体育锻炼中享受乐趣、增强体质、健全人格、锤炼意志；要全面加强和改进学校美育，坚持以美育人、以文化人，提高学生审美和人文素养；要在学生中弘扬劳动精神，教育引导学生崇尚劳动、尊重劳动，长大后能够辛勤劳动、诚实劳动、创造性劳动。

习近平总书记一贯强调弘扬劳动精神，教育学生热爱劳动。他说："劳动是推动人类社会进步的根本力量。""劳动创造了中华民族，造就了中华民族的辉煌历史，也必将创造出中华民族的光明未来。"人世间的美好梦想，只有通过诚实劳动才能实现。必须坚持崇尚劳动。"必须牢固树立劳动最光荣、劳动最崇高、劳动最伟大、劳动最美丽的观念。"他把对劳动的认识提到人类的本质和文明进步规律的高度，指出："劳动是人类的本质活动，劳动光荣、创造伟大是人类文明进步规律的重要诠释。"他明确提出："要教育孩子们从小热爱劳动、热爱创造，通过劳动和创造播种希望、收获果实，也通过劳动和创造磨炼意志、提高自己。"

劳动教育不只是劳动知识、劳动技能的教育和劳动能力的培养，首先是劳动观念的教育、劳动精神的培育。在中国特色社会主义新时代召开的全国教育大会，把劳动教育与德育、智育、体育、美育一起列入教育方针，表明劳动不仅是实现培养目标的途径，而且其本身就是教育的重要内容，是教育培养体系的重要构成部分。这既是长期教育实践经验的总结，也是教育对现实社会需求和社会问题的回应，抓住了当前教育发展中一个迫切需要解决的关键性问题，必将对进一步明确我国教育的培养目标和发展方向，构建全面培养的教育体系产生深远影响。

第三节　中共中央　国务院《关于全面加强新时代大中小学劳动教育的意见》

2020年3月20日，中共中央、国务院发布《关于全面加强新时代大中小学劳动教育的意见》（以下简称《意见》），就加强学校劳动教育做出了总体规划和具体指导。文件中明确规定："职业院校以实习实训课为主要载体开展劳动教育，其中劳动精神、劳模精神、工匠精神专题教育不少于16学时。普通高等学校要明确劳动教育主要依托课程，其中本科阶段不少于32学时。除劳动教育必修课程外，其他课程结合学科、专业特点，有机融入劳动教育内容。大中小学每学年设立劳动周，可在学年内或寒暑假自主安排，以集体劳动为主。高等学校也可安排劳动月，集中落实各学年劳动周要求。"

一、充分认识新时代对加强劳动教育的新要求

劳动教育是中国特色社会主义教育制度的重要内容，直接决定社会主义建设者和接班人的劳动精神面貌、劳动价值取向和劳动技能水平。

以习近平新时代中国特色社会主义思想为指导，全面贯彻党的教育方针，落实全国教育大会精神，坚持立德树人，坚持培育和践行社会主义核心价值观，把劳动教育纳入人才培养全过程，贯通大中小学各学段，贯穿家庭、学校、社会各方面，与德育、智育、体育、美育相融合，紧密结合经济社会发展变化和学生生活实际，积极探索具有中国特色的劳动教育模式，创新体制机制，注重教育实效，实现知行合一，促进学生形成正确的世界观、人生观、价值观。

二、全面构建体现时代特征的劳动教育体系

劳动教育是国民教育体系的重要内容，是学生成长的必要途径，具有树德、增智、强体、育美的综合育人价值。实施劳动教育重点是在系统的文化知识学习之外，有目的、有计划地组织学生参加日常生活劳动、生产劳动和服务性劳动，让学生动手实践、出力流汗，接受锻炼、磨炼意志，培养学生正确的劳动价值观和良好的劳动品质。

明确劳动教育总体目标。通过劳动教育，使学生能够理解和形成马克思主义劳动观，牢固树立劳动最光荣、劳动最崇高、劳动最伟大、劳动最美丽的观念；体会劳动创造美好生活，体认劳动不分贵贱，热爱劳动，尊重普通劳动者，培养勤俭、奋斗、创新、奉献的劳动精神；具备满足生存发展需要的基本劳动能力，形成良好劳动习惯。

设置劳动教育课程。整体优化学校课程设置，将劳动教育纳入职业院校、普通高等学校人才培养方案，形成具有综合性、实践性、开放性、针对性的劳动教育课程体系。根据需要编写劳动实践指导手册，明确教学目标、活动设计、工具使用、考核评价、安全保护等劳动教育要求。确定劳动教育内容要求，根据教育目标，针对不同学段、类型学生特点，以日常生活劳动、生产劳动和服务性劳动为主要内容开展劳动教育。结合产业新业态、劳动新形态，注重选择新型服务性劳动的内容。

职业院校重点是结合专业人才培养，增强学生职业荣誉感，提高职业技能水平，培育学生精益求精的工匠精神和爱岗敬业的劳动态度。高等学校要注重围绕创新创业，结合学科和专业积极开展实习实训、专业服务、社会实践、勤工助学等，重视新知识、新技术、新工艺、新方法应用，创造性地解决实际问题，使学生增强诚实劳动意识，积累职业经验，提升就业创业能力，树立正确择业观，具有到艰苦地区和行业工作的奋斗精神，懂得空谈误国、实干兴邦的深刻道理；注重培育公共服务意识，使学生具有面对重大疫情、灾害等危机主动作为的奉献精神。

健全劳动素养评价制度。将劳动素养纳入学生综合素质评价体系，制定评价标准，建立激励机制，组织开展劳动技能和劳动成果展示、劳动竞赛等活动，全面客观记录课内外劳动过程和结果，加强实际劳动技能和价值体认情况的考核。建立公示、审核制度，确保记录真实可靠。把劳动素养评价结果作为衡量学生全面发展情况的重要内容，作为评优评先的重要参考和毕业依据，作为高一级学校录取的重要参考或依据。

三、广泛开展劳动教育实践活动

学校要切实承担劳动教育主体责任，明确实施机构和人员，开设劳动教育课程，明确劳动教育要求，着重引导学生形成马克思主义劳动观，系统掌握必要的劳动技能。科学设计课内外劳动项目，采取灵活多样形式，激发学生劳动的内在需求和动力。统筹安排课内外时间，可采用集中与分散相结合的方式。高等学校要组织学生走向社会、以校外劳动锻炼为主。

社会要发挥在劳动教育中的支持作用，充分利用社会各方面资源，为劳动教育提供必要保障。企业公司、工厂农场等组织要履行社会责任，开放实践场所，支持学校组织学生参加力所能及的生产劳动、参与新型服务性劳动，使学生与普通劳动者一起经历劳动过程。鼓励高新企业为学生体验现代科技条件下劳动实践新形态、新方式提供支持。

四、着力提升劳动教育支撑保障能力

多渠道拓展实践场所。大力拓展实践场所，满足院校多样化劳动实践需求。充分利用现有综合实践基地、职业院校和普通高校劳动实践场所，建立健全开放共享机制。进一步完善学校建设标准，学校逐步建好配齐劳动实践教室、实训基地。高等学校要充分发挥自身专业优势和服务社会功能，建立相对稳定的实习和劳动实践基地。

多举措加强人才队伍建设。采取多种措施，建立专兼职相结合的劳动教育师资队伍。根据学校劳动教育需要，为学校配备必要的专任教师。高等学校要加强劳动教育师资培养，有条件的师范院校开设劳动教育相关专业。设立劳模工作室、技能大师工作室、荣誉教师岗位等，聘请相关行业专业人士担任劳动实践指导教师。把劳动教育纳入教师培训内容，开展全员培训，强化每位教师的劳动意识、劳动观念，提升实施劳动教育的自觉性，对承担劳动教育课程的教师进行专项培训，提高劳动教育专业化水平。建立健全劳动教育教师工作考核体系，分类完善评价标准。

要多种形式筹措资金，加快建设校内劳动教育场所和校外劳动教育实践基地，加强学校劳动教育设施标准化建设，建立学校劳动教育器材、耗材补充机制。学校可按照规定统筹安排公用经费等资金开展劳动教育。可采取政府购买服务方式，吸引社会力量提供劳动教育服务。

多方面强化安全保障。各地区要建立政府负责、社会协同、有关部门共同参与的安全管控机制。建立政府、学校、家庭、社会共同参与的劳动教育风险分散机制，鼓励购买劳动教育相关保险，保障劳动教育正常开展。各学校要加强对师生的劳动安全教育，强化劳动风险意识，建立健全安全教育与管理并重的劳动安全保障体系。科学评估劳动实践活动的安全风险，认真排查、清除学生劳动实践中的各种隐患特别是辐射、疾病传染等，在场所设施选择、材料选用、工具设备和防护用品使用、活动流程等方面制定安全、科学的操作规范，强化对劳动过程每个岗位的管理，明确各方责任，防患于未然。制定劳动实践活动风险防控预案，完善应急与事故处理机制。

第四节 教育部《大中小学劳动教育指导纲要（试行）》

为深入贯彻习近平总书记关于教育的重要论述，全面贯彻党的教育方针，落实中共中央国务院《关于全面加强新时代大中小学劳动教育的意见》，加快构建德智体美劳全面培养的教育体系，2020 年 7 月 15 日，教育部印发《大中小学劳动教育指导纲要（试行)》(以下简称《指导纲要》)，主要面向学校，重点针对劳动教育是什么、教什么、怎么教等问题，细化有关要求，加强专业指导。

《指导纲要》明确指出，劳动教育是发挥劳动的育人功能，对学生进行热爱劳动、热爱劳动人民的教育活动，要强化学生劳动观念，弘扬勤俭、奋斗、创新、奉献的劳动精神；强调全身心参与，手脑并用，亲历实际的劳动过程；要在充分发挥传统劳动工艺项目育人功能的同时，紧跟科技发展和产业变革，体现时代要求；还要充分发挥学生主动性、积极性，

鼓励创新创造。

《指导纲要》规定，劳动教育的内容主要包括日常生活劳动教育、生产劳动教育和服务性劳动教育三个方面。其中，日常生活劳动教育要让学生立足个人生活事务处理，培养良好生活习惯和卫生习惯，强化自立自强意识；生产劳动教育要让学生体验工农业生产创造物质财富的过程，增强产品质量意识，体会平凡劳动中的伟大；服务性劳动教育要注重让学生利用所学知识技能，服务他人和社会，强化社会责任感。

《指导纲要》强调劳动教育途径要注重课内外结合，在开设劳动教育必修课的同时，还要在课外校外活动中安排劳动实践。职业院校和普通高等学校要明确生活中的劳动事项和时间，纳入学生日常管理。

《指导纲要》要求学校和教师要抓住关键环节，灵活运用讲解说明、淬炼操作、项目实践、反思交流、榜样激励等多种方式方法，增强劳动教育效果；开展平时表现评价、学段综合评价和学生劳动素养监测，发挥评价的育人导向和反馈改进功能。要求各地和学校加强劳动教育的组织管理，对劳动教育所需要的师资、场地设施、经费投入等，进行合理规划和统筹安排，为劳动教育的实施创造必要条件；加强研究和指导，为提高劳动教育质量提供必要支撑。

第五节 劳动是一切幸福的源泉

党的十八大以来，习近平总书记高度重视青少年劳动教育，强调“把劳动教育纳入人才培养全过程，贯通大中小学各学段和家庭、学校、社会各方面”。习近平总书记的重要论述为新时代加强劳动教育提供了根本遵循。

劳动教育是中国特色社会主义教育制度的重要内容，直接决定社会主义建设者和接班人的劳动精神面貌、劳动价值取向和劳动技能水平。大力开展劳动教育，一方面要教育引导学生崇尚劳动、尊重劳动，懂得劳动最光荣、劳动最崇高、劳动最伟大、劳动最美丽的道理，增强对劳动创造幸福的理性认知和实践自觉。另一方面，要创造机会和条件、创新内容和形式，通过丰富多样的劳动实践，教育引导广大青少年牢固树立以辛勤劳动为荣、以好逸恶劳为耻的劳动观，大力弘扬崇尚劳动、热爱劳动、辛勤劳动、诚实劳动的劳动精神。

一、树立正确的劳动价值观

历史唯物主义认为，劳动是区分人与动物的关键。马克思深刻指出，劳动不仅创造了人类的物质世界和社会历史，同时也创造了人类自己。

辛勤劳动是劳动者的基本态度。党的十八大以来，习近平总书记多次阐释劳动的时代意义，倡导人民以辛勤劳动托举中国梦。这既传承了中华民族“功崇惟志，业广惟勤”的传统美德，也进一步彰显了新时代的马克思主义劳动观。中国特色社会主义迈进新时代，社会的主要矛盾已经由“人民日益增长的物质文化需要同落后的社会生产之间的矛盾”转变为“人民日益增长的美好生活需要和不平衡不充分的发展之间的矛盾”。无论是“物质文化需要”还是“美好生活需要”，都需要每一个劳动者以“辛勤劳动”来获取。正所谓，“民生在勤，勤则不匮”。

随着社会的发展、科技的进步以及生活水平的提高，资本、知识、技术、信息在生产生活中的力量不断凸显，人们的劳动观念发生了很大变化。部分青年对劳动的理解出现偏差，好逸恶劳、渴望不劳而获、盲目消费、商品拜物教等现象出现。为了应对这些问题，劳动教育应着重引导个体树立正确的劳动价值观。一方面，基于马克思的劳动价值理论，帮助青年理解劳动是财富的源泉，认可“按劳分配”原则，摒弃好逸恶劳、不劳而获的不良思想。另一方面，站在人类社会历史发展的宏观高度以及个体成长成才的微观视角，帮助青年理解劳动在推动历史发展和帮助个体圆梦上所发挥的重要作用，从而尊重劳动、辛勤劳动。

党的十八大报告将尊重劳动作为四个尊重（尊重劳动、尊重知识、尊重人才、尊重创造）之首。2015 年“五一”劳动节前夕，习近平总书记指出，“让劳动光荣、创造伟大成为铿锵的时代强音，让劳动最光荣、劳动最崇高、劳动最伟大、劳动最美丽蔚然成风。要教育孩子们从小热爱劳动、热爱创造，通过劳动和创造播种希望、收获果实，也通过劳动和创造磨炼意志、提高自己。”党的十九大报告提出“建设知识型、技能型、创新型劳动者大军，弘扬劳模精神和工匠精神，营造劳动光荣的社会风尚和精益求精的敬业风气”。

二、塑造诚实劳动的社会风气

诚实劳动是劳动者的内在道德要求。在中国传统文化中，“君子爱财，取之有道”，强调以“道”获“利”。步入新时代，在经济全球化、信息化、网络化的市场经济环境中，在物质主义与利己主义涌现的社会背景下，以“道”获“利”的伦理规范正在接受时代的拷问。在这个背景下，诚实劳动的理念和规范是新时代所必须倡导和落实的。正如习近平总书记强调的，“人世间的美好梦想，只有通过诚实劳动才能实现；发展中的各种难题，只有通过诚实劳动才能破解”。

何为新时代的诚实劳动？在本质上，诚实劳动强调的是劳动者积极实干，而不是投机取巧。表现在社会关系上，即要求坚守公平正义，反对损公肥私、损人利己。在经济形态上，诚实劳动反对资本欺诈，反对违法乱纪。特别是在虚拟经济时代，反对网络诈骗。在人与自然的关系上，诚实劳动要求绿色发展，不以牺牲生态为代价换取经济发展。在社会文化培育上，诚实劳动意在实现“人人为我，我为人人”的文化形态，使每一个劳动者都具备劳动自觉和劳动获得感。

在新的时代背景中，劳动教育的定位和内涵都呈现出许多新特点。但是无论如何变化，作为劳动的内在道德要求，诚实劳动是任何经济形态下经济发展的核心要求。因此，塑造诚实劳动的社会风气，是时代赋予劳动教育的重任。具体而言，在劳动教育理念上，应帮助个体理解诚实劳动的重要性，引导其树立诚实劳动的道德理念；在劳动教育内容上，应着重深化个体对“劳动与资本”“劳动者的权益”“劳动法”等内容的认识；在劳动教育方式上，重在创设劳动市场环境，使个体在实际参与中将劳动认知转化为具体的劳动行为体验。

三、遵循教育规律，纳入人才培养全过程

从教育方面来说，劳动形成人的本质，劳动是实现人的全面发展的重要途径。劳动教育

一直是我国国民教育的重要内容，是一以贯之的教育方针。我们党和国家历任领导人都深刻认识到这一点，因此都反复强调劳动教育的重要性。毛泽东同志指出，教育必须同生产劳动相结合。邓小平同志指出，为了培养社会主义建设需要的合格的人才，我们必须认真研究在新的条件下，如何更好地贯彻教育与生产劳动相结合的方针。中国特色社会主义进入新时代，全面加强劳动教育得到前所未有的重视。

劳动习惯的养成、劳动技能的培养，是一个持续积累的过程。在青少年不同年龄阶段，劳动教育的内容、任务各有侧重。要坚持德智体美劳五育并举，紧紧围绕培养什么人、怎样培养人、为谁培养人这一根本问题，深刻把握劳动教育与德育、智育、体育、美育的内在关系和互动规律，全面彰显劳动教育的基础性作用，切实做到以劳树德、以劳增智、以劳强体、以劳育美。坚持改革创新，将劳动教育融入学校教育教学和人才培养之中，贯穿教学设计、教材建设和教法改革之中，以更加切实的举措全面提升劳动教育的地位。特别是要根据不同学段、不同类型学生特点，有针对性地加强劳动教育。具体来说，小学阶段应注重启蒙学生劳动意识，培养学生劳动习惯；初中阶段应注重劳动知识传输、劳动技能训练和劳动品质塑造；高中阶段应注重丰富学生对多种职业的劳动体验，使其树立劳动自立意识和服务他人、服务社会的情怀；大学阶段应注重培养学生的创新意识、创造能力和创业素养，引导学生运用新知识、新技术、新工艺、新方法创造性地解决实际问题，为未来职业发展积累经验、储备能力。

四、体现时代特征，创新内容形式

创造性劳动是发展社会主义生产力的更高劳动形态。创造性劳动是解放生产力、发展生产力的必然要求，在人类社会历史的发展中占据重要地位。在宏观层面上，创造性劳动是人类解放的关键一步。因为创造性劳动使人类不断超越奴役劳动和谋生劳动，走向体面劳动和自由劳动。在微观层面上，创造性劳动是现代经济演变的主要动力。根据马克思主义经济学理论，通过技术进步来缩短必要劳动时间，是经济增长的重要途径。当前，我国正在进行社会主义市场经济改革。为了克服人口红利减少带来的劳动力优势下降的问题，实现经济的高质量发展，我国必须加快建设创新型国家。这需要大力发展创新性劳动，提高社会生产力。

当前，以人工智能、大数据、量子信息、生物技术为代表的新一轮科技革命和产业变革，正在深刻改变劳动的组织方式和实践形态，使创新成为经济社会发展的主要驱动力，使知识和信息成为重要的生产要素（见图 2-2）。在这样的背景下，劳动教育必须着眼经济社会发展的现实需要，紧密结合新产业、新业态、新工艺、新技术，不断更新和丰富教育内容和形式。要提高劳动教育针对性，合理配置生活劳动、生产劳动和服务性劳动三类教育内容，让学生充分利用新知识、技能、工具、设备等为他人和社会提供服务，特别是在公益劳动、志愿服务中强化社会责任，培养良好的社会公德。探索构建更具开放性的劳动教育实践体系，引导学生积极参与智能化背景下的劳动实践，有效掌握最新劳动科技成果，增强独立生活、智慧生活的能力。

在社会的劳动时间、劳动工具、劳动形式等都发生了革命性变化的背景下，利用时代机遇锻炼青年一代的创新能力，是劳动教育的重要使命。一方面，要立足于数字革命时代对劳动者提出的新要求，构建青年一代的核心劳动素养，涉及劳动精神、劳动技能、劳动习惯、劳动思维等内容。另一方面，要以实现社会和经济的可持续发展为价值目标，整合多领域知识与技能，将人工智能、数字技术、劳动规范、职业实践、经济发展规律等相关内容纳入劳动课程，引导青年实现知识的融会贯通，为实践创造性劳动做出充分准备。

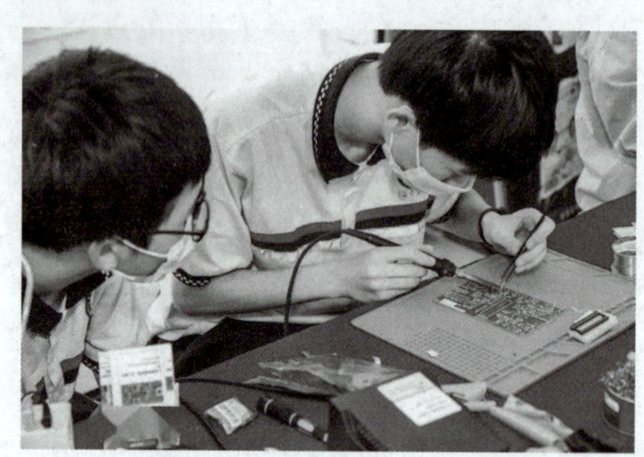

图 2-2　结合新业态开展劳动教育

五、加强劳动教育，锻造时代新人

当代劳动教育担负着培育时代新人的历史使命，为此，学校要以新时代“劳动观”为指导，引导学生树立辛勤劳动、诚实劳动、创造性劳动的理念，让劳动最光荣、劳动最崇高、劳动最伟大、劳动最美丽、奋斗最幸福的观念蔚然成风。

2020 年 4 月 30 日，习近平总书记给郑州圆方集团全体职工的回信中，向他们并向全国各族劳动群众致以节日的问候。“伟大出自平凡，英雄来自人民。”习近平总书记在回信中寄语，希望大家弘扬劳动精神，克服艰难险阻，在平凡岗位上续写不平凡的故事，用自己的辛勤劳动为疫情防控和经济社会发展贡献更多力量。

习近平总书记对劳动的尊重、对劳动者的关心，必将激励广大劳动群众争做新时代的奋斗者，同时对广大青少年树立劳动意识、增强劳动观念、养成劳动习惯产生深远影响。

◎ 练　习

1. 2020 年 3 月 20 日，中共中央、国务院向全国下发的一个重要文件是（　　）。

A.《关于全面加强新时代大中小学劳动教育的意见》

B.《大中小学劳动教育指导纲要（试行）》

C.《关于改革学制的决定》

D.《关于教育工作的指示》

2. 1949 年 9 月，中华人民共和国成立前夕的《中国人民政治协商会议共同纲领》，把“爱劳动”与“爱祖国”“爱人民”“爱科学”“（　　）”，一并列为中华人民共和国全体国民的公德。

A. 爱长辈先进　　B. 爱生产实践

C. 爱护公共财物　　D. 四个现代化

3. “教育与（　　）相结合”作为党的教育方针的重要内容，经历了一个确立、调整、完善的发展历程。

A. 阶级斗争　　B. 生产劳动　　C. 科学技术　　D. 劳动改造

4.（　　）年，我国基本完成生产资料所有制的社会主义改造，建立了社会主义基本制度。毛泽东从这一大局出发，首次对我国的教育方针做出明确表述：“我们的教育方针，应该使受教育者在德育、智育、体育几方面都得到发展，成为有社会主义觉悟的有文化的劳动者。”

A. 1992　　B. 1978　　C. 1995　　D. 1956

5.（　　）年，邓小平同志在视察南方时指出：“经济发展得快一点，必须依靠科技和教育。”

A. 1992　　B. 1978　　C. 1995　　D. 1956

6.（　　）年，邓小平同志指出：“为了培养社会主义建设需要的合格的人才，我们必须认真研究在新的条件下，如何更好地贯彻教育与生产劳动相结合的方针。”

A. 1992　　B. 1978　　C. 1995　　D. 1956

7.（　　）年第八届全国人大第三次会议通过的《中华人民共和国教育法》第五条规定：“教育必须为社会主义现代化建设服务，必须与生产劳动相结合，培养德、智、体等方面全面发展的社会主义事业的建设者和接班人。”这为我国教育方针明确了培养目标。

A. 1992　　B. 1978　　C. 1995　　D. 1956

8.（　　）同志说：学校应该永远把坚定正确的政治方向放在第一位。他还提出，教育要面向现代化、面向世界、面向未来，培养有理想、有道德、有文化、有纪律的社会主义“四有”新人。

A. 李铁映　　B. 习近平　　C. 邓小平　　D. 毛泽东

9. 党的（　　）报告提出“培养德智体美全面发展的社会主义建设者和接班人”的目标，在“德智体”的基础上增加了“美”。

A. 十六大　　B. 十八大　　C. 十九大　　D. 九大

10.（　　）年12月，习近平总书记在全国高校思想政治工作会议上提出，“高校培养什么样的人、如何培养人以及为谁培养人”，是一个“根本问题”。

A. 2018　　B. 2001　　C. 2016　　D. 2020

11.（　　）年，习近平总书记在全国教育大会上的讲话中提出的“培养德智体美劳全面发展的社会主义建设者和接班人”这一重要论断，对培养目标和培养体系做出了新的概括，发展了党的教育方针。

A. 2018　　B. 2001　　C. 2016　　D. 2020

12. 怎样才能构建起“德智体美劳全面培养的教育体系”？习近平总书记强调以（　　）为重点，从德、智、体、美、劳诸方面做了全面阐述。

A. 智力　　B. 美育　　C. 劳动　　D. 立德

13. 劳动教育不只是劳动知识、劳动技能的教育和劳动能力的培养，首先是（　　）的教育、劳动精神的培育。

A. 劳动能力　B. 劳动知识　C. 劳动观念　D. 劳动技能

14. (　　) 年3月20日，中共中央、国务院发布《关于全面加强新时代大中小学劳动教育的意见》(以下简称《意见》)，就加强学校劳动教育做出了总体规划和具体指导。

A. 2018　B. 2001　C. 2016　D. 2020

15.《意见》文件中明确规定："职业院校以(　　)课为主要载体开展劳动教育，其中劳动精神、劳模精神、工匠精神专题教育不少于16学时。"

A. 专业理论　B. 实习实训　C. 专业基础　D. 专业技能

16.《意见》文件中规定："普通高等学校要明确劳动教育主要依托课程，其中本科阶段不少于(　　)学时。"

A. 32　B. 16　C. 48　D. 72

17. 把握育人导向，要把准劳动教育(　　)，引导学生树立正确的劳动观，崇尚劳动、尊重劳动，增强对劳动人民的感情，报效国家，奉献社会。

A. 知识结构　B. 精神风范

C. 专业方向　D. 价值取向

18. 劳动教育要遵循教育规律。符合学生年龄特点，以(　　)为主，注意手脑并用、安全适度，强化实践体验，让学生亲历劳动过程，提升育人实效性。

A. 知识普及　B. 体力劳动

C. 智力锻炼　D. 能力提升

19. 实施劳动教育重点是在系统的文化知识学习之外，有目的、有计划地组织学生参加(　　)，培养学生正确的劳动价值观和良好的劳动品质。

A. 生活劳动　B. 生产劳动

C. 服务型劳动　D. A+B+C

20. 职业院校劳动教育的重点是结合专业人才培养，增强学生(　　)荣誉感，提高技能水平，培育学生精益求精的工匠精神和爱岗敬业的劳动态度。

A. 职业　B. 专业　C. 岗位　D. 体能

21. 高等学校劳动教育要注重围绕(　　)，结合学科和专业积极开展实习实训、专业服务、社会实践、勤工助学等。

A. 体能体力　B. 创新创业　C. 职业能力　D. 技能水平

22. 高等学校劳动教育要统筹安排课内外时间，采用集中与分散相结合的方式，要组织学生走向社会、以(　　)劳动锻炼为主。

A. 室外　B. 室内　C. 校内　D. 校外

23. (　　) 年7月15日，教育部印发《大中小学劳动教育指导纲要(试行)》，重点针对劳动教育是什么、教什么、怎么教等问题，细化有关要求，加强专业指导。

A. 2020　B. 2001　C. 2016　D. 2018

24. 党的十八大以来，习近平总书记高度重视青少年劳动教育，强调"把劳动教育纳入人才培养全过程，贯通大中小学各学段和家庭、学校、社会各方面"。(　　)是一切幸福的源泉。

A. 锻炼　B. 学习　C. 劳动　D. 财富

◎ 实践与思考　人人谈：“劳动是一切幸福的源泉”

小组活动：毛泽东、邓小平、习近平等党和国家领导人一贯尊重劳动，重视劳动教育。请劳动实践小组成员在认真学习本章内容的基础上，开展头脑风暴活动，畅谈“劳动是一切幸福的源泉”，活跃思维，明晰事理，准确把握劳动教育的方向。

请在小组活动的基础上，个人撰写一份一页A4纸的小论文来讨论本次活动的主题“劳动是一切幸福的源泉”，谈谈你的看法，报告小组的讨论成果。

-------------------- 请将你的一页A4纸小论文粘贴于此 --------------------

实训评价（教师）：____

____

第三章 劳动教育的内涵

学习目标

知识目标

（1）学习现代劳动教育，要弘扬劳动价值，倡导辛勤劳动，主张诚实劳动，强调创造性劳动，吸收借鉴劳动创造的思想精华和传统智慧。

（2）掌握劳动教育的内涵与原则，主动学习劳动知识。

（3）熟悉劳动教育的基本特征，掌握其属性，明晰劳动教育的时代特征和社会属性。

（4）准确把握新时代劳动教育育人导向，掌握劳动教育体系，熟悉劳动教育教学内容。

素质目标

（1）审视自身劳动情感、态度和劳动价值观，弘扬民族的传统劳动智慧。

（2）不断提升自己的职业素养，坚持辛勤劳动、诚实劳动。

能力目标

（1）能吸收借鉴劳动教育思想精华，通过劳动教育系统课程学习，把握个人成长方向。

（2）积极投身日常生活劳动，参加生产劳动，加入服务性劳动活动。

重点难点

（1）理解劳动教育所传导的传统劳动智慧与思想精华。

（2）掌握劳动教学的基本特征与社会属性，准确把握新时代劳动教育的育人方向。

（3）熟悉现代劳动教育课程体系。

◎ 导读案例　阿基米德生平

阿基米德（约前 287—前 212，见图 3-1），诞生于希腊叙拉古附近的一个小村庄。他出生于贵族，与叙拉古的赫农王有亲戚关系，家庭十分富有。

阿基米德的父亲是天文学家兼数学家，学识渊博，为人谦逊。阿基米德受家庭的影响，从小就对数学、天文学特别是古希腊的几何学产生了浓厚的兴趣。

当他刚满 11 岁时，借助与王室的关系，被送到埃及的亚历山大里亚城去学习。亚历山大位于尼罗河口，是当时文化贸易的中心之一。这里有雄伟的博物馆、图书馆，而且人才荟萃，被世人誉为“智慧之都”。阿基米德在这里学习和生活了许多年，曾跟很多学者密切交往。他兼收并蓄了东方和古希腊的优秀文化遗产，在其后的科学生涯中做出了重大贡献。

公元前212年，古罗马军队入侵叙拉古，阿基米德被罗马士兵杀死，终年75岁。

图3-1 阿基米德

阿基米德的遗体葬在西西里岛，墓碑上刻着一个圆柱内切球的图形，以纪念他在几何学上的卓越贡献。阿基米德无可争议的是古代希腊文明所产生的最伟大的数学家及科学家，他在诸多科学领域所作出的突出贡献，使他赢得同时代人的高度尊敬。

阿基米德求得了抛物线弓形、螺线、圆形的面积和体积以及椭球体、抛物面体等复杂几何体的体积。在推演这些公式的过程中，他熟练地启用了“穷竭法”，即我们今天所说的逐步近似求极限的方法，因而被公认为微积分计算的鼻祖。他还利用此法估算出 π 值，并得出了三次方程的解法。面对古希腊繁冗的数字表示方式，阿基米德提出了一套有重要意义的按级计算法，并利用它解决了许多数学难题。

阿基米德在力学方面的成绩最为突出，这些成就主要集中在静力学和流体静力学方面。他在研究机械的过程中，发现了杠杆原理，并利用这一原理设计制造了许多机械。他在研究浮体的过程中发现了浮力定律，也就是有名的阿基米德定律。阿基米德在天文学方面也有出色的成就。他设计了一些圆球，用细绳和木棒将它们连接起来模仿日月和星辰的运动，并利用水力使它们转动。这样日食和月食就可以生动地表现出来。

阿基米德认为地球是圆球状的，并围绕着太阳旋转，这一观点比哥白尼的“日心地动说”要早1800年。限于当时的条件，他并没有就这个问题做深入系统的研究。但早在公元前3世纪就提出这样的见解，是很了不起的。阿基米德的著作很多，作为数学家，他写出了《论球和圆柱》《论劈锥曲面体与球体》《抛物线求积》《论螺线》等数学著作。

作为力学家，他著有《论平板的平衡》《论浮体》《论杠杆》《论重心》等力学著作。在《论平板的平衡》中，他系统地论证了杠杆原理。在《论浮体》中，他论证了浮体定律。阿基米德不仅在理论上成就璀璨，还是一个富有实践精神的工程学家。他一生设计、制造了许多机构和机器，除了杠杆系统外，值得一提的还有举重滑轮、灌地机、扬水机以及军事上用的投射器等。被称为“阿基米德举水螺旋”的扬水机（见图3-2）是为了将水从大船的船舱中排出而发明的。扬水机可以利用螺旋把水搬运到高处。

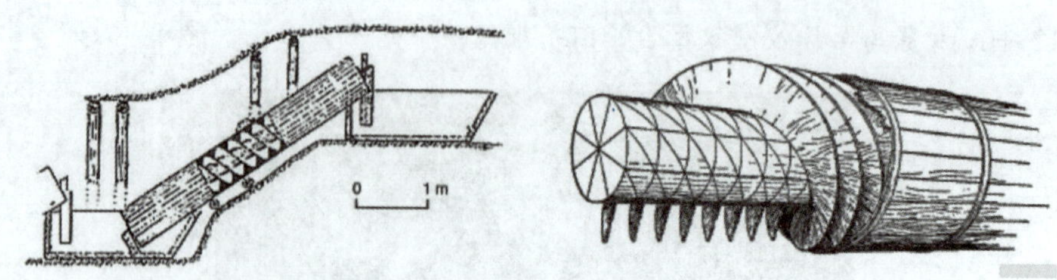

图 3-2　阿基米德举水螺旋

阅读上文，请思考、分析并简单记录：

（1）阿基米德家境富裕，他把这个当成自己奋斗的良好基础，一生成果丰富。请简述你的认识。

答：

（2）在阿基米德一生获得的丰硕成果中，你最为欣赏的是其中哪一项？

答：

（3）阿基米德是力学家。对于力学，你印象深刻的知识有哪些？

答：

（4）请简单记述你所知道的上一周发生的国际、国内或者身边的大事：

答：

第一节　劳动教育的传统智慧

劳动作为人类特有的活动，是人类赖以存在和发展的基础，它表现为人们通过发挥体力和脑力作用，运用劳动资料改造外部世界的过程。人们要获取生活资料，就必须劳动。

习近平总书记在阐述党的十八大以来教育改革发展一系列新理念新思想新观点时，指出要“坚持扎根中国大地办教育”。这具体到劳动教育来说，不仅要立足新时代社会发展的具体实际，还要扎根于中国优秀文化传统。在中华文化的思想宝库中，有重视劳动的思想传统。整理发掘这部分思想成果，有助于开展新时代的劳动教育。

一、弘扬劳动价值

对于劳动教育，习近平总书记指出，要在学生中弘扬劳动精神，教育引导学生崇尚劳动、尊重劳动，懂得劳动最光荣、劳动最崇高、劳动最伟大、劳动最美丽的道理，长大后能够辛勤劳动、诚实劳动、创造性劳动。这一精辟论断阐明了劳动教育的宗旨、方法、目标，为开展新时代劳动教育提供了根本遵循。

弘扬劳动精神，旨在培养学生尊重劳动、崇尚劳动、尊重劳动的态度，懂得劳动的崇高和伟大价值。中国古代思想家对劳动意义有丰富的论述。

其一，劳动是生存之本。古代哲学家、教育家、科学家墨子教育弟子（见图 3-3）说，“故圣人作诲，男耕稼树艺，以为民食”“食者国之宝也”“民无食则不可事，故食不可不务也”。在墨子看来，民不可无食，食必须通过劳动获得。明代学者吕坤说：“一年不务农桑，一年忍饥受冻。”不勤劳务农，就缺衣少食。明末清初学者张履祥提出：“治生以稼穑为先，舍稼穑无可为治生者。”这些观点都指出了农业劳动的基本价值。

图 3-3　墨子教育弟子

其二，劳动促进个人发展。劳动可以培养人优良的品德和健康的身体素质。春秋时期的敬姜在教育儿子时说：“夫民劳则思，思则善心生；逸则淫，淫则忘善，忘善则恶心生。”指出了劳可培善和逸则生恶两种不同的品德培养功能。明末清初的学者颜元认为：“养身莫善于习动，夙兴夜寐，振起精神，寻事去作，行之有常，并不困疲，日益精壮。”意思是劳作使人强健。清代学者汪辉祖在批判“幼小不宜劳力”观点时指出：“欲望子弟大成，当先令其习劳。”他认为，古来成功的将相，没有一个是软弱不耐劳苦的。

其三，劳动是理想生活方式。曾国藩在给儿子曾纪鸿的信中说：“勤俭自持，习劳习苦，可以处乐，可以处约，此君子也。”他教育儿子把劳动作为生活的一部分，在劳动中得到人生快乐，成就君子人格。

二、倡导辛勤劳动

传统文化不仅包含对劳动价值的充分肯定，也有对辛勤劳动的积极倡导。对于劳动要耐得住艰辛、要坚持不懈的道理，中国古代多有论述。其中，曾国藩对辛勤劳动的论述对现代人影响较大。他这方面的主要观点如下。

其一是“勤”。古人关于勤于劳动的论述指不胜屈，政治家劝子侄勤于政事，学问家导儿孙勤于读书，贤母们教女儿勤于纺绩。明朝仁孝文皇后徐氏说：“农勤于耕，士勤于学，女勤于工。”曾国藩在家书中反复阐释对勤的道理，勉励长子纪泽说：“家之兴衰，人之穷通，皆于勤惰卜之。泽儿习勤有恒，则诸弟七八人皆学样矣。”他认为，勤则家“兴”人“通”，惰则家“衰”人“穷”。要做到勤，需持之以恒锻炼。

其二是“早”。这个概念是曾国藩在总结祖父星冈公家训思想时凝练出的，意思是“早起”。这是曾国藩关于“勤”思想的重要维度之一。他还对此概念加以发挥，“治家以不晏起为本”“家中大小，总以起早为第一义”。在曾国藩看来，“少睡多做”，体现“一人之生气”。因此，他把早起作为耐劳苦教育的主要手段。曾国藩的这一观点，在之前的教育学著作中较为多见。南宋文学家叶梦得说：“每日起早，凡生理所当为者，须及时为之。”朱柏庐治家格言的第一句话就是：“黎明即起，洒扫庭除。”

三、主张诚实劳动

新时代劳动教育要求学生在长大后“诚实劳动”。所谓诚实劳动，就是要实实在在地劳动，运用脑力或体力有效地改造世界，不弄虚作假，不投机取巧，不搞形式、走过场、摆样子。

其一，诚实劳动重在做实事。孟子讲的“揠苗助长”寓言（见图 3-4），就生动讽刺了那些不诚实劳动却想取得成功的行为。要让禾苗长得好，就得踏踏实实浇水施肥，而不是一根根地往上拔。揠苗助长者虽然付出了体力，看到苗长高了一大截，但是苗最终全死了。这个故事可以说是对不诚实劳动现象的深刻批评，也从另一方面表达了孟子提倡诚实劳动的意思。

图 3-4　揠苗助长

事实上，中国传统劳动思想中的“习”字，本身就包含了实践、实行之意。主张劳动思想的汪辉祖指出：“士不好学，农不力田，便不成为士、农。欲尽人之本分，全在各人做法……故‘人’是虚名，求践其名，非实做不可。”他提出各行业的人要“实做”，脚踏实地地工作，这是他倡导诚实劳动的体现。

其二，诚实劳动尚力行、忌空谈。重视习行、关心实务，是中国古代思想的主流。然而，在历史上也不乏懒于劳动、脱离实际的空谈作风。比如六朝时期的名士，虽然在品藻古今方面颇多才华，一旦任用他们处理实务，却“多无所堪”。这些人惯于高谈虚论，迂诞浮华，不涉世务，不知有丧乱之祸，不知有耕稼之苦，不知有劳勤之役，因此难以“应世经务”。颜之推概括说：“治官则不了，营家则不办，皆优闲之过也。”这是对那些不劳而获、没有真才实学的南朝名士的有力批判。

四、强调创造性劳动

创造性劳动与重复性劳动不同，特别强调劳动过程中的变革性和创新性，体现为发明创造。一方面，将科学原理和技术运用到具体劳动中，改变了劳动方式；另一方面，在劳动过程中有所发现，并创造性地解决问题。中国古代劳动思想中就有这方面的范例。

其一，劳动中把握事物原理并做创造性运用。墨子作为中国古代伟大的科学家，不仅重视生产劳动，而且善于在生产劳动中发现科学原理，并据此做出大量创造发明，还教育学生将其运用于生产实践。他说：“负而不挠，说在胜。”这里的“负”就是“担”或者说“衡木”的意思。“挠”这里引申为“物体倾斜”的意思。“胜”有“胜任”“承受”等意思。整句话是说，用衡木担物，支点在中间，衡木就不会发生倾斜。这是因为两端物量相等，彼此平衡的缘故。这句话包含着杠杆平衡原理，墨子运用此原理发明了提水工具——桔槔（见图 3-5），大大节省了劳动力。

图 3-5 桔槔

其二，劳动中进行创造性探索。在中国历史上，清代政治家、清圣祖康熙在自然科学方面也有很高的造诣，曾刊印《耕织图》颁行全国（见图 3-6）。他在劳动中还留心观察研究并有新发现：“丰泽园所种之稻，偶得穗，较他穗先熟，因种之，遂比别稻早收。若南方和暖之地，可望一年两获。”这段话生动记述了他在农作物良种培育方面的创造性探索。

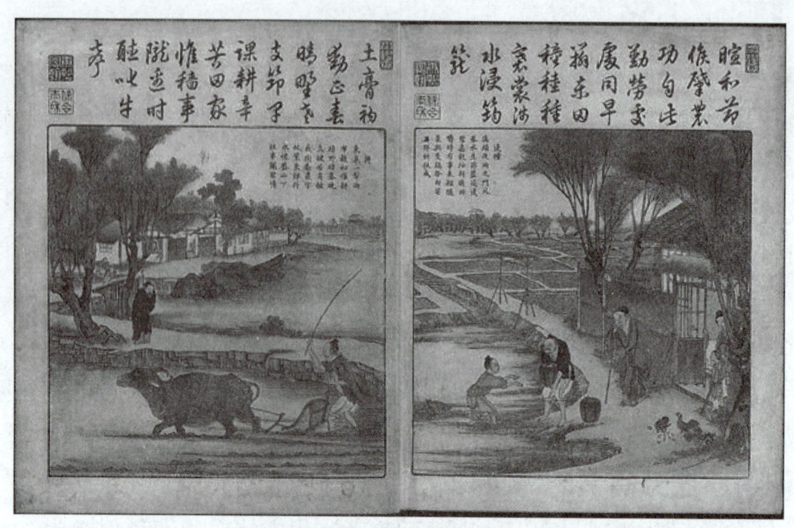

图 3-6　康熙耕织图

从事创造性劳动，需要学习创新思维，掌握创新方法，掌握发明创新的技术与技巧，不断提高创造性劳动的效率（见第九章“劳动的创新发展”）。另一方面，更进一步，创造性劳动又不同于创新劳动，那是指通过人的脑力劳动萌发出技术、知识、思维的革新，从而提升劳动效率、产生出超值社会财富或成果的劳动（见第十二章“创新劳动与愿景”）。

五、吸收借鉴思想精华

中华民族素以刻苦耐劳著称于世。五千年辉煌灿烂的文明，是中国先人热爱劳动的有力见证。传统劳动思想就是中华民族重视劳动的集中体现。不忘本才能开辟未来，善于继承才能更好地创新。

开展新时代劳动教育，需要吸收借鉴传统劳动思想的精华。但是，传统劳动思想是与中国古代社会实践相适应的。因此，在今天的劳动教育中不能完全照搬。我们必须立足新时代劳动教育的具体实践，以马克思主义劳动观为指导，本着古为今用的态度，对传统劳动思想去粗取精、去伪存真，进行科学扬弃，并在此基础上实现创造性转化和创新性发展。

第二节　劳动教育的内涵与原则

在 2019 年 6 月 23 日中共中央和国务院发布的《关于深化教育教学改革，全面提高义务教育质量的意见》（以下简称《意见》）中指出：“加强劳动教育。充分发挥劳动综合育人功能，制定劳动教育指导纲要，加强学生生活实践、劳动技术和职业体验教育。优化综合实践活动课程结构，确保劳动教育课时不少于一半。家长要给孩子安排力所能及的家务劳动，学校要坚持学生值日制度，组织学生参加校园劳动，积极开展校外劳动实践和社区志愿服务。创建一批劳动教育实验区，农村地区要安排相应田地、山林、草场等作为学农实践基地，城镇地区要为学生参加农业生产、工业体验、商业和服务业实践等提供保障。”“学生发展质量评价突出考查学生品德发展、学业发展、身心健康、兴趣特长和劳动实践等。”德育、智育、体育、美育、劳动教育“五育并举”是此次《意见》中对于素质教育的创新定义，劳动教育成为必修课。

一、劳动教育的基本内涵

劳动教育是一个动态、发展的概念，其内涵随着时代的变化而不断丰富、发展和完善。至今社会各界对劳动教育的内涵在一定程度上仍存在着误解。在学校和家庭教育中，劳动常常被窄化为参与简单的体力劳动，致使劳动教育成为与脑力劳动、日常学习无关的活动，被认为是学生的额外负担，劳动教育的价值没有得到彰显。劳动教育有时还被等同于技艺学习、娱乐活动、惩罚手段。这些现实中的畸变都与对劳动教育的内涵缺乏深度解读相关。要全面构建体现时代特征的劳动教育体系，首先要深刻理解劳动教育的基本内涵。

《教育大辞典》从劳动教育的内容和劳动素养出发，将劳动教育定义为“劳动、生产、技术和劳动素养方面的教育，旨在培养学生正确的劳动观点、劳动态度、劳动习惯，使学生获得工农业生产基本知识和技能”。在养成良好劳动素养方面，劳动教育特别强调:其一，促进学生具备一定劳动知识与技能，成为全面发展的人；其二，发展学习者创造性劳动的潜质，成为新时代所需要的创造性劳动者；其三，形成良好的劳动习惯，成为“流自己的汗、吃自己的饭”的有尊严、有教养的现代公民。

劳动教育是国民教育体系的重要内容，是学生成长的必要途径。新时代劳动教育立足于人的整体性，融合多学科知识，对人、社会和自然进行整合，将理论知识有机融入现实社会，对学生健全人格发展起着重要作用，具有树德、增智、强体、育美的综合育人价值，坚持立德树人，把劳动教育贯穿于人才培养的全过程。

实施劳动教育重点是在系统的文化知识学习之外，有目的、有计划地组织劳动教育是中国特色社会主义教育制度的重要内容，直接决定社会主义建设者和接班人的劳动精神面貌、劳动价值取向和劳动技能水平。

“劳动教育”是以促进学生形成劳动价值观（即确立正确的劳动观点、积极的劳动态度，热爱劳动和劳动人民等）和养成劳动素养（有一定劳动知识与技能、形成良好的劳动习惯等)为目的的教育活动，“劳动价值观”是劳动素养的核心内涵。劳动还与“劳动技术教育”“通用技术教育”等概念相关。不过“劳动技术教育”较强调技术的学习，与职业定向存在更密切的关联；“通用技术教育”则是开展基础技术教育的课程形式，“通用技术”是其教育重点，“劳动”已不是其核心意涵。换言之，劳动教育是面向所有教育对象的普通教育，而“劳动技术教育”“通用技术教育”两个概念中虽也有“劳动”的要素，但较多指向具体技术或者通用技术的学习等，强调重点有显著差异。

在劳动价值观方面，劳动教育要努力帮助学生确立正确的劳动观点、积极的劳动态度（即具有“劳动精神”），拒绝“好逸恶劳”“不劳而获”等错误的价值观；要教育学生形成尊重、热爱劳动过程、劳动成果和劳动主体——劳动人民（“劳动精神”的体现）的价值态度。

高等教育培养的是适应生产、建设、管理、服务等各行业需要的高素质人才，尤其需要吃苦耐劳、艰苦奋斗精神。在社会价值观多元化的背景下，一些大学生好逸恶劳、拈轻怕重，毕业后频繁跳槽，其劳动意识、劳动态度以及劳动精神等方面都出现了一定的问题，急需补上劳动教育这块短板。劳动教育是培养和提高大学生劳动素质和职业能力的重要途径，有助于培养正确的劳动观、价值观、成才观，对高等院校的育人工作有着重要意义。在高等院校重视劳动教育，重构“德智体美劳”的教育体系，既是落实教育为人民服务、培养社会主义劳动者的政治需要，又是培养大国工匠、助推产业结构转型升级的经济需要，更是调整教育结构和提高教育质量的需要。

二、劳动教育遵循的原则

劳动教育应该遵循以下原则。

(1) 把握育人导向。坚持党的领导，围绕培养担当民族复兴大任的时代新人，着力提升学生综合素质，促进学生全面发展、健康成长。把准劳动教育价值取向，引导学生树立正确的劳动观，崇尚劳动、尊重劳动，增强对劳动人民的感情，报效国家，奉献社会。

(2) 遵循教育规律。符合学生年龄特点，以体力劳动为主，注意手脑并用、安全适度，强化实践体验，让学生亲历劳动过程，提升育人实效性。

(3) 体现时代特征。适应科技发展和产业变革，针对劳动新形态，注重新兴技术支撑和社会服务新变化。深化产教融合，改进劳动教育方式。强化诚实合法劳动意识，培养科学精神，提高创造性劳动能力。

(4) 强化综合实施。加强政府统筹，拓宽劳动教育途径，整合家庭、学校、社会各方面力量。家庭劳动教育要日常化，学校劳动教育要规范化，社会劳动教育要多样化，形成协同育人格局。

(5)坚持因地制宜。根据各地区和学校实际，结合当地在自然、经济、文化等方面的条件，充分挖掘行业企业、职业院校等可利用资源，宜工则工、宜农则农，采取多种方式开展劳动教育，避免“一刀切”。

第三节 劳动教育的基本特征

劳动教育是马克思主义劳动观的重要内容。

马克思主义认为，生产劳动是人区别于动物的根本特征，“一旦人开始生产自己的生活资料，即迈出由他们的肉体组织所决定的这一步的时候，人本身就开始把自己和动物区分开来”。劳动不仅发展着世界，还创造了人类，促进人的自由解放和全面发展。恩格斯认为“劳动创造了人本身”，“生产劳动给每一个人提供全面发展和表现自己全部的即体力和脑力的能力的机会，这样，生产劳动就不再是奴役人的手段，而成了解放人的手段”。

马克思主义认为，劳动是创造价值的唯一源泉，人民群众是物质财富和精神财富的创造者，教育要与生产劳动紧密结合。马克思指出，“未来教育对所有已满一定年龄的儿童来说，就是生产劳动同智育和体育的结合，它不仅是提高社会生产的一种方法，而且是造就全面发展的人的唯一方法。”列宁十分重视劳动者素质的提高，认为保护和教育劳动者在推动国家经济社会发展中具有重要作用，强调“没有年轻一代的教育和生产劳动的结合，未来社会的理想是不能想象的；无论是脱离生产劳动的教学和教育，或是没有同时进行教学和教育的生产劳动，都不能达到现代技术水平和科学知识现状所要求的高度。”由此可知，劳动教育是马克思主义劳动观和教育观的重要内容。

一、劳动教育具有普通教育的特征

劳动不仅创造了历史，还成就了教育。教育与劳动相结合是马克思主义教育的基本思想，也是我国《中华人民共和国教育法》中的明确要求。苏联教育家苏霍姆林斯基认为，“离开劳动，不可能有真正的教育”。无论时空如何变化，时代如何发展，劳动促进人全面发展的作用都不会发生改变。

劳动教育旨在落实全面发展的教育方针，具有普通教育的属性。“教育与生产劳动相结合”等劳动教育命题的着眼点就在于培育在体力、脑力上均获得全面发展的人。劳动教育具有立德、益智、健体、育美等较为全面的教育功能。因此，虽然职业教育往往包含较多的劳动教育成分，但是劳动教育却是覆盖不同教育类型的教育形态，职业教育、普通教育、不同学段的教育，都要开展劳动教育，而由于这一普通教育的属性，劳动教育在基础教育阶段具有更为重要的意义。

随着时代的发展，劳动的构成更加复杂多元，现代化、信息化、智能化的劳动内容不断增加。高等院校实施劳动教育应针对高等院校学生的特点，根据人才培养目标，重点在系统的文化知识学习之外有目的、有计划地组织大学生参加日常生活劳动、生产劳动和服务性劳动，让大学生动手实践、出力流汗，接受锻炼、磨炼意志，培养大学生正确的劳动价值观和良好的劳动品质，实现知行合一，获得身心全面发展。这实际上确立了劳动教育的独立学科地位，将劳动教育与智育区别开，强调劳动教育不同于系统的文化知识学习，或者说不能用系统的文化知识学习代替劳动教育。因此，可以说劳动教育具有自己独立的教育体系。

二、劳动教育具有价值教育的属性

劳动教育所要培育的劳动素养，当然包括形成劳动习惯、有一定劳动知识与技能、有能力开展创造性劳动等，但劳动价值观才是劳动素养的核心。虽然劳动教育的开展离不开具体的劳动形式以及专门劳动技术的学习，但真正健康的劳动教育则应当特别注重核心目标的达成，即努力帮助学生确立正确的劳动观点、积极的劳动态度，努力帮助他们形成尊重、热爱劳动过程、成果和劳动主体——劳动人民的价值态度（见图3-7）。

图 3-7 避免劳动教育庸俗化

三、劳动教育具有时代特征与社会属性

由于人类劳动的形态处在不断演进的过程之中，劳动形态也在不断变化，具体表现为脑力劳动的比重不断增加、新形态的劳动不断形成。所以劳动教育包括参加体力劳动，但又不能狭义理解为简单的体力劳动锻炼。劳动教育应依据劳动形态的演进而与时俱进。创造条件让学生参加服务形态的劳动、创造性劳动等，形成当代劳动教育的新方向。此外，劳动价值观形成的基础是社会大众对劳动价值的真实确认，若社会没有尊重劳动的分配机制与舆论氛围，学校的劳动教育必然孤掌难鸣，难有实质成效。因此，学校必须与社会携手合作取得劳动教育的实效。

可见，对于劳动教育相关概念以及劳动教育本身的分析对于劳动教育的开展有几点方向性的启示：一是劳动教育不等于一般性的活动、实践等，劳动教育要义在于通过劳动培育受教育者全面发展的人格；二是劳动教育不等于具体劳动技术的学习，劳动教育当然包括劳动技术的学习，但劳动教育的核心目标应当是劳动价值观的培育；三是劳动教育包括但不等于体力劳动锻炼，那种有意无意将劳动教育等同于 20 世纪五六十年代“学工、学农”等劳动教育旧形态的思维，已经无法适应 21 世纪中国全面改革开放的社会实际。在当前形势下劳动教育应当大力倡导，但劳动教育要落到实处，其观念与实践无疑都应当与时俱进。

第四节 准确把握新时代劳动教育的育人导向

中共中央、国务院的《关于全面加强新时代大中小学劳动教育的意见》(以下简称《意见》）把育人导向作为劳动教育的首要原则，对新时代劳动教育做了顶层设计和全面部署，意义重大，影响深远，指明了劳动教育育人的战略导向、认知导向、情感导向和实践导向。准确把握育人导向，对坚持党的教育方针、切实开展好劳动教育具有重要意义。

（1）培养担当民族复兴大任的时代新人的战略导向。这是人才培养的根本，也是劳动教育的出发点。劳动教育是中国特色社会主义教育制度的重要内容，直接决定着社会主义建设者和接班人的劳动精神面貌、劳动价值取向和劳动技能水平。“坚持党的领导，围绕培养担当民族复兴大任的时代新人，着力提升学生综合素质，促进学生全面发展、健康成长”，凸显了基于国家前途和民族未来育人的战略意义。当前劳动教育尚存在被淡化、弱化和软化的倾向，一些青少年存在不珍惜劳动成果、不想劳动、不会劳动的现象，这与“时代新人”的培养目标有较大差距。为此，新时代劳动教育必须坚持以习近平新时代中国特色社会主义思想为指导，把劳动教育纳入人才培养全过程，贯通各学段，贯穿家庭、学校、社会各方面，遵循教育规律，创新体制机制，注重教育实效，实现知行合一，达到立德树人的根本目标。

（2）坚持马克思主义劳动观的认知导向。这是人类认识世界的总方向，也是劳动教育的理论依据。劳动是人类生存的基础，也是社会关系形成与发展的前提，更是人自身发展的决定性要素。劳动是财富的源泉，也是幸福的源泉，这是马克思主义劳动观的基本原理。尽管新时代人类劳动形态发生了较大变化，但马克思主义劳动观的基本原理并没有变。在劳动教育中要始终坚持马克思主义劳动观的引领作用，强化劳动价值认同，让广大青少年懂得“劳动最光荣、劳动最崇高、劳动最伟大、劳动最美丽”的真谛，旗帜鲜明地反对一切不劳而获、贪图享乐、崇尚暴富的错误思想，让中华民族勤俭、奋斗、创造、奉献的劳动精神不断发扬光大，让劳动光荣、创造伟大成为铿锵的时代强音。

（3）培育崇尚劳动和尊重劳动的情感导向。这属于人类自我意识与对象意识的范畴，也是劳动教育的重要内容。崇尚劳动和尊重劳动是相辅相成的。一个崇尚劳动的人，往往会珍惜劳动果实，尊重劳动人民；一个心中有劳动人民的人也会崇尚劳动、热爱劳动。新时代劳动教育要提供学生更多参与劳动过程和收获劳动成果的机会，使其体会劳动创造美好生活；要加强劳模精神教育，让“爱岗敬业、争创一流，艰苦奋斗、勇于创新，淡泊名利、甘于奉献”的劳模精神激励和引导广大青少年，使其体认劳动不分贵贱，牢固树立崇尚劳动、热爱劳动的思想，养成热爱劳动的习惯，增进对劳动人民的感情。

（4）强化报效国家和奉献社会的实践导向。这是人类把握外部世界的总线索，也是劳动教育的基本逻辑和归宿。要引导广大青少年辛勤劳动、诚实劳动和创造性劳动，增强报效国家和奉献社会的能力。勤劳是中华民族的传统美德，在物质生活条件日益富足的今天，劳动教育仍须培养青少年吃苦耐劳、艰苦奋斗的劳动品质；诚实是为人之根本，劳动教育要强化诚实合法劳动意识；创新创造是引领发展的第一动力，当前中国经济正处于爬坡越坎、实现从“中国制造”向“中国创造”的产业转型升级的关键阶段，劳动教育也要适应产业新业态、劳动新形态的变化，着重培育青少年创新创业能力，推动建设知识型、技术型、创新型劳动大军。其次，要培育青少年公共服务意识，强化中华民族共同体的家国情怀。在劳动教育中要注重鼓励学生利用知识、技能、工具、设备等为他人和社会提供服务，使其在公益劳动、志愿服务中强化社会责任，增强奉献意识，引导学生与人民同呼吸、与祖国共命运、与时代齐奋进。

第五节 构建劳动教育课程体系

全面构建体现时代特征的劳动教育体系，意味着让学生接受扎实有效的劳动教育，强调以习近平新时代中国特色社会主义思想为指导，落实立德树人根本任务，把劳动教育纳入人才培养全过程，贯通各学段，贯穿家庭、学校、社会各方面，与德育、智育、体育、美育相结合，把握育人导向，遵循教育规律，创新体制机制，注重教育实效，实现知行合一，促进学生形成正确的世界观、人生观、价值观（见图 3-8）。

图 3-8 促进学生形成正确的世界观

为使劳动教育落实落地，应以课程为抓手，整体优化劳动教育课程设置，设立劳动教育必修课和劳动周，保证必要的劳动实践时间，同时强调其他课程有机融入劳动教育的内容和要求；积极推进劳动教育课程改革，全面搭建劳动教育的平台，形成培养学生劳动意识、劳动习惯和劳动技能的多维阵地。

一、整体优化劳动教育课程设置

整体优化学校课程设置，高等院校应将劳动教育纳入人才培养方案，形成具有综合性、实践性、开放性、针对性的劳动教育课程体系。其中，劳动教育课程设计是重要一环，应注重学生核心素养的培养。具体来说，劳动教育课程设计应当包括劳动意识、劳动习惯、劳动素养、劳动技能、劳动成果等要素，让学生在劳动教育课程中提高对劳动重要性的认识，自觉形成劳动习惯，具备务实重行、不畏困难、百折不挠、精益求精、追求卓越的劳动素养和品格，锻炼学生的动手能力以及创造性设计、研发的能力，从而最终做出创造性的劳动成果。

整体来看，不仅要大力推进劳动教育课程设计的落实，而且要执行已有劳动教育的相关课程，将劳动教育课程纳入教学大纲和教学计划。高等院校应以实习实训课为主要载体开展劳动教育，其中劳动精神、劳模精神、工匠精神专题教育不少于 16 学时。开展劳动教育除了开设专门的劳动教育必修课程外，还要结合其他课程的学科、专业特点，梳理各学科中所蕴含的劳动知识和劳动教育功能，实现劳动教育与其他学科知识体系的有机融合，润物细无声地将劳动教育思想和内容有机融入各学科教学，让学生受到潜移默化的影响。如思想政治教育与劳动教育的整合，可以以德育来增强认识，实现德育与劳育协同育人；专业课与劳动教育的整合，融合不同专业的学科特色，可充分挖掘劳动教育的元素，有针对性地引领青年提升劳动素养。此外，还可在职业辅导、就业指导等课程中融入劳动精神和劳动知识，给予大学生适当引导，让他们正视自身劳动技能的优点和缺点，找到合适的工作岗位，为学生今后的学习和就业奠定基础。还可以把毕业实习、实训与劳动教育的内容充分结合，在强化专业知识和专业技能中培养大学生的劳动素养。

此外，高等院校可在学年内或寒暑假设立劳动周，以集体劳动为主；也可安排劳动月，集中落实各学年劳动周要求。有条件的地方和高等院校还可以开发地方特色课程和校本课程，为学生提供更丰富多样的劳动教育课程。可根据需要编写劳动实践指导手册，明确教学目标、活动设计、工具使用、考核评价、安全保护等要求。

二、积极推进劳动教育课程改革

劳动教育课程改革要紧紧把握时代特点，旨在教育学生在继承中华民族优秀劳动传统的同时掌握新时代劳动基本技能，树立现代劳动观念，使劳动意识和行为与未来社会发展需求相匹配，为培养高素质劳动者和接班人奠定坚实基础。在劳动教育课程的设计上，要加强系统规划，一方面体现学段特征的渐进性，另一方面要体现不同层面和类别劳动素养的目标要求和实现路径，用科学的顶层设计引领学校的创新实践。要进一步增强劳动教育课程的先进性和科学性，梳理并审定已有相关劳动教育的各种课程和教材，明确课程内容，有针对性地调整劳动教育课时，保障劳动教育能够可持续、与时俱进地长期开展。开放劳动教育教材的区域输出和输入渠道，促进一些具有先进教育思想、教学方法、学习模式的教材跨区域流通，有效交流。探索适合劳动教育实施的多种教学模式，不断提高劳动教育的教育教学质量，支持和鼓励学生积极参加社会劳动实践、志愿服务等活动，在劳动过程中逐渐养成敢于承担社会责任、饱含真善美的情怀。

三、全面搭建劳动教育的平台

全面加强新时代劳动教育，不仅需要落实到课程优化设置上，还需要搭建良好的实施平台。世界上很多国家都十分重视劳动教育课程设计与平台搭建，例如，日本劳动课程体系历史悠久，包括家政课、午餐教育、田地教育等，将劳动教育融入校园和家庭。德国十分强调和重视基础教育中的劳动技术教育，把它视为学生职业生活和社会的重要准备和基础，是学生全面素质教育的重要组成部分，精心设计并贯穿在基础教育的全过程。美国的劳动教育围绕着学生的职业生涯规划而开展，课程主要分为基于成为家庭有效成员的劳动教育、基于就业的劳动教育和基于公民培养的劳动教育。

我们可以参考借鉴西方发达国家劳动教育的经验，着眼于中国和本地实际，紧密结合当代大学生全面发展和区域经济社会发展的需要，积极创设广泛多样的劳动教育实践平台，突出体力劳动，让学生动手实践、出力流汗，接受锻炼、磨炼意志。在校内平台开发方面，除已建立的实训基地、实训车间外，教室、图书馆、运动场馆等校园场所都是开展劳动教育的重要资源。同时，可结合校园文化建设，开展与劳动教育有关的多样化的课外活动，例如征文演讲比赛、“文明寝室评比”、劳动技能竞赛等，让学生亲身体验劳动，感悟劳动的意义；还可以利用宣传标语、校园广播、微信公众号等传播载体，或者召开劳动模范和先进人物的报告会、分享会和学习会，做好对劳动模范、工匠精神的宣传工作，通过一系列切实有效的措施营造崇尚和尊重劳动的良好氛围，这对大学生形成正确的劳动意识、提升劳动素养起到重要的作用。

在校外平台拓展方面，应加大与地方政府、周边社区、产业园区等的合作，充分利用和有效整合各类社会劳动教育资源，构建优势互补、联动发展的校内外多元劳动教育平台。总而言之，应通过劳动教育的课程设计与平台搭建，在全社会创造浓厚的劳动文化氛围，激发广大学生热爱劳动的内生动力，教育引导他们学会劳动、学会勤俭、学会感恩、学会助人，立志成长为德智体美劳全面发展的社会主义建设者和接班人。

第六节 确定劳动教育内容

劳动教育的内容主要包含日常生活劳动教育、生产劳动教育和服务性劳动教育三个方面。可在总体内容设计基础上，分学段提出教育内容要点，强化具体指导。

一、日常生活劳动教育，培养创造性地解决实际问题能力

日常生活劳动是一项基本技能，既是回报国家与社会的需要，也是自己今后安身立命的需要（见图 3-9）。“夙兴夜寐，洒扫庭内”，热爱劳动特别是生活性劳动，是中华民族的优秀传统。洗衣做饭是劳动，打扫卫生是劳动，修理桌椅也是劳动，而且这些维持我们日常生活正常运转的“刚需劳动”技能，理应被每一个人所掌握。高等院校通过引导学生开展自我服务劳动、家务劳动、班务劳动、校务劳动等形式多样的日常生活劳动，帮助学生在个人生活自理中强化劳动自立意识，体验持家之道，培养学生创造性地解决实际问题的能力，为学生健康发展、适应社会生活奠定重要基础。

图 3-9 日常生活劳动

二、生产劳动教育，养成艰苦奋斗、实干兴邦的职业素质

生产劳动是指直接创造物质财富的劳动，如农业、工业、交通运输业、建筑业等中的劳动。与普通教育（尤其是普通中小学）开展旨在增强学生劳动荣誉感、体会劳动的艰辛等情感培育不同，高等院校的劳动教育应注重围绕创新创业，结合学科和专业积极开展实习实训、专业服务、社会实践、勤工助学等，为学生参加生产劳动创造更多机会。应帮助学生了解实际生产岗位工作人员所需具备的知识、技能、态度等综合职业能力，锻炼提高自身的操作技能，重视新知识、新技术、新工艺、新方法的应用，创造性地解决实际问题，使学生增强诚实劳动意识，积累职业经验，提升就业创业能力，树立正确择业观，具有到艰苦地区和行业工作的奋斗精神，懂得空谈误国、实干兴邦的深刻道理，提升他们的就业创业能力与职业经验。

三、服务性劳动教育，培育公共服务意识和奉献精神

服务性劳动包括志愿服务、社区服务、敬老服务等义务性、公益性的劳动形式（见图 3-10）。高等院校要引导大学生深入社会、走进基层，在体验劳动服务社会的过程中，提高生产生活技能，强化学生的社会责任感，培育公共服务意识，培养良好的社会公德、艰苦奋斗意识与责任担当的优良品质，使学生在面对重大疫情、灾害等危机时有主动作为的奉献精神。把劳动评价结果作为衡量学生全面发展的重要内容，作为评优评先的重要参考和毕业依据，将服务性劳动融入学生日常学习和生活中。此外，在开展服务性劳动教育的过程中，要结合产业新业态、劳动新形态，注重选择新型服务性劳动的内容。

图 3-10 服务性劳动

让劳动成为劳动教育的最佳方式，还要防止劳动教育中的娱乐化、形式化、惩戒化等问题。要通过劳动培养学生生活自理的能力，着力提升学生的综合素质，把好劳动教育的价值取向，促进学生全面发展、健康成长；通过劳动培养学生正确的世界观、人生观和价值观，弘扬劳动精神，养成热爱劳动的习惯，从而在劳动中发现生活之美；通过劳动培养学生正确的劳动观，形成对劳动的正确态度和看法，崇尚劳动、尊重劳动，增强对劳动人民的感情，报效国家，奉献社会，培养担当民族复兴大任的时代新人。

◎练　习

1. (　　)是人类赖以存在和发展的基础，它表现为人们通过发挥体力和脑力作用，运用劳动资料改造外部世界的过程。

A. 创造　　B. 劳动　　C. 学习　　D. 研究

2. 习近平总书记在阐述党的十八大以来教育改革发展一系列新理念新思想新观点时，指出要“坚持扎根中国大地办教育”。这具体到劳动教育来说，是指(　　)。

A. 认清形势，唯一坚持立足新时代社会发展的具体实际

B. 只需立足中国优秀文化传统，重视劳动思想传统，不忘初心

C. 坚持立足新时代社会发展的具体实际，重视劳动思想传统，扎根于中国优秀文化传统

D. 坚持教育面向四个现代化，坚持在中国开展劳动教育

3. 弘扬(　　)精神，旨在培养学生尊重劳动、崇尚劳动、尊重劳动的态度，懂得劳动的崇高和伟大价值。

A. 创造　　B. 吃苦　　C. 牺牲　　D. 劳动

4. 劳动可以培养人优良的品德和健康的身体素质，促进(　　)。

A. 利益扩展　　B. 产业转型　　C. 个人发展　　D. 环境优化

5. 曾国藩在给儿子曾纪鸿的信中说：“勤俭自持，习劳习苦，可以处乐，可以处约，此君子也。”这段话是说(　　)。

A. 劳动是个人的理想生活方式　　B. 勤俭节约是致富的捷径

C. 吃苦有助于提升享乐体验　　D. 男子要勤俭吃苦

6. 传统文化不仅包含对劳动价值的充分肯定，也有对辛勤劳动的积极倡导。其中，曾国藩对辛勤劳动的论述主要观点是(　　)。

A. 勤、俭　　B. 勤、早　　C. 苦、乐　　D. 健、悦

7. 所谓诚实劳动，就是要(　　)，运用脑力或体力有效地改造世界。

A. 重在做实事　　B. 尚力行、忌空谈

C. 脚踏实地工作　　D. A+B+C

8. (　　)特别强调劳动过程中的变革性和创新性，体现为发明创造。

A. 重复性　　B. 复杂性　　C. 创造性　　D. 艰苦性

9. 劳动教育是一个(　　)的概念，其内涵随着时代的变化而不断丰富、发展和完善。

A. 动态、发展　　B. 经典、传统　　C. 传统、静态　　D. 动态、随机

10. 《(　　)》从劳动教育的内容和劳动素养出发，将劳动教育定义为“劳动、生产、技术和劳动素养方面的教育，旨在培养学生正确的劳动观点、劳动态度、劳动习惯，使学生获得工农业生产基本知识和技能”。

A. 人生哲理　　B. 百科全书　　C. 新华字典　　D. 教育大辞典

11. 劳动教育是学生成长的必要途径，具有(　　)、增智、强体、育美的综合育人价值。

A. 勤俭　　B. 礼貌　　C. 树德　　D. 情商

12. “劳动教育”是以促进学生形成（　　）和养成劳动素养为目的的教育活动。

A. 高智商　　B. 劳动价值观　　C. 抽象人生观　　D. 高情商

13. “（　　）教育”较强调技术的学习，与职业定向存在更密切的关联。

A. 专用技术　　B. 特殊技术　　C. 通用技术　　D. 劳动技术

14. “（　　）教育”则是开展基础技术教育的课程形式，“劳动”不是其核心意涵。

A. 专用技术　　B. 特殊技术　　C. 通用技术　　D. 劳动技术

15. 在劳动价值观方面，劳动教育要努力帮助学生确立正确的劳动观点、积极的（　　），拒绝“好逸恶劳”“不劳而获”等错误的价值观。

A. 劳动态度　　B. 工作兴趣　　C. 乐观精神　　D. 组织方法

16. （　　）培养的是适应生产、建设、管理、服务等各行业需要的高素质人才，尤其需要吃苦耐劳、艰苦奋斗精神。

A. 通识教育　　B. 高等教育　　C. 基础教育　　D. 学前教育

17. 劳动教育应该遵循的原则包括：（　　）、强化综合实施和坚持因地制宜。

A. B+C+D　　B. 把握育人导向

C. 遵循教育规律　　D. 体现时代特征

18. 随着时代的发展，劳动的构成更加（　　），现代化、信息化、智能化的劳动内容不断增加。

A. 单一典型　　B. 复杂多元　　C. 简单多维　　D. 多元重叠

19. 人类劳动形态在不断变化中，具体表现为（　　）劳动的比重不断增加、新形态的劳动不断形成。

A. 工业　　B. 农业　　C. 脑力　　D. 体力

20. 中共中央、国务院的《关于全面加强新时代大中小学劳动教育的意见》把（　　）导向作为劳动教育的首要原则。

A. 育人　　B. 战略　　C. 认知　　D. 情感

21. 劳动教育的内容主要包含（　　）劳动教育、生产劳动教育和服务性劳动教育三个方面。

A. 科学研究　　B. 日常生活　　C. 实训活动　　D. 团队建设

◎ 实践与思考　诵读：为人民服务

劳动实践小组集体诵读。《为人民服务》是毛泽东1944年9月8日在中央警备团追悼张思德会上的讲演。讲演首先指出，中国共产党和共产党所领导的八路军、新四军，是革命的队伍。这个队伍完全是为着解放人民的，是彻底地为人民的利益工作的。高度评价张思德同志是为人民利益而死的，他的死比泰山还重；同时指出因为是为人民服务的，我们如果有缺点就不怕别人批评指出，只要我们为人民的利益坚持好的，为人民的利益改正错的，我们这个队伍就一定会兴旺起来。讲演还指出，我们的同志在困难的时候，要看到成绩，要看到光明，要提高我们的勇气。我们的干部要关心每一个战士，一切革命队伍的人都要互相关心，互相爱护，互相帮助。

请在网络上找到这篇文章，以劳动实践小组集体诵读的方式来认真学习这篇经典短文，之后，请大家分别撰写短文，谈谈学习这篇文章，学习张思德（见图 3-11）精神的体会。

图 3-11 张思德同志

-------------------- 请将你的一页 A4 纸学习体会粘贴于此 --------------------

活动总结：____

____

____

实训评价（教师）：____

____

第四章 劳动教育的实践

学习目标

知识目标

（1）熟悉设置劳动教育课程的基本要求，准确完成劳动教育课程学习任务。

（2）熟悉学校校内外劳动教育的教学与实践安排，积极投入和完成劳动教学各项活动。

（3）通过对未来人类图景的展望，了解人工智能与人类劳动的区别，明确劳动教育的发展方向，关注自身软技能、数字信息技能、人文技能和可迁移技能的培养与提升。

素质目标

（1）践行公民义务，支持垃圾分类，掌握垃圾分类方法。

（2）积极参加校内外劳动教育实践，培养尊重劳动者，崇尚劳动的高尚情操。

（3）了解勤工助学的意义，支持勤工助学活动；熟悉义务劳动的教育意义，积极置身于社会义务劳动活动。

能力目标

（1）在参加勤工助学活动中，能努力完成学业，圆满完成工作任务，通过勤工助学锻炼才干，增加收入。

（2）能积极参加义务劳动，能积极组织义务劳动活动，服务社会，倡导美德。

重点难点

（1）熟悉垃圾分类的积极意义，了解垃圾分类的基本方法。

（2）熟悉劳动教育课程的基本要求。

（3）理解勤工助学的概念与意义，投身或者支持同学积极开展勤工助学活动。

（4）理解义务劳动的内涵，积极参加义务劳动实践。

◎ 导读案例 毛泽东“劳动大学”的深意

1946 年，毛主席的儿子毛岸英从苏联学习回国，他对爱子说：你在苏联的大学毕业了，但是中国的劳动大学你还没有上过，你应该去学习学习。中华人民共和国成立后，毛主席又将在农村经过几年土地改革工作锻炼的毛岸英下放到北京第一机器总厂去工作，让他去体验工人的生活。

“知屋漏者在宇下，知政失者在草野。”基层一线是了解国情、增长本领的最好课堂，是磨练意志、汲取力量的火热熔炉，是施展才华、开拓创业的广阔天地。只有深入到基层中去，深入到群众中去，才能加深对社会的认识，增进同人民群众的感情，提高解决实际问题的能力。

毛主席的“劳动大学”教育观启示我们要多到基层去，多到农村去，多与群众同吃同住同劳动，拜人民为师，在与群众的交流中提升思想境界，学习群众吃苦耐劳、踏实务实的精神，学习群众默默无闻、朴实无华的品质，摒弃浮躁、净化心灵，以百姓幸福为一生守望，以群众冷暖疾苦为不舍牵挂，以改善民生为不变承诺，更加自觉地把奉献于党和人民的事业作为人生追求。

阅读上文，请思考、分析并简单记录。

（1）请通过网络搜索，了解毛岸英烈士的事迹，并简述之。

答：

（2）请简述，为什么毛泽东要送苏联学成回国的毛岸英去读“劳动大学”？

答：

（3）请简述，你怎么理解毛泽东所说的“劳动大学”？

答：

（4）请简单记述你所知道的上一周发生的国际、国内或者身边的大事。

答：

第一节 劳动教育课程的基本要求

劳动教育是国民教育体系的重要内容，是学生成长的必要途径，具有树德、增智、强体、育美的综合育人价值。实施劳动教育的重点是在系统的文化知识学习之外，有目的、有计划地组织学生参加日常生活劳动、生产劳动和服务性劳动，让学生动手实践、出力流汗，接受锻炼、磨炼意志，培养学生正确的劳动价值观和良好的劳动品质（见图 4-1）。

图 4-1　劳动教育成为“硬核”要求

一、课程目标

通过劳动教育，使学生能够理解和形成马克思主义劳动观，牢固树立劳动最光荣、劳动最崇高、劳动最伟大、劳动最美丽的观念；体会劳动创造美好生活，认可劳动不分贵贱，热爱劳动，尊重普通劳动者，培养勤俭、奋斗、创新、奉献的劳动精神；具备满足生存发展需要的基本劳动能力，形成良好的劳动习惯。

二、课程学时与学分

2020 年 3 月 20 日中共中央、国务院发布的《关于全面加强新时代大中小学劳动教育的意见》，就加强学校劳动教育做出了总体规划和具体指导。根据文件规定：

职业院校以实习实训课为主要载体开展劳动教育，其中劳动精神、劳模精神、工匠精神专题教育不少于 16 学时。

普通高等学校要明确劳动教育主要依托课程，其中本科阶段不少于 32 学时。除劳动教育必修课程外，其他课程应结合学科、专业特点，有机融入劳动教育内容。

学校每学年要设立劳动周，可在学年内或寒暑假期间自主安排，以集体劳动为主。也可安排劳动月，集中落实各学年劳动周要求。

要根据需要编写劳动实践指导手册，明确教学目标、活动设计、工具使用、考核评价、安全保护等劳动教育要求。

根据要求，劳动教育课总课时计 2 学分。学生个人修满课时、达到理论考试和实践考核标准，并且劳动态度端正、遵守劳动纪律、劳动效果明显，结合个人平时行为习惯评定课程成绩，60 分及以上为及格，未达到 60 分者应重新修读，学生所获学分、成绩记入个人档案。

三、理论教学内容和基本要求

根据课程教育目标，主要以日常生活劳动、生产劳动和服务性劳动为主要内容开展劳动教育。结合产业新业态、劳动新形态，注重选择新型服务性的劳动内容（见图 4-2）。

图 4-2　生产实践

高等院校要注重围绕创新创业，结合学科和专业积极开展实习实训、专业服务、社会实践、勤工助学等，重视新知识、新技术、新工艺、新方法应用，创造性地解决实际问题，使学生增强诚实劳动意识，积累职业经验，提升就业创业能力，树立正确择业观，培养到艰苦地区和行业工作的奋斗精神，懂得空谈误国、实干兴邦的深刻道理，注重培育学生的公共服务意识。

（一）开设劳动教育课的意义

劳动和劳动教育之于当代大学生教育具有本体意义和价值。劳动教育可以增智、树德、强体、育美。劳动教育既是教育问题，更是关乎培养和造就担当民族复兴大任的时代新人的政治问题。实施劳动教育必须把握育人导向、遵循教育规律、体现时代特征、强化综合实施、坚持因地制宜，实现劳育与智育、德育、体育、美育完美融合，构建具有新时代中国特色的高水平人才培养体系。劳动教育是中国特色社会主义教育制度的重要内容，直接决定社会主义建设者和接班人的劳动精神风貌、劳动价值取向和劳动技能水平，同时又是教育发展的内在需求，是社会主义教育的重要特色和优势。

长期以来，各地区和学校坚持教育与生产劳动相结合，在实践育人方面取得了一定成效。同时也要看到，一些青少年中存在不珍惜劳动成果、不想劳动、不会劳动的现象，劳动的独特育人价值在一定程度上被忽视了，劳动教育被淡化、弱化。因此，全社会都必须高度重视，采取有效措施切实加强劳动教育。

劳动教育既能引导学生热爱和尊重劳动，弘扬劳动精神，又是开展教育工作的重要保障和必然选择。具体表现在以下几个方面。

（1）劳动教育是遵循马克思主义教育思想的必然要求。对照人类社会的发展史，无论人类解放、自身发展，还是获得财富都离不开劳动，幸福也需要通过劳动去创造。马克思提出了生产劳动与教育相结合的劳动教育思想，并确定其为办好社会主义教育的重要原则；不同于普通的教育思想，他从唯物主义角度阐述了系统全面的劳动教育思想，把劳动教育提升到普遍规律的高度之上，强调人的解放需要开展劳动教育，从根本上明确教育应当“为人、对人、靠人”。总结而言，劳动有助于人们获得生产生活经验和增强个人奋斗的主动性（见图 4-3）。

图 4-3　马克思、恩格斯论述劳动

（2）劳动教育是立德树人的重要途径。立德树人既是教育的根本任务，也是检验教育成效的根本标准。立德树人的目的在于培养“德、智、体、美、劳”全面发展、合格的社会主义建设者和可靠的接班人，劳动教育则是实现立德树人目标的一个重要过程和重要方面。首先，劳动教育丰富了教育工作的内涵，促使学生端正劳动态度并树立正确的劳动观念，能够培养学生对于劳动和劳动人民的思想感情，逐步养成热爱劳动、善于劳动以及勤于劳动的素质。其次，劳动教育和道德教育紧密联系，劳动教育也是加强德育的过程。因此，道德教育与劳动教育相结合也是德育的一种方法。

（3）劳动教育开展教育工作的实际作用和现实需要。劳动教育是劳动和教育的有效结合，一方面发挥了劳动的实践效用，通过利用和总结实践经验实现了理论和实践相结合、知行合一，人们得以在实践中学习、在学习中实践；另一方面发挥了教育的效用，增进了学生对于劳动生产知识和技术的认识与理解，提高了学生的劳动实践能力以及分析和解决问题的水平。因此，劳动教育与德育、智育、体育、美育密不可分，有助于完善教育工作，培养“德、智、体、美、劳”全面发展的人才。“以劳动托起中国梦”是习近平对于历史和现实的清晰判断，只有加强劳动教育才能培养出一大批勤于劳动和善于劳动的人才，才能符合新时代教育发展的根本要求，也是实现个人梦想和国家梦想的一个重要选择。贯彻落实党的教育方针，把“劳”作为培养目标之一，是当前社会现实的需要，更是年轻一代实现中华民族伟大复兴“中国梦”的需要。

（二）劳动观、奋斗观、幸福观主题教育

（1）劳动的价值。劳动观是人们对劳动的根本看法和态度，是人们世界观和人生观的重要组成部分。劳动是创造物质世界和人类历史的根本动力，劳动、劳动者神圣光荣；劳动是一切社会财富的源泉，按劳分配是合乎正义的分配原则，不劳而获、少劳多得可耻不义；劳动具有教育性价值，教育与生产劳动相结合，体现出了社会主义教育的本质。只有热爱劳动、积极参加劳动，才能实现个人的健康成长；不爱劳动、不愿劳动，过寄生虫生活，会阻碍个

人的全面发展，实现不了人生价值。

（2）通过劳动奋斗出幸福新时代。劳动是推动人类社会发展的根本力量，也是通向伟大梦想的进步阶梯。幸福是奋斗出来的，世界上没有坐享其成的好事，天上不会掉馅饼，努力奋斗才能梦想成真。对家庭而言，没有劳动就没有物质财富的积累，就没有生活条件的改善；对个人来说，劳动不仅筑牢了成功的坚实底座，也凝结成宝贵的精神财富。新时代的劳动者，只要肯学、肯干、肯钻研，练就一身真本领，掌握一手好技术，就能找到人生出彩的舞台，在劳动中发现广阔的天地，在劳动中体现价值、展现风采、感受快乐（见图 4-4）。

图 4-4　劳动的幸福观

（三）理论教学的基本要求

组织开展国家相关法律、劳动知识、劳动安全、劳动纪律等方面的教育，学习劳动模范人物的先进事迹，讲解学期劳动计划与安排等内容。通过组织动员教育，树立劳动最光荣、劳动最崇高、劳动最伟大、劳动最美丽的劳动观念，引导学生热爱劳动、尊重劳动、珍惜劳动成果，自觉遵守劳动安全法规。

（1）明确目的。应明确劳动教育的教学目的，通过理论教学提高学生对劳动教育课的认识，增强劳动意识，掌握基本的劳动知识，明确劳动教育的目的和意义、劳动教育的组织形式和方法等。

（2）充分准备。劳动教育理论教学中老师要提前做好调查研究，收集有关资料，结合学生缺乏的和实际需要的认真准备教案，做好教学课件，使用多媒体教学，提高课堂教学效果。

（3）讲究方法。重视劳动教育课程教学改革，应采取研究讨论式、启发互动式教学，必要时可以把课堂搬到现场去，贴近实际进行理论教学，增强课堂互动性，活跃课堂氛围。

四、注意事项

在开展劳动实践中，有以下一些需要注意的事项。

（一）劳动实践的安全注意事项

在开展劳动实践活动中，例如要注意以下安全事项。

（1）负责打扫学校大门口的学生，在打扫时应小心过往车辆，注意及时躲避。

（2）负责打扫楼前楼后的学生应小心楼上的同学往下丢东西，防止被砸伤。

（3）负责打扫各专用教室、实验实训室的学生，别乱动不认识的东西，防止出现一些不必要的损伤。

（4）负责擦门的学生应注意把门上锁，防止在门后打扫时有人突然推门造成受伤。

（5）负责擦玻璃的学生应注意防止从窗台上摔下来。

（6）负责擦灯管、电扇、挂画的同学除注意摔伤外，还要小心触电，开灯时不擦灯管。

（7）负责打扫台阶的学生防止踩空、摔伤。

（8）负责清理垃圾道的同学应注意垃圾道里的碎玻璃、石头等，防止对自己造成伤害。

（9）打扫中杜绝玩耍打闹，防止误碰其他同学，致使自己和他人受伤。

（10）打扫中应留意他人，以免对他人造成伤害。清理垃圾道的同学使用铁锹时，注意别误碰伤他人，负责打扫楼上的同学忌高空抛物。

（二）应学会垃圾分类

习近平总书记在党的十九大报告中指出："建设生态文明是中华民族永续发展的千年大计，必须树立和践行绿水青山就是金山银山的理念。""要坚定走生产发展、生活富裕、生态良好的文明发展道路，建设美丽中国，为人民创造良好的生产生活环境，为全球生态安全做出贡献。"

随着社会经济发展和物质消费水平的大幅度提高，我国每年垃圾的产生量迅速增长，这些垃圾不仅造成了环境安全隐患，也造成资源浪费，成为人民群众反映强烈的突出问题，成为社会经济持续健康发展的制约因素（见图 4-5）。

图 4-5　垃圾分类

垃圾分类是指按一定规定或标准将垃圾分类储存、投放和搬运，从而转变成公共资源的一系列活动的总称。通常，可以将垃圾分为有害垃圾、可回收物、厨余垃圾和其他垃圾。垃圾分类的目的是提高垃圾的资源价值和经济价值，力争物尽其用，减少垃圾处理量和处理设备的使用，降低处理成本，减少土地资源的消耗。实行垃圾分类，对改善人们的生活环境，推动绿色生态发展、建设美丽中国有重要意义。高校推行垃圾分类，对于培养高素质的社会人才，创建文明、和谐、生态、美丽校园等具有十分重要的意义。

2018 年 11 月，习近平总书记在上海考察时明确指出：垃圾分类工作就是新时尚。垃圾分类不是小事，牵着民生，连着文明，关乎着生态环境。推行垃圾分类，是社会文明的重要体现，我们要把家园建设得更加美丽，就要为之付出努力，使垃圾分类成为人人追逐的社会新时尚。实行垃圾分类，体现着一个社会、一个家庭的文明水平。垃圾分类是一种文明健康的生活方式，个人和家庭是实行垃圾分类的主体，它体现着人们对环境建设的深刻认识与高度重视，体现着人们的文明素质与社会的文明进步，体现着人们的共同参与与共同担当。

第二节 学校劳动教育与实践

学校是师生所身处的教育环境，包括学生在校学习和活动所处的境况。广义的学校环境是指影响学生发展的全部因素，包括课堂教学、课外活动以及学校的各种设施和校风（见图 4-6）。狭义的学校环境是指除教学、教育工作以外的一切无意识地影响学生发展的因素。

图 4-6　学校环境

学校环境可分为以下两类。

（1）物质环境。包括校舍的布局，教室、实验室的布置，图书馆的布置和管理，运动场的设置，道路的布局，校园绿化，宿舍管理等。

（2）精神环境。包括政治舆论、学术气氛、校风学风等。学校环境对学生的身心发展有潜移默化的影响。整洁、优雅、团结、紧张的环境能使学生积极向上；脏乱、粗俗、松散的环境容易使学生养成不良的思想品德和行为习惯。

学校劳动主要涵盖了与劳动相关的生态文明、内务整理、值日保洁、学习整理等方面的重要技能，注重引导学生积极参加校内外劳动实践，强调在亲身劳动经历中习得劳动知识、学会劳动技能、培育劳动情感、提升劳动素养，形成吃苦耐劳的品格。

一、校内劳动实践的内容与要求

高校劳动教育课程应以劳动品德教育为基础，涵盖劳动概论、劳动方法、社会分工、劳动合作等内容。要注重系统化，在劳动教育必修课的基础上将劳动教育渗透到专业教育、思想政治理论课、大学生就业辅导课程、社会实践教育和校园文化建设中，从道德、法律、就业等多方面全方位开展新时代大学生劳动教育。

（一）校内劳动实践教育课程内容

高校要组织开展丰富多彩的校内劳动。丰富多彩的校内劳动是激发学生劳动兴趣和热情的有效方式，是对劳动教育必修课的重要补充和延展。相对于劳动理论教育而言，校内活动具有良好的参与性和体验性，能够促进学生将劳动知识和劳动实践相结合，学以致用、知行合一。在学校日常教育教学中，劳动教育要与学生的校园活动紧密结合起来。比如，积极组织开展劳动技能及劳动知识竞赛，使学生自觉积累劳动知识，引领学生将劳动理论知识灵活运用于校园劳动。结合劳动教育的目标及办学条件，组织开展“大学生劳动周”等活动，壮大学校劳动教育型社团，探索建立微型“校园农场”，以年级、班级为单位，采取学生轮值轮岗种植栽培农作物、绿植花卉等方式，增强学生的劳动责任意识。同时可以开办以室内设计、勤工俭学、废物再造、器材维修等内容的兴趣小组，增强学生的自主劳动意识和能力。另外，也可以让班主任、辅导员或学生干事指导学生结合校园生活和社会服务组织开展劳动实践，如校园环境卫生清洁、学雷锋活动、校内公益劳动、服务校级或学院（部）级大型活动（迎接新生活动、校园招聘会、校内学术会议、校内展览会、运动会、公共设施维护、校内防台风及台风后救灾等）。

（二）校内劳动的主要区域

在高校校园内的清扫卫生、整理物品、优化环境等工作，一般可以安排在学生的基础劳动教育与实践课、师生的义务劳动、校园文明创建或者志愿者活动中完成。总体来说有以下主要区域。

（1）教学楼。主要包括楼内各教室和走廊、楼梯、露台、休闲场所、公共卫生间及周边等区域。

（2）实训楼。主要包括楼内各实验实训室、走廊、楼梯、露台、休闲场所、公共卫生间及周边等区域。

（3）活动中心和图书馆。主要包括活动中心和图书馆的活动室、藏书室、阅览室、走廊、礼堂、露台、报告厅、休闲场所、公共卫生间、各类办公室、资料室及周边等区域。

（4）师生公寓。主要包括公寓各楼内走廊、楼梯、露台、值班室、休闲场所、庭院内及周边等区域。

（5）道路、广场。主要包括校内各机动车主、次干道以及人行道和小道等。广场主要有集会广场、休闲广场、运动场、停车场、各种球类场馆等区域。

（6）食堂、车库。主要包括校园内所有食堂和餐厅，地下人防设施和地下停车库及周边等区域。

（7）校内绿化地、生态园等。主要包括校园内各区域的绿化地、绿化林、校园湖（池）、果树园、生态园及校园周边等绿化区域。

（8）校园其他有关区域等。

（三）校内劳动要达到的环境卫生效果

通常，在校内劳动要达到以下环境卫生效果。

（1）室内区域。保持过道、台阶、地面等干净、无积水、无烟头、无各种垃圾；桌面、墙面、天花板、窗户、玻璃和门面保持清洁卫生，无乱张贴乱挂，无灰尘和蜘蛛网等。

（2）室外区域。无树叶、烟头等垃圾和杂物堆积，保持室外公共卫生环境干净、整洁。

二、校外劳动实践的内容与要求

高校要创新校外劳动实践教育，社会是劳动教育的重要主体，社会教育包含着丰富的劳动教育资源，是多元主体协同参与、动态创新的劳动教育组织形式。校外劳动教育要重点开发社会劳动实践教育资源，开辟校外劳动实践教育基地。要结合学生不同阶段的学习需求和成长需求，科学设计和规划校外劳动实践教育方案，采取大学生社会公益服务劳动、研学旅行、顶岗实习等方式，引导学生在多产业融合进程中积极学工学农，在农业生产、工业制造、基层服务等社会生产环节增长劳动技能、磨炼劳动本领与意志。也可用智力帮助校外企事业单位、机关团体、社区等完成产生价值的活动或项目，如分析、统计、调研、设计、决策、组织、运筹等。

此外，学校要重视布置和设计校外劳动作业，采取日常打卡、家长反馈及学生自评、校评的方式，鼓励学生在课余时间主动承担起家庭劳动责任和义务。大学校外劳动任务要对大学生承担家庭经济责任提供有效建议，使劳动教育与学生的生存和发展能力培养结合起来。

第三节 勤工助学劳动教育与实践

勤工助学是高校学生资助工作的重要组成部分。教育部在《高等学校学生勤工助学管理办法（2018 年修订）》中将勤工助学定义为“学生在学校的组织下利用课余时间，通过劳动取得合法报酬，用于改善学习和生活条件的实践活动”。共青团中央、教育部在《关于进一步做好大学生勤工助学工作的意见》（中青联发〔2005〕14 号）中指出，大学生在课余时间通过参加勤工助学活动获取合法报酬，是贯彻教育与生产劳动相结合、推进素质教育全面实施、加强和改进大学生思想政治教育的重要举措。勤工助学是对学生进行劳动教育、提升综合素质和资助家庭经济困难学生的重要措施，是资助与育人并举、实现“三全育人”的重要途径。

一、勤工助学的概念

勤工助学包含“勤工”与“助学”两个要素，其中“助学”又包含对完成学业进行“资助”和“帮助”两重含义。家庭经济困难的学生通过参与学校组织的劳动或服务，通过自己付出的劳动换取一定的报酬，以缓解经济压力，安心学习。在此基础上，学生综合素质得到提升，人格得以健全，心理健康发展，职业基本素质的培养也得到了促进。

勤工助学曾被称为“勤工俭学”，意为勤于工作、俭以求学，即依靠勤恳的工作和俭朴的生活赚取经济收入以保障学业完成。勤工俭学最早始于 20 世纪初的新文化运动时期，在国家面临内忧外患时，国内以王光祈为首的一部分先进青年组织了“少年中国学会”，为了实现教育与职业相统一的理想，发起建立了“工读互助团”。同时期，许多先进青年因不满于现状向西方寻求变法，从而走上了以勤工俭学方式留学欧洲的道路。如周恩来、邓小平、吴玉章、陈毅等都是赴法勤工俭学的先进代表，他们主张工学并进、教育与生产结合等思想是我国新民主主义教育思想的重要来源（见图 4-7）。这一时期的勤工俭学是为了解决求学所需要的经济问题，是当时部分先进知识分子所主张的生活和学习方式。

图 4-7　留法俭学会合影

中华人民共和国成立后，勤工助学以坚持学习和生产劳动相结合的主线，经历了三个发展阶段。“勤工”与“助学”之间的关系随着社会环境中实践的变化而不断变化。

中华人民共和国成立后到 20 世纪 70 年代末，勤工俭学主要以“参加社会主义劳动的形式”体现，以体力劳动和脑力劳动相结合进行人才培养，此阶段重视“无偿劳动，获取精神收获”，并开设劳动技术课、建立劳动基地，为勤工助学创造条件，在培养热爱劳动和勤俭美德方面做出了重大贡献。

20 世纪 80 年代开始，勤工俭学逐渐改为勤工助学，开始了以“济困”为主要目的的勤工助学阶段，其内涵也日渐丰富，专业学习与能力培养相结合，勤工助学从无偿劳动转变为按劳取酬，向非直接给予性资助转变。

20 世纪 90 年代初，勤工助学进入“济困与成才相结合的社会实践”阶段。为了规范 20 世纪 80 年代末社会经商热潮对校园的影响，按照国家教委的要求，各高校逐步调整和实践，将勤工助学作为高校学生工作的重要内容之一，在组织、制度和规范上有了更多的进步，勤工助学的岗位类型也更加丰富，勤工助学的经济收入也有了增长；同时，在市场经济条件下社会对人才提出了更加综合和全面的要求，勤工助学在培养人的意志品质、增长技能知识、培养职业素养上发挥了重要的“育人”作用。随着资助育人理念的不断完善，“勤工”对“助学”的促进作用不只停留在经济的资助上，同时也在帮助学生完成学业、提升综合能力方面发挥着重要的作用。

20 世纪 90 年代以来，我国高等教育蓬勃发展，高校招生规模不断扩大，高等教育呈现从精英教育转向大众教育的趋势，越来越多的学生进入大学学习。与此同时，高校学生中贫困生的人数和占比也在不断提高。1994 年起，国家教委、财政部发文要求各高校设立勤工助学基金，使高等学校勤工助学活动具有稳定、可靠的经费来源，以保障贫困学生得到有效资助，帮助其顺利完成学业。在此基础上，高校勤工助学逐步走向规范化，勤工助学作为高校中“奖、助、贷、勤、补、免”为主体的多元资助体系中唯一的非直接给予性资助，成为高校资助体系中的重要力量。

从历史发展的角度看，勤工助学（见图 4-8）与文化和教育保持着密切的联系，在各个时期都具备教育功能和实践功能。当前，勤工助学逐渐成为贫困学生通过劳动改善生活现状、在保障完成学业的基本经济条件下在工作实践中提升综合素质的主要方式之一。在资助育人理念的指导下，勤工助学的资助与育人的双重目标被进一步强调，勤工助学不仅是贫困学生减轻家庭经济负担的途径，也成为他们锻炼综合能力、提升专业技能的有效方式。

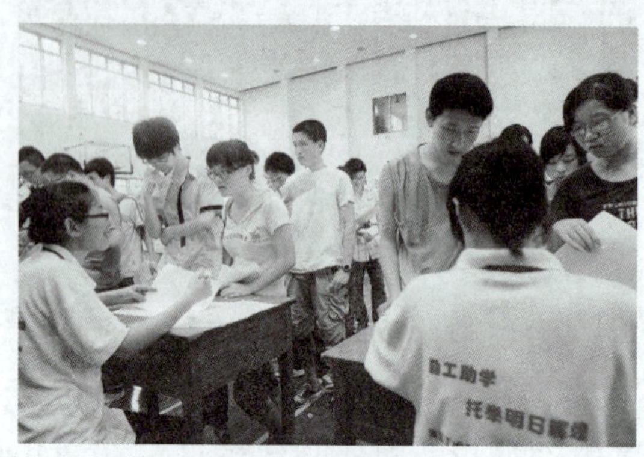

图 4-8　勤工助学

中共中央和国务院在《关于进一步加强和改进大学生思想政治教育的意见》中要求高校建立大学生社会实践保障体系，探索实践育人的长效机制，建立与专业学习相结合、与服务社会相结合、与勤工助学相结合、与择业就业相结合、与创新创业相结合的管理体制，增强社会实践活动的效果，培养大学生的劳动观念和职业道德，在勤工助学中培养学生的劳动意识和自强自立精神。根据国家勤工助学政策，各高校制定了勤工助学相关政策规定和管理办法，根据社会对人才需求的特点以及高校勤工助学的发展实际积极探索勤工助学有效形式，使勤工助学成为高校人才培养、思想政治教育和大学生社会实践活动的有效载体，成为高校重要的常规工作，在帮助学生成长、成才方面发挥着重要的作用。

二、勤工助学的特点

勤工助学有以下特点。

（1）组织计划性。勤工助学由高校统一组织和管理，是在学校相关管理部门的组织和协调下开展的。勤工助学的参与者是高校在校学生，只有在学校的有效组织和管理条件下，才能更好地实现经济资助和个人成才的双重目标，推动高校全面育人工作的开展。高校勤工助学工作的日常管理由学校设立的专门的勤工助学管理服务机构负责，主要开展对勤工助学活动的指导和管理、对勤工助学的经费进行筹措和管理、对学生参与勤工助学进行培训及服务等工作。

（2）育人协同性。作为学校育人工作的一部分，勤工助学与人才培养模式和育人目标相适应，与学生个人成长成才相结合，与专业教育、思想政治教育、综合素质教育相协同。勤工助学一方面解决了困难学生的生活经济问题，另一方面促进了学生的德智体美劳全面发展。在帮助完成学业教育的过程中，“勤工”是方法，“助学”是目的。学校在勤工助学岗位的设计上，应当注意工作内容与实践教育、学业教育的相关联和相协同。在勤工助学的学生管理、引导方面，要注意培养学生正确的人生观、价值观，引导他们树立正确的劳动观念，培养学生自强自立的精神和坚韧不拔的品格，同时协调好勤工助学与学校正常教学的安排，避免因勤工助学活动妨碍正常的教学和管理。

(3) 类型多样性。在各个发展时期，勤工助学随着社会经济环境的变化而表现出了不同的内涵，大学生可以根据自身的特点和学习安排选择合适的勤工助学方式。社会的发展给勤工助学提供了更多类型的岗位，当前，在传统的以劳务型、智力型岗位为主的基础上，出现了管理型、技术型等多种与学校和社会现实相适应的岗位类型。岗位类型的丰富也进一步拓展了勤工助学的参与方式和内涵，影响着勤工助学的育人效果。

三、勤工助学的准备

学生参与勤工助学活动，应做好如下准备。

(1) 获取信息。在参与勤工助学活动前，大学生可以通过勤工助学信息渠道了解岗位情况及岗位需求（见图 4-9）。

图 4-9 勤工助学

(2) 思想准备。与求职不同，大学生在参与勤工助学活动之前应当明确参与目的，将勤工助学视为改善经济条件、积累实践经验的机会。要根据实际选择合适的勤工助学岗位，避免过分追求经济报酬。在参与勤工助学前，应正确认识个人长处和短处，根据个人实际情况选择与自己能力相近的应聘目标，避免盲目自信或过分自卑，以正确的目标和良好的心态对待工作，方能走上勤工助学的正轨。

(3) 科学计划。在规划和参与勤工助学活动时，大学生首先要充分考虑学业课程，科学合理地安排工作时间；其次要明确清楚岗位职能，根据实际选择合适的岗位；还要注重在劳动中培养个人综合素质，有目的地提高自身能力与修养。尽力做到正确处理勤工助学与学业之间的关系，正确处理改善经济现状和个人成长成才之间的关系，让勤工助学活动与生活、学习安排相互协调，互利并进。

四、勤工助学的意义

党的十九大报告指出，注重扶贫同扶志、扶智相结合，这一要求具有很强的现实针对性。扶志以自强，扶智以自立，在高校大学生的资助和育人工作中，“扶贫 + 扶志 + 扶智”同样具有很强的现实指导意义。新时代，在发展性资助理念的指引下，高校勤工助学便是不可或缺的发展性资助育人方式，对完善高校发展型资助育人体系，以实践促进学生健康成长成才，实现“扶志自立、扶智强能、开启自信人生”具有重要意义。

（一）完善资助体系，实践扶困助学

勤工助学是学校学生资助工作的重要组成部分，是扶贫助困的重要方式。党和国家十分重视学生资助工作，为保证学生不会因贫失学，在本、专科生教育阶段建立了国家奖助学金、国家助学贷款、勤工助学、困难补助、学费减免、学费补偿贷款代偿、新生入学资助、“绿色通道”等多元混合的资助政策体系。在这些资助措施中，勤工助学按照“学有余力、自愿申请、信息公开、扶困优先、竞争上岗、遵纪守法”的原则，组织学生利用课余时间通过劳动取得合法报酬，用于改善自己的学习和生活条件。勤工助学是帮助大学生扶困助学的重要方式。

学生在参与勤工助学活动的过程中，既能通过劳动减轻经济负担，又能在劳动中得到成长锻炼，这充分说明勤工助学活动是一种具有发展性的资助形式，很好地发挥了扶困助学的功能，弥补了无偿资助金发放的短板，具有资助面广、资助力强、教育意义明显等诸多优点，进一步凸显了助学的公平性和精准性。大学生通过国家和学校的奖助学金以及自己长期坚持勤工助学获得的报酬，既在一定程度上解决了自己大学期间的学费和生活费问题，又用知识和勤奋改变了自己命运的方向。

（二）提升扶志能效，实践立德感恩

勤工助学有利于大学生树立正确的理想信念、劳动观和价值观，是实现扶志自立的重要抓手。通过参加勤工助学，学生可以自行选择岗位、接受培训、开展工作，提前进入职业工作者的角色，扩大视野和接触面；同时有助于体验竞争、开展规划和决策，继而理性地对职业生涯进行思考，从而确立理想和目标。用辛勤劳动换来报酬，可以让学生切身体会到工作的内涵和意义，促使学生立志自强，树立正确的劳动观和价值观，从而珍惜劳动成果、增强节俭意识。家庭经济条件不应该成为广大青年学生树立正确理想信念的绊脚石，相反，学生应该借助这股力量，积极推动自己投身到劳动和实践中去，将自己的理想与中国梦结合起来，通过勤工助学实现人生价值。

实践是认识的基础，并对认识起着决定的作用。绝大多数学生入学前缺乏实践历练，更多的体验来自课堂学习，习惯被动跟风，缺乏主动性和思考。勤工助学“有偿劳动”的特点可以提升扶志能效。在勤工助学活动中，学生获得的报酬是通过劳务有偿换取的，如此可以培养学生依靠劳动解决困难、通过劳动获取回报的意识，杜绝“等、靠、要”的惯性思维，帮助学生形成独立人格。学生在参与学校的管理和服务中，加强了主人翁意识，提高了主观能动性，从被管理服务者的角色转换为提供管理和服务的工作者角色，更能体会当中的不易，懂得珍惜工作的成果。

（三）提高综合素养，实践扶智强能

勤工助学有利于学生提升综合素质、专业素养和创新创业能力，有助于大学生扶智强能。对于用人单位而言，专业学习成绩的好坏不是选人用人的唯一标准，个人综合素质也是其主要考量依据。这些综合素质包括专业知识技能、组织沟通能力等可迁移的技能以及创新意识、责任心等内在品质。学生在勤工助学活动中不管从事哪种类型的具体工作，都与某些知识领域和技能要求相联系，在开展工作的过程中，专业意识、职业意识和竞争意识

会逐步提高。在参加勤工助学活动时，学生可以将实践活动与自身特点相结合，更好地完善自己的知识储备，并从中锻炼如社会交往、沟通协调、组织管理等各方面的可迁移能力。这个过程中遇到的问题以及挑战还能够锻炼学生面对困难时的意志和思维能力，使他们在未来的生活与工作中能够更加有效地解决问题。这些都充分说明，勤工助学能够提升学生的综合素质和就业竞争力，为他们扶智强能搭建起了很好的平台。同时，大学生在勤工助学的过程中能与不同类型的人交流，充分锻炼自己的社交能力，并学会客观认识到自身的不足、从失败中总结经验，丰富了人生阅历，为将来的就业或创业积累下宝贵的经验。

（四）学会正视自我，开启自信人生

勤工助学有利于学生增强自信、提高心理素质，是帮助大学生“内心自强”的重要法宝。勤工助学活动为学生提供了与人交流、融入集体的机会，帮助他们正确认识自我，引导他们勇于正视困难，克服自卑心理，培养积极乐观的人生态度。其次，勤工助学活动能够增强学生的交际能力，帮助他们敞开心扉，使他们不再自我封闭，保持心理健康。最后，勤工助学活动还能提高学生的社会适应能力，促使他们学会倾听、冷静控制情绪、消除偏激心理、客观公正地看待人和事。

五、勤工助学岗位设置

随着国家对助学工作的重视，各高校在勤工助学岗位设置上也力求科学合理，充分发挥勤工助学的功能（见图 4-10）。

图 4-10　勤工助学

这主要体现在四个方面：一是岗位设置覆盖面较广，充分考虑了学科和专业性范围，兼顾劳动与智力服务类型以及校内和校外岗位等，目的是使不同类型的申请者能够找到合适的岗位；二是目前各高校设置的勤工助学岗位学生申请、参与的积极性高，绝大部分高校勤工助学岗位都供不应求；三是岗位设置充分考虑了育人功能，不仅仅是着眼于劳动服务或者岗位补助，高校更立足于通过勤工助学岗位锻炼学生实践、劳动、服务、技能、创新等综合能力；四是岗位设置充分保障学生的合法权益，教育部有关文件对勤工助学岗位招聘原则、工作时限、薪金计算等都做了明确要求，各高校基本严格按照文件执行，充分维护学生合法权益。

改革岗位设置、创新高校勤工助学是一项复杂的系统工程，要把培养大学生的学业水平和科研创新能力纳入勤工助学岗位设置范畴。

（1）重视岗位质量，旨在锻炼学生。学校应积极开发校内资源，保证学生参与勤工助学的需要。校内勤工助学岗位设置应以校内教学助理、科研助理、行政管理助理等为主。校内勤工助学活动岗位的设置以协助各部门进行助教、助研、助管及后勤服务活动为主，提倡设置能锻炼和培养学生能力、专长的勤工助学岗位，不得安排学生参加可能危害学生安全、伤害学生身体和影响学校正常学习、生活秩序的勤工助学活动。

（2）规范工作时间，保证工作效果。勤工助学岗位既要满足学生需求，又要保证学生不会因参加勤工助学而影响学习。学生参加勤工助学的时间原则上每周不超过 8 小时，每月不超过 40 小时，寒暑假勤工助学时间可根据学校的具体情况适当延长。同时，为保证勤工收入，按照每个家庭经济困难学生月平均上岗工时原则上不低于 20 小时为标准，测算出学期内全校每月需要的勤工助学总工时数（20 工时 × 家庭经济困难学生总数），统筹安排设置校内勤工助学岗位。

（3）注意教育引导，强化育人作用。设立校内勤工助学岗位是学校关心和帮助家庭经济困难学生的重要举措。通过勤工助学实践活动，培养学生自立自强的精神和良好的职业素养，树立正确的劳动观念，增强学生的实践能力，全面提高学生的综合素质，营造资助育人、管理育人、服务育人的良好氛围。

六、正确处理勤工助学与学习的关系

自勤工助学自出现以来，便在帮助大学生自立成才，将所从事的“勤工助学”活动与专业知识的学习和综合能力的培养紧密结合，促进个人的全面发展方面发挥了主要作用。随着时代的发展、社会的进步，勤工助学的内涵得到丰富和充实，从纯粹的“经济功能”向“人的全面发展教育功能”转变，对学生的思想政治教育与专业技能提升成效显著，尤其是对构建和谐校园与和谐社会有着积极的作用。

勤工助学与学习之间是可以相辅相成、多方协调、齐头并进的。从高校与学生的角度出发，高校可以从顶层设计以及管理的宏观角度出发处理二者关系，大学生可以从个人具体实践的微观角度出发处理二者关系。

立德树人是教育工作的根本任务，也是学生资助工作的“初心”所在。勤工助学是学生社会实践的重要形式，也是学生深化并运用理论知识的重要途径，高校作为勤工助学系统的重要执行者，做好管理与指导工作至关重要。高校应从制度管理、积极引导、联动社会的角度出发，把勤工助学工作作为日常管理工作的重要内容，并以“劳动和教育相结合”的教育理念引导学生积极开展各项勤工助学活动。

第四节 义务劳动教育与实践

劳动是我国公民的权利和义务，是人们谋生的主要手段。在历史的长河中，劳动改造了人，创造了人类文明，推动人类社会向前发展，因此，人民群众既是伟大的劳动者，也是人类文明的开创者，列夫·托尔斯泰曾说，“人的幸福存在于生活之中，生活存在于劳动之中”，说明劳动还是人生的幸福源泉。而义务劳动是我国社会一种特殊的劳动方式，也是各行各业、机关事业单位、各级各类学校普遍存在的公益性劳动（见图4-11）。

图4-11　义务劳动

长期以来，国家提倡实行义务劳动。在我国，义务劳动已经成为一种思想自愿和行动自觉，充分体现了人们的一种集体主义精神、奉献精神和创造精神，产生了强大的鼓舞人心的精神力量，曾为国家建设做出过积极的贡献。作为培养社会主义事业建设者和接班人的高等院校，开展义务劳动教育与实践对当代大学生树立劳动光荣、乐于奉献理念，锻炼强健体魄和养成吃苦耐劳精神具有不可或缺的作用。

一、义务劳动教育的内涵

大学义务劳动教育已经取得了一定成绩，但仍存在一些不足之处。高校大学生的义务劳动教育存在着在家庭中被软化、在学校中被弱化、在社会中被淡化的现象。

（1）教育者对学校义务劳动教育的本质及内涵认识肤浅。教育者在指导思想上未能坚持全面发展的方针，过分突出智育，忽视德育与体育，把义务劳动教育等同于“体力劳动”。

（2）没有深入理解义务劳动教育内容的丰富性及多元性。义务劳动教育不被重视、缺位失位，把义务劳动教育窄化是当前部分高校中存在的问题。

（3）对义务劳动教育缺乏整体设计。有的高校在义务劳动教育的实施中缺少系统性、整体性的思考和设计，未能依据学生身心发展状况和社会发展的需要而系统性和创造性地开展义务劳动教育，从而导致出现教育效果不理想等情况。

事实上，义务劳动是学生参与劳动教育的一种有效方式，其本质涵义是通过实施义务劳动教育，有目的、有计划、有组织地让学生适当参加义务劳动实践。学生通过运用自己的体力和智力投身于社会，形成正确的义务劳动价值观，养成良好的劳动素养。随着新时代发展和现代科学技术发展不断加快，大学生崇尚劳动、提高劳动技能具有积极意义。学校义务劳动是大学生参与劳动、接受劳动教育的最佳途径。

二、义务劳动的意义

高校是大学生义务劳动价值观形成的关键时期，大学生应该主动参与到义务劳动实践中，感受义务劳动观念、义务劳动教育和劳模精神所具有的独特魅力，不断提高各项劳动技能，提升综合素质，更好地实现自我价值。

（一）培养新时代大学生的客观要求

高校作为国家创新体系的重要组成部分，担负着为社会培养德、智、体、美、劳全面发展人才的神圣职责。高校坚持在专业教育中渗透义务劳动教育，有针对性地培养大学生卓越的义务劳动品格、增强大学生的社会责任感，是实现学生与社会全面对接的必要链接。

随着时代的变革与互联网的发展，当代大学生虽然走的是专业知识与实践相结合的发展道路，但大学生的意识形态呈现不同的特点，价值取向呈现多元化趋势。新时代加强大学生义务劳动教育，通过把社会主义核心价值观的多维理念植入义务劳动教育系统内，充分发挥义务劳动教育的育人功能，能实现德智体美劳彼此相互促进，协力引导学生在各种错综复杂的价值观发生碰撞、产生各种矛盾时坚定理想信念，培养良好的劳动品质。高校应把义务劳动教育所取得的阶段性成效与不断完善的党风社会风气同步协调起来，凝聚大学生健康成长的一切积极因素和力量，尊重各行各业的奋斗成果，逐渐将社会主义核心价值体系内化为价值追求和行为习惯，厚植家国情怀。

（二）落实立德树人根本任务的重要途径

义务劳动是忘我的劳动，也是创造、奉献的价值所在。义务劳动是实施素质教育的有效途径，是践行理论与实践相结合的有效载体，是巩固能力结构核心的有效方法，是大学生发展和完善自我的重要途径，是开展立德育人工作不可或缺的关键环节。高校培育学生正确的义务劳动价值观，发挥学生主观能动性，培养学生养成良好的义务劳动习惯，这不仅仅是提倡社会主义荣辱观的内在要求，也是义务劳动教育取得实效的关键所在，更是高校德育工作的需要。高校在义务实践过程中可以提高大学生的义务劳动参与程度，通过深入实际调查让大学生正确地认识义务劳动，让学生好的行为方式转化为内涵，使他的性格、情操、道德观念得以磨炼，养成良好的义务劳动习惯，树立正确的三观。学生在践行义务劳动精神中不断提升自己的技能和本领，掌握为人处世的要领，与社会有机衔接起来，落实立德树人根本任务。

（三）促进大学生全面发展的现实需要

随着社会的不断发展，高等教育与社会的关系越来越密切，当代大学生中有部分人存在拜金主义、个人主义、享乐主义思想，轻视甚至蔑视、厌恶劳动；不懂节约、珍惜、感恩，缺乏独立生活的能力，社会适应能力较差。义务劳动可以使人的各方面素质得到全面发展与进步，在有形的实践中实现无形的教育，让学生在最自然、自由的状态中学习科学文化知识，提升自身的专业能力素质，实现社会价值。

科学的义务劳动观能够使大学生积极参与社会劳动实践，树立顽强拼搏、克服困难的勇气和信心，在全社会大力弘扬科学的义务劳动观能够帮助大学生认识到自身的缺点和不足，反对一切不劳而获的负面思想或不良价值观，能够使大学生将我们自古以来倡导的勤俭节约、艰苦奋斗传统美德内化于心并继续发扬光大，增强自身的使命感和责任感，坚定理想信念，成为一名有思想、有觉悟的社会主义建设者。

在义务劳动教育中加强实践育人，增强学生的实践能力和转换能力。义务劳动是将大学生所学理论与实际相结合的绝佳方式，有利于增强大学生适应社会、服务社会的能力。学校通过具体的义务劳动教育能够提高大学生的动手能力，从简单的以获得知识为中心目标转变为应用知识获得能力为中心目标，将静态的书本知识转化为社会实践中的动态操作，激发学生的求知欲和创造力，提升大学生战胜挫折的能力，培养学生独立生活的能力和快速适应社会的能力，提升自身的综合能力和创新思维，更好地应对学习、生活中的困难，促进大学生全面、和谐和可持续发展的需要。

三、积极参加义务劳动实践

新时代加强大学生义务劳动教育要树立以生为本的理念，着力在观念、制度、实践、评价四个方面创新实践路径，实现各个环节的有效配合，构建具有内生动力的义务劳动教育体系。

（一）以理论与技能的方式摆正义务劳动认知

义务劳动价值观是义务劳动教育的核心内容，也是马克思主义科学“三观”的重要范畴，对高校有意识、有目的地创设一定的情境，创造一定的机会引领大学生对义务劳动形成正确认知发挥着至关重要的作用。

高校应该把成熟的义务劳动理论同大学生的实际创新相融合，在义务劳动教育中赋予学生义务劳动主体的角色，引导他们尊重不同职业的辛勤劳动者，在潜移默化中使其思想认知得到改进与提升。义务劳动理论教育需要和义务劳动技能相结合。在掌握一些义务劳动常识和从事劳动的基本功的基础上，因人制宜，把义务劳动教育与家庭教育、与时代发展相结合起来，在对大学生进行义务劳动价值观教育的同时发挥义务劳动价值观教育的作用，使教育内容转化成学生自身稳固的东西，更好地帮助大学生正确认识义务劳动的作用，营造良好的义务劳动观念氛围，把理论知识变成实际技能，促进义务劳动教育由量变向质变转变，达到事半功倍的效果。

（二）建章立制，构建义务劳动全方位教育管理机制

构建完善的义务劳动教育管理机制是高校开展劳动教育的基础。高校要加强义务劳动的过程管理，使劳动的横向和纵向相关环节密切协调起来，使义务劳动取得良好的效果。

义务劳动教育光有正确的决策还不够，还要有周密的管理，应对义务劳动全过程进行具体的组织和协调。高校应健全义务劳动教育管理组织，确定培养目标，制订总体规划和实施细则，建立教学、管理、服务相结合的管理体制，建立制度规范、分工明确、运行科学、保障有力的义务劳动教育工作体系，确保义务劳动观教育工作的顺利进行。

（三）创新实现义务劳动与校园文化、社会实践有机融合

健康积极的校园文化有利于推动大学生树立科学的义务劳动观，可以带给学生更多的心理启迪，提高学生的思想认识、心理素质，提高学生的品德修养，陶冶情操，养成健康人格。

设立“校园义务劳动日”，在于组织和号召大家一起参与到义务劳动实践当中，以此来形成一种和谐、积极向上的义务劳动氛围。通过“校园义务劳动日”宣传校园文化，能够提高校园的精神环境和文化氛围，让大学生感受到真实的生活情景，能够提高大学生对义务劳动观教育的关注度，对帮助大学生树立科学的义务劳动观有着积极的促进作用。

以创新实践活动引领落实义务劳动行为。组织与开展各种校内外公益活动，是大学生义务劳动教育实践活动的一项重要途径。高校应结合自身条件给学生提供更多明确而有效的专题义务劳动活动，寻求与借助一些社会资源，如与校外企业单位进行沟通与合作，为大

学生创造与开展一些校内外公益活动。公益活动的开展不仅能够加深学生之间的感情，同时能够让学生体会到集体的力量和义务劳动带来的快乐，使其能够在切身参与的过程当中培养起应有的义务劳动观念、义务劳动习惯、集体主义精神以及吃苦耐劳精神。定期开展校内外公益活动可以使大学生在参与专题义务劳动活动的过程中明白每一份劳动都要付出心血，切实体会到义务劳动精神品质的实际意义与价值，从而激发他们对义务劳动的兴趣，逐步养成战胜困难、努力完成劳动任务的意志与信心。

（四）构建以学生获得感为核心的多元化评价体系

健全高校与时俱进的义务劳动观教育考核评价机制，是促进义务劳动教育健康发展、深入推进的动力和制度保障。合理的考核评价机制能将义务劳动观教育的结果纳入大学生的考核评价体系中，是提高义务劳动观教育质量和有效性的关键。高校通过多元化义务劳动教育评价体系，更好地促进义务劳动教育工作合理化、规范化。

高校对义务劳动观教育实践知识的考核，要将义务劳动教育的成绩纳入学生综合素质测评体系，作为学生评奖评优的重要依据。高校可以让学生参与义务劳动专项奖学金的评选，在坚持理论学习与义务实践活动中激发学生参与义务劳动教育的积极性和主动性。

四、家庭劳动教育与实践

家庭是社会中最小、最重要的组成单位，也是劳动教育中的重要环节和前沿阵地（见图 4-12）。大学生在进入大学校园之前，主要是在家庭环境里生活和学习，家庭劳动教育自始至终贯穿学生劳动教育的全过程。我们要加强对家庭劳动教育的重要性的认识，纠正弱化家庭劳动教育的认知误区，强调发挥家庭在大学生劳动教育中的基础作用。

图 4-12　家庭教育

（一）重视家庭在劳动教育中的作用

在过去较长一段时间里，因为教育评价机制不健全，劳动教育处于“存在感不强”甚至“被隐匿”的状态。很多家长虽然明白劳动对孩子健康成长的重要作用，但更希望孩子在学业上有显著成绩，因而往往在家庭中忽视劳动教育。那么，从孩子长远发展的角度看，家庭要更好地发挥在劳动教育中的基础作用，家长应树立科学的教育理念，认识到“劳动是最好的德育范式”，树立通过劳动提升孩子关键能力和必备品格的价值认同。同时，要打破思维定式，不能认为劳动就是简单的家务或繁重的体力劳动，要有“大劳动”的观念。家长对劳动有了正确认知，才能在日常生活中对孩子起到积极的示范与引导作用。其次，要善于创造劳动的机会。在认识转变后，要给孩子创造更多劳动机会，在家庭中营造劳动的氛围。以做一道菜为例，从最初的食材处理到烹饪过程，直至最终装盘上桌，这就是一个系统的劳动过程，检验了学生的综合能力。

对于学生来说，劳动的能力一旦掌握，就会成为无形的人生财富。再次，要注重养成劳动习惯。在家庭教育中，要让劳动成为一种习惯，成为学生的“下意识”行为。这意味着我们的日常生活要真正让学生融入其中，同时要舍得“用”孩子，并形成具有家庭特色的长效劳动机制。当学生的劳动习惯得到巩固、意志品质得到锻炼，相信今后不管他们遇到什么困难，都有能力去克服。而且学生动起来既是劳动也是运动，是肌体的生命律动，因为德智体美劳这“五育”本就是一个整体，劳动的背后也是德育、智育、体育、美育的联动与参与。

（二）提高家长对劳动教育的认知

认知是对智力、思维、情感、语言的认识活动，有广义和狭义之分。广义上的认知等同于认识，是指人们认识到客观的社会性事物的过程。狭义上的认知等同于记忆，指记忆的再加工，即对感知到的事物进行再认识。劳动认知就是劳动主体对劳动或劳动教育的再认识，是指劳动主体通过劳动对感知到的现象进行整理、加工并归纳，从而形成有关对劳动现象整体性的认识，并总结出其对劳动主体的自身意义与价值。这种认知包括对劳动知识、劳动技能、劳动态度、劳动价值观等的认识。

我国著名教育家陈鹤琴说过：“家庭教育，对父母来说首先是自我教育。”家长教育孩子时能够起到言传身教的影响作用，故应充分认识到自身的认知是孩子家庭劳动教育培养的最关键、最核心的因素之一。因为在潜移默化的家庭教育中，家长的劳动认知不仅会关系到孩子未来的择业观、就业观，还将影响孩子的社会适应性和生活自理能力，甚至决定祖国的前途命运与未来。因此家长务必引起重视，转变自身守旧、狭隘的劳动观念，形成尊重劳动、热爱劳动的认知和习惯。只有家长从自身做起，才能更好地培养孩子的劳动认知，促进孩子劳动素养的提升。此外，家长还要注意使用恰当的教育方法，因材施教、因势利导，如此开展家庭劳动教育才能收到良好的教育效果。

家长应当引导孩子身体力行，制造机会并鼓励孩子多多参与力所能及的家务或体力劳动，同时也要跟进检查与评价，在孩子做得好的地方及时给予表扬，以强化孩子的劳动认知和行为。有条件的家长还可以跟孩子一起劳动，通过言传身教、以身作则，发挥榜样带头作用。一方面，孩子通过亲身体验日常家务和体力劳动能够感同身受，从而体会到家长劳动的艰辛以及劳动成果的来之不易，树立起热爱劳动、尊重劳动者、珍惜劳动成果、劳动最光荣等正确劳动价值观。另一方面，孩子在劳动过程中也会产生“自己动手，丰衣足食”的成就感与愉悦感，便于增强孩子的主动劳动意识与自信心，有利于形成“劳动靠大家”“劳动成果人人共享”的正确认知。

（三）转变观念，形成积极的劳动态度

家长要转变观念，要从思想上重视劳动教育。在家长眼里，大学生永远是孩子，家长要认识到家务劳动对孩子心智发展的积极作用，参与家务劳动可以缓解孩子的学习压力，还可以使他们明确家庭成员的责任和义务。大学生承担力所能及的家务劳动，有助于培养独立

意识和克服困难的能力，体会到劳动的艰辛，感受到劳动的乐趣，从而更加珍惜劳动成果，最终形成积极的劳动态度。

家长不仅要给予孩子劳动的权利，更要积极对待其劳动成果并做出正确的评价。孩子参加劳动时要让他们充分发挥主观能动性，必要时家长可以给一些帮助和指导，以此激发孩子对劳动的积极性和兴趣，帮助他们掌握基本的生活自理能力，树立自我服务意识，在完成劳动任务中发展体力和培养智力，增强劳动适应性。

◎ 练　习

1. 劳动教育是教育体系的重要内容，是学生成长的必要途径，针对实施劳动教育的重点，下列观点中不正确的是（　　）。

A. 在系统的文化知识学习之外，有目的、有计划地组织学生参加日常生活劳动、生产劳动和服务性劳动

B. 让学生动手实践、出力流汗，接受锻炼、磨炼意志

C. 培养学生正确的劳动价值观和良好的劳动品质

D. 体验生活的不易，从而节衣缩食，学会苦行僧的行为方式

2. 国家有关文件规定："职业院校以（　　）课为主要载体开展劳动教育，其中劳动精神、劳模精神、工匠精神专题教育不少于 16 学时。"

A. 实习实训　　B. 专业理论　　C. 劳动教育　　D. 企业顶岗

3. 国家有关文件规定："普通高等学校要明确（　　）主要依托课程，其中本科阶段不少于 32 学时。此外，其他课程结合学科、专业特点，有机融入劳动教育内容。"

A. 实习实训　　B. 专业理论　　C. 劳动教育　　D. 企业顶岗

4. 劳动教育既是教育问题，更是关乎培养和造就担当民族复兴大任的时代新人的（　　）。

A. 培训活动　　B. 政治问题　　C. 团队锻炼　　D. 育人导向

5. 实施劳动教育必须把握（　　）、遵循教育规律、体现时代特征、强化综合实施、坚持因地制宜，实现劳育与智育、德育、体育、美育完美融合。

A. 培训活动　　B. 政治问题　　C. 团队锻炼　　D. 育人导向

6. 劳动教育既能引导学生热爱和尊重劳动，弘扬劳动精神，又是开展教育工作的重要保障和必然选择。但以下不正确的内容是（　　）。

A. 劳动教育思想起源于西方，随着算术知识传入我国

B. 劳动教育是遵循马克思主义教育思想的必然要求

C. 劳动教育是立德树人的重要途径

D. 劳动教育是劳动和教育的有效结合

7.（　　）是人们对劳动的根本看法和态度，是人们世界观和人生观的重要组成部分。

A. 幸福观　　B. 劳动观　　C. 审美观　　D. 价值观

8. 对个人来说，（　　）不仅筑牢了成功的坚实底座，也凝结成宝贵的精神财富。

A. 幸福　　B. 技术　　C. 劳动　　D. 价值

9. 劳动教育理论课程的内容包括开展国家相关法律、劳动知识、劳动安全、（　　）等方面，学习劳动模范人物的先进事迹，讲解学期劳动计划与安排等内容。

A. 劳动水平　　B. 劳动技术　　C. 劳动环境　　D. 劳动纪律

10. 习近平总书记在党的十九大报告中指出："建设生态文明是中华民族永续发展的千年大计，必须树立和践行（　　）就是金山银山的理念。"

A. 黄山白山　　B. 绿水青山　　C. 金矿银矿　　D. 千水万山

11. 随着社会经济发展和物质消费水平的大幅度提高，每年垃圾产生量迅速增长，这些垃圾不仅造成了环境安全隐患，也造成（　　）。

A. 资源浪费　　B. 交通阻塞　　C. 土地流失　　D. 农田损毁

12. 垃圾分类是指按一定规定或标准将垃圾分类储存、投放和搬运，从而转变成（　　）的一系列活动的总称。

A. 废品回收　　B. 建筑资料　　C. 耕地肥料　　D. 公共资源

13. 通常可以将垃圾分为有害垃圾、可回收物、（　　）垃圾和其他垃圾。

A. 食物　　B. 生产　　C. 厨余　　D. 建筑

14.（　　）学校环境，是指影响学生发展的全部因素，包括课堂教学、课外活动以及学校的各种设施和校风。

A. 虚拟的　　B. 广义的　　C. 狭义的　　D. 具体的

15. 教育部在《高等学校学生勤工助学管理办法（2018 年修订）》中将（　　）定义为"学生在学校组织下利用课余时间，通过劳动取得合法报酬，用于改善学习和生活条件的实践活动"。

A. 亦工亦农　　B. 课余打工　　C. 勤工俭学　　D. 勤工助学

16. 一般情况下，勤工助学的特点不包括（　　）。

A. 组织计划性　　B. 育人协同性　　C. 报酬丰厚性　　D. 类型多样性

17. 学生参与勤工助学活动的准备工作中不包括（　　）。

A. 科学计划　　B. 支付押金　　C. 获取信息　　D. 思想准备

18. 党的十九大报告指出，注重扶贫同扶志、扶智相结合，但勤工助学的意义中不包括（　　）。

A. 通过资助体系，实现创新风投　　B. 提升扶志能效，实践立德感恩

C. 提高综合素养，实践扶智强能　　D. 学会正视自我，开启自信人生

19. 通常，勤工助学与学习之间是（　　）、多方协调、齐头并进的。

A. 相互矛盾　　B. 时间冲突　　C. 目标相悖　　D. 相辅相成

20.（　　）是我国社会一种特殊的劳动方式，也是各行各业、机关事业单位、各级各类学校普遍存在的公益性劳动。

A. 家务劳动　　B. 义务劳动　　C. 有偿服务　　D. 科学实验

◎ 实践与思考　义务劳动实践方案设计

劳动教育的内容主要包含日常生活劳动教育、生产劳动教育和服务性劳动教育三个方面。高校组织学生义务劳动教育的本质涵义，是指通过对教育对象实施义务劳动理论教育，

有目的、有计划、有组织地让教育对象适当参加义务劳动实践活动。学生通过运用自己的体力和智力改造自然界和人类社会，形成正确的义务劳动价值观，养成良好的劳动素养，是融“德智体美劳”为一体的全面提高学生素质的综合性的教育活动。

劳动实践小组活动：讨论如何开展日常生活劳动、生产劳动和服务性劳动活动。由组长带领，在日常生活劳动、生产劳动和服务性劳动活动中选择一项，开展一次小组义务劳动实践，并交流参加活动的感受。

请参考下列范本（部分内容），设计、组织一次义务劳动实践，包括方案和活动实施。

校园义务劳动教育方案（范本）

一、活动目的

通过组织义务劳动，倡导吃苦耐劳的精神，提高同学团队合作精神，丰富课余生活。

二、活动主题

跳蚤义卖，奉献爱心我争先；图书馆义务劳动，人人有责；食堂义务劳动活动；校园义务劳动公益展；开展义务劳动主题宣传海报评比活动；慰问敬老院活动等。

三、活动前期准备

1．确定义务劳动人员的组织安排以及管理机制。如由 ××× 组织负责参与活动同学的工作，××× 负责宣传工作，××× 负责活动规划，××× 负责网络工作，××× 负责人员的分配工作。

2．确定义务劳动活动的时间及地点。

3．确定活动的流程及注意事项。

4．记录义务劳动记录卡，进行活动的总结。

撰写义务劳动心得体会：

完成本次义务劳动之后，请撰写一篇义务劳动心得体会短文，要求：① 字数在 1 200 字以上；② 要有具体的义务劳动场景描写、要有评价；③ 要有劳动过后的劳动体会。

-------------------- 请将你的一页 A4 纸短文粘贴于此 --------------------

实训评价（教师）：____

____

第五章 劳动素养及其养成

学习目标

知识目标

（1）了解先天素养和后天素养；熟悉劳动素养，了解职业素养。

（2）了解“德智体”三育到“德智体美劳”五育的发展过程，理解五育教育的深刻意义。

（3）熟悉劳动素养，这是人在劳动过程中的劳动观念、劳动心态和劳动技能的综合体现。

（4）熟悉职业素养的内容与基本特征，掌握职业素养的三大核心，提升自身的显性和隐性职业素养。

素质目标

（1）对照劳动素养的原则要求，审视自身的劳动情感、态度和劳动价值观，塑造自己的良好劳动品德。

（2）按“德智体美劳”五育要求，对标检查自己的不足方面，明确自己积极进取的发展目标，使德智体美劳全面发展。

能力目标

（1）分析个人特点，明确职业发展方向，不断提升个人的职业素养水平。

（2）结合所学专业或个人专长，制定切实可行的职业素养成长规划。

重点难点

（1）熟悉劳动素养和职业素养的关联与不同。

（2）掌握“德智体美劳”全面发展的成长密码。

（3）明确个人职业素养对自己职业生涯规划达成的积极意义，不断提升自己的显性素养与隐性素养。

◎ 导读案例　日本“国宝级匠人”新津春子

日本东京的羽田机场（见图 5-1），已经连续很多年蝉联“世界上最干净的机场”。这里几乎一尘不染，就连吸烟室里的每个烟缸都闪闪发亮，洗手间更是没有任何异味。在这背后，要归功于一位清洁女工——新津春子。

图 5-1　日本羽田机场

春子（见图 5-2）的身份虽然只是普通的机场清洁工，但兢兢业业做了几十年，一直做到日本“国宝级匠人”，并且成为无数主妇心目中的偶像。可能对大部分人来说，清洁工是个没什么技术含量的体力活，往往被视为社会弱势底层。但春子凭借一己之力，把清洁工变成一份令人尊敬的工作，连日本 NHK 都特地为她拍了一部纪录片。

图 5-2　日本“国宝级匠人”新津春子

这个出生在中国东北的女人，父亲是二战日本遗孤，母亲是沈阳人。17 岁那年，春子跟随全家搬到日本生活。那时候她一句日语都不会，根本无法和人交流。为了赚出自己的学费和生活费，春子唯一能做的只有清洁工工作。在日本当清洁工，首先要通过考试获得资格证才能上岗工作，不是光靠体力就可以的。不会日文的春子靠自己的刻苦，硬生生把“日本国家建筑物清洁技能士”资格证书给考出来了。然后进入羽田机场当清洁工，那是 1995 年的事情。

春子每天在办公室锻炼腕部和腹肌。除了努力，还要走心。市面上常用的 80 多种清洁剂，春子对其各种功效倒背如流，哪种污渍该用哪种清洁剂，烂熟于心。“陶瓷水池要用柠檬酸清洗，不锈钢水池要用碱性清洁剂。”

为了对付洗手间瓷砖上的顽固霉菌，她不断在家调试，最后自制出 3:1 水醋混合清洁剂，几乎快赶上化学家了。“虽然只是一份清洁工作，但也要对物品温柔。如果在工作中损伤物品，那就没意义了。”

打扫厕所时，用小镜子检查内侧是否有污垢。春子细心到——她发现小孩子喜欢坐在机场地面上玩，还喜欢贴着玻璃对外张望。所以她会特别注意地面和玻璃的清洁，在所有小孩可能碰到的地方，都不使用刺激性清洁剂。在春子看来，何为走心，就是时刻为他人着想。

1997年，27岁的春子参加“日本清扫技能锦标赛”获得第一名，成为日本历史上最年轻的冠军。她一直认为，在这个世界上，每份工作只要用心，都可以是专业人士，包括清洁工在内。带着这样的心情，春子在羽田机场工作了二十多年，一直做到日本国宝级匠人。

2015年，日本NHK制作了春子的纪录片特辑：《全心全意，是每天理所当然的事情》，成为当年全日本收视率最高的节目。NHK电视台这样评价春子的工作：“虽然清洁工的社会地位不高，但能把工作做到极致，清洁工也是匠人，同样应该受到最好的尊敬。”紧接着，《News Zero》《最想上的课》等日本主流节目纷纷邀请新津春子。为了把清洁这门技术传承下去，春子还出了四本关于清洁的畅销书籍，日本无数家庭主妇把她视为崇拜对象。

由于父母的身份缘故，春子从小受尽周围人的欺辱。等她来到日本，因为学识有限，又只能从清洁工做起。但正是如此，春子觉得自己更应该做出成绩，“只要持续做下去，用了心，一定会有人留意到。”

最让春子欣慰的是，现在越来越多的人在羽田机场遇到清洁工都会认真说一句：“您辛苦了。”这是对清洁工人最大的安慰，因为她们从来就不是社会的隐形人或透明人。

阅读上文，请思考、分析并简单记录。

（1）新津春子只是一个普通的机场清洁工，但她却获得了什么样的荣誉？

答：____________________

（2）请认真阅读文章，其中新津春子的事迹中最打动你的是哪一件事情？

答：____________________

（3）请通过网络搜索，了解新津春子出版的著作。你觉得自己最钦佩和希望学习的是新津春子的哪一项技能？

答：____________________

（4）请简单记述你所知道的上一周发生的国际、国内或者身边的大事。

答：____________________

第一节 劳动素养与职业素养

素养（见图 5-3）是指一个人的修养。从广义上讲，素养包括道德品质、外表形象、知识水平与能力等各个方面。在知识经济的今天，人的素养的含义大为扩展，它包括思想政治素养、文化素养、业务素养、身心素养等各个方面。而素质，其本源为沟通的层次和传达的印象品位，分专业素质和社会素质。

图 5-3 人的素养

一、先天素养和后天素养

素养包括先天素养和后天素养。先天素养是通过父母遗传因素而获得的素养，主要包括感觉器官、神经系统和身体其他方面的一些生理特点。

后天素养是通过环境影响和教育而获得的。因此可以说，素养是在人的先天生理基础上，受后天教育训练和社会环境的影响，通过自身认识和社会实践逐步养成的比较稳定的身心发展的基本品质。

对素养的这种理解，主要包括以下三方面。

（1）素养是教化的结果。它是在先天素养的基础上，通过教育和社会环境影响逐步形成和发展起来的。

（2）素养是自身努力的结果。一个人素养的高低，是通过自己的努力学习、实践，获得一定知识并把它变成自觉行为的结果。

（3）素养是一种身心发展的基本品质。这种品质一旦形成，就比较相对稳定。比如，一个品质好的学生，由于品质稳定，他总是能正确地对待别人，对待自己。

词汇“素养”与“素质”虽然在日常生活中人们常常交叉使用，但却是不同的概念。“素质”一般是事物本来的性质，具有先天性，心理学中的素质是指人的神经系统、感觉器官上的先天特点等。而“素养”则是指人的日常（即“素”）修养（即“养”），主要指向后天养成的人格品质。“素质”是中性的、描述性概念；“素养”也有描述性，但常常是规范性概念，具有价值的正面性，故“素养”在很多场合与“教养”可以是同义词。当人们说某人没“素质”的时候（实际上是一种概念的误用），并非说某种先天品质的缺失，实际所指乃是正面的“素养”或者“教养”不够。

二、劳动素养

劳动素养指经过生活和教育活动形成的与劳动有关的人的素养，包括劳动的价值观（态度）、劳动的知识与能力等维度。同时“劳动素养”也具有规范性概念的特征。说某人具有“劳动素养”，实际上指某人具有“好的”劳动素养（教养）。一个有良好劳动素养的人，一方面应当有对于劳动价值的正确认识及积极态度，另外一方面一定也有对于劳动的理论知识与劳动的实践策略的娴熟了解和掌握，有良好的劳动习惯。故广义的“劳动素养”包含“劳动价值观”，狭义的劳动素养则专指与劳动有关的知识、能力、习惯等。

三、职业素养

职业素养又称职业素质（见图 5-4），是劳动者对社会职业了解与适应能力的一种综合体现，也就是在从业过程中表现出来的与职业息息相关的态度行为和能力。个体行为的总和构成了自身的职业素养，职业素养是内涵，个体行为是其外在表象。职业素养是人类在社会活动中需要遵守的行为规范，职业素养是人才选用的第一标准，是职场致胜、事业成功的第一法宝。

图 5-4　培养职业素养

职业素养主要表现在职业兴趣、职业能力、职业个性及职业情况等方面。影响和制约职业素养的因素很多，主要包括：受教育程度、实践经验、社会环境、工作经历以及自身的一些基本情况（如身体状况等）。一般来说，劳动者能否顺利就业并取得成就，在很大程度上取决于本人的职业素养，职业素养越高的人，获得成功的机会就越多。

第二节　“三育”到“五育”的转变

教育方针是国家为了发展教育事业，在一定阶段，根据社会和个人两方面发展的需要与可能而制定的具有战略意义的总政策或总的指导思想。教育方针的内容包括教育的性质、地位、目的和基本途径等。不同的历史时期有不同的教育方针；相同的历史时期因需要强调某个方面，教育方针的表述也会有所不同。从以上定义可看出，教育方针的制定者都是国家或政党，它与教育目的有密不可分的联系。

“三育”是指德育、智育、体育，而“五育”是指德育、智育、体育、美育和劳动教育。

中国近代教育史上第一个提出“德智体”三育论思想的学者是清末资产阶级启蒙思想家、翻译家、教育家严复（1854—1921 年，见图 5-5）。严复在李鸿章创办的北洋水师学堂任教期间，培养了中国近代第一批海军人才，并翻译了《天演论》、创办了《国闻报》，系统地介绍西方民主和科学，宣传维新变法思想，将西方的社会学、政治学、政治经济学、哲学和自然科学介绍到中国。

严复在《原强》中提出，一个国家的强弱存亡决定于三个基本条件：一是血气体力之强，二是聪明智慧之强，三是德性义仁之强。他幻想通过资产阶级的体、智、德三方面教育增强国威。

1906 年，中国近、现代拥有国际声誉的学者王国维（1877—1927 年，见图 5-6）发表了著名的《论教育之宗旨》一文，提出教育宗旨在于培养能力全面、和谐发展的“完全之人物”。何谓完全之人物？“谓人之能力无不发达且调和是也。”“教育之事亦分为三部：智育、德育（即意育）、美育（即情育）是也。”

图 5-5 严复

图 5-6 王国维

当前把劳动教育列入教育内容，德智体美劳五育并举在我国历史上并非首次。在新文化运动时期，在“劳工神圣”文化大潮中，蔡元培首倡德智体美劳五育并举，但这一方针在民国时期并未得到实施。

人们对教育规律和教育方针的认识是随着实践发展而不断深化的。1995 年通过的教育法关于教育方针的规定，对“全面发展”的界定是“德、智、体等方面”。2015 年 12 月，第 12 届全国人大常委会第 18 次会议通过了《关于修改〈中华人民共和国教育法〉的决定》，教育法第五条对“全面发展”的界定增加了一个“美”字，表述为“德、智、体、美等方面全面发展”。习近平总书记讲话中“德智体美劳全面发展”“德智体美劳全面培养”的表述和关于要在学生中弘扬劳动精神的论述，把“劳”置于五育之一的位置，深化了对教育发展规律的认识。这一新的发展是马克思主义教育理论同新时代中国教育实际相结合的成果（见图 5-7）。

图 5-7 德智体美劳全面发展

怎样才能构建起“德智体美劳全面培养的教育体系”？落实立德树人的根本任务，需要在哪些方面下功夫？习近平总书记在讲话中以立德为重点，从德、智、体、美、劳诸方面做了全面阐述。立德树人，首先要在坚定理想信念上下功夫，教育引导学生树立共产主义远大理想和中国特色社会主义共同理想，增强“四个自信”；要在厚植爱国主义情怀上下功夫，教育引导学生热爱和拥护中国共产党，听党话、跟党走，扎根人民、奉献国家；要在加强品德修养上下功夫，教育引导学生培育社会主义核心价值观；要在增长知识见识上下功夫，教育引导学生珍惜学习时光，求真理，悟道理，明事理；要在培养奋斗精神上下功夫，教育引导学生树立高远志向，历练敢于担当、不懈奋斗的精神；要在增强综合素质上下功夫，教育引导学生培养综合能力、创新思维；要树立健康第一的教育理念，开齐开足体育课，帮助学生在体育锻炼中享受乐趣、增强体质、健全人格、锤炼意志；要全面加强和改进学校美育，坚持以美育人、以文化人，提高学生审美和人文素养；要在学生中弘扬劳动精神，教育引导学生崇尚劳动、尊重劳动，长大后能够辛勤劳动、诚实劳动、创造性劳动。

第三节 劳动素养的培育

劳动素养是人在劳动过程中的劳动观念、劳动心态和劳动技能的综合体现。习近平总书记曾说：“少年儿童从小就要立志向、有梦想，爱学习、爱劳动、爱祖国，德智体美全面发展。”在我看来，学习是学生的本分，爱国是社会主义核心价值观，之所以把“爱劳动”与“爱学习”“爱祖国”相提并论，是因为劳动对孩子的全面发展具有奠基作用，劳动素养培育是给孩子一生的财富。

学校、家庭和社会在学生的劳动素质的培养方面发挥了积极作用。劳动素养培育是全社会的事，是一项系统工程。

（1）家庭是劳动素养培育的第一场所。因此，家长要注意将劳动习惯养成融于日常的生活中。

（2）学校是劳动素养培育的主要阵地。学校应发挥主导作用，摆正学习与劳动的关系，给学生以积极引导。

（3）社会是劳动素养培育的重要途径。社会应注重通过各类传媒传导社会主流价值观，为学生提供可供效仿的榜样。

第四节 职业素养的内涵与特征

专业、敬业和道德是一个人所必备的，而体现在生活中的就是个人素养或者道德修养，体现到职场上的就是职业素养。

一、职业素养的内容

职业素养包括以下几个方面。

（1）职业道德。就是同人们的职业活动紧密联系的符合职业特点所要求的道德准则、道德情操与道德品质的总和，它既是对本职人员在职业活动中的行为标准和要求，同时又是职业对社会所负的道德责任与义务。

（2）职业思想（意识）。是指从业者在其职业实践和职业生活中所表现的一贯态度。职业意识是作为职业人所具有的意识，也叫主人翁精神。具体表现为：工作积极认真，有责任感，具有基本的职业道德（见图 5-8）。

图 5-8 职业操守

（3）职业行为习惯。职业素养是在职场上通过长时间地学习、改变而最后形成的。职业行为是指人们对职业劳动的认识、评价、情感和态度等心理过程的行为反映，是职业目的达成的基础。从形成意义上说，它是由人与职业环境、职业要求的相互关系决定的。职业行为包括职业创新行为、职业竞争行为、职业协作行为和职业奉献行为等方面。

（4）职业技能。这是做好一个职业应该具备的专业知识和能力。职业技能是指在职业分类基础上，根据职业的活动内容，对从业人员工作能力水平的规范性要求。它是从业人员从事职业活动，接受职业教育培训和职业技能鉴定的主要依据，也是衡量劳动者从业资格和能力的重要尺度。

前三项是职业素养中最根基的部分，属于世界观、价值观、人生观范畴，从出生到退休或至死亡逐步形成，逐渐完善。而职业技能是支撑职业人生的表象内容，是通过学习、培训而获得的。例如，计算机、英语、建筑等属职业技能范畴的技能，可以通过学习掌握入门技术，在实践运用中日渐成熟而成专家。可企业更认同的道理是，如果一个人基本的职业素养不够，比如说忠诚度不够，那么技能越高的人，其隐含的危险越大。做好自己最本职的工作，也就是具备了最好的职业素养。

所以，用大树理论来描述两者的关系比较直接。每个人都是一棵树，原本都可以成为大树，而根系就是一个人的职业素养。枝、干、叶、形就是其显现出来的职业素养的表象。要想枝繁叶茂，首先必须根系发达。

二、职业素养的基本特征

一般来说，职业素养的特征主要包括其职业性、稳定性、内在性、整体性和发展性。

(1) 职业素养职业性。不同的职业，职业素养是不同的。对建筑工人的素养要求，不同于对护士职业的素养要求；对商业服务人员的素养要求，不同于对教师职业的素养要求。李素丽的职业素养始终是和她作为一名优秀的售票员联系在一起的，正如她自己所说："如果我能把 10 米车厢、三尺票台当成为人民服务的岗位，实实在在去为社会做贡献，就能在服务中融入真情，为社会增添一份美好。即便有时自己有点烦心事，只要一上车，一见到乘客，就不烦了"。

(2) 职业素养稳定性。一个人的职业素养是在长期执业时间中日积月累形成的。它一旦形成，便具有相对的稳定性。比如，一位教师经过三年五载的教学生涯，就逐渐形成了怎样备课、怎样讲课、怎样热爱自己的学生、怎样为人师表等一系列教师职业素养，于是，便保持相对的稳定。当然，随着他继续学习、工作和环境的影响，这种素养还可继续提高。

(3) 职业素养内在性。从业人员在长期的职业活动中，经过自己学习、认识和亲身体验，觉得怎样做是对的，怎样做是不对的。这样，有意识地内化、积淀和升华这一心理品质，就是职业素养的内在性。我们常说，"把这件事交给小张师傅去做，有把握，请放心。"人们之所以放心他，就是因为他的内在素养好。

(4) 职业素养整体性。一个从业人员的职业素养和他的整体素养有关。我们说某某人职业素养好，不仅指他的思想政治素养、职业道德素养好，而且还包括他的科学文化素养、专业技能素养好，甚至还包括身体心理素养好。一个从业人员，虽然思想道德素养好，但科学文化素养、专业技能素养差，就不能说这个人整体素养好。相反，一个从业人员科学文化素养、专业技能素养都不错，但思想道德素养比较差，同样，我们也不能说这个人整体素养好。所以，职业素养一个很重要的特点就是整体性。

(5)职业素养发展性。一个人的素养是通过教育、自身社会实践和社会影响逐步形成的，它具有相对性和稳定性。但是，随着社会发展对人们不断提出的要求，人们为了更好地适应、满足、促进社会的发展需要，总是不断地提高自己的素养，所以素养具有发展性。

三、职业素养的三个核心

职业素养的三大核心是职业信念、职业知识技能和职业行为习惯。

(1) 职业信念。"职业信念"应该包涵了良好的职业道德，正面积极的职业心态和正确的职业价值观意识，是一个成功职业人必须具备的核心素养。良好的职业信念应该是由爱岗、敬业、忠诚、奉献、正面、乐观、用心、开放、合作及始终如一等这些关键词组成的（见图 5-9）。

图 5-9　职业信念

（2）职业知识技能。这是做好一个职业应该具备的专业知识和能力。俗话说“三百六十行，行行出状元”，没有过硬的专业知识和精湛的职业技能，就无法把一件事情做好，就更不可能成为“状元”了。

要把一件事情做好，就必须坚持不断地关注行业的发展动态及未来的趋势走向；就要有良好的沟通协调能力，懂得上传下达，左右协调从而做到事半功倍（见图 5-10）；就要有高效的执行力。研究发现：一个企业的成功 30% 靠战略，60% 靠企业各层的执行力，只有 10% 的其他因素。执行能力是每个成功职场人必须修炼的一种基本职业技能。还有很多需要修炼的基本技能，如职场礼仪、时间管理及情绪管控等。

图 5-10　沟通能力

各个职业有各个职业的知识技能，每个行业还有每个行业的知识技能。总之学习提升职业知识技能是为了让我们把事情做得更好。

（3）职业行为习惯。信念可以调整，技能可以提升。要让正确的信念、良好的技能发挥作用就需要不断的练习、练习、再练习，直到成为习惯。职业素养就是在职场上通过长时间地学习—改变—形成而最后变成习惯的一种职场综合素养。

四、职业素养的分类

职业素养具体有以下分类。

（1）身体素养：指体质和健康（主要指生理）方面的素养。

（2）心理素养：指认知、感知、记忆、想象、情感、意志、态度、个性特征（兴趣、能力、气质、性格、习惯）等方面的素养。拓展训练可以提高心理素养，很多知名企业都通过拓展训练来提高员工的心理素养以及团队信任关系。

（3）政治素养：指政治立场、政治观点、政治信念与信仰等方面的素养。

（4）思想素养：指思想认识、思想觉悟、思想方法、价值观念等方面的素养。思想素养受客观环境等因素影响，例如家庭、社会、环境等。

（5）道德素养：指道德认识、道德情感、道德意志、道德行为、道德修养、组织纪律观念方面的素养。

（6）科技文化素养：指科学知识、技术知识、文化知识、文化修养方面的素养。

（7）审美素养：指美感、审美意识、审美观、审美情趣、审美能力方面的素养。

（8）专业素养：指专业知识、专业理论、专业技能、必要的组织管理能力等。

（9）社会交往和适应素养：主要是语言表达能力、社交活动能力、社会适应能力等。社交适应是后天培养的个人能力，是职业素养的另一核心之一，侧面反映个人能力。

（10）学习和创新方面的素养：主要是学习能力、信息能力、创新意识、创新精神、创新能力、创业意识与创业能力等。学习和创新是个人价值的另一种形式，能体现个人的发展潜力以及对企业的价值。

第五节 职业素养的提升

选择与决策，是人在现实社会生存的基本技能。做出明智的选择关乎到每个人的成长，与其生活息息相关。我们的每一个决定，影响、左右了我们的职业生涯发展和个人生活质量。在我们的一生中，需要花费无数的时间与精力来选择或做出决定，小到选乘公交车，大到求学、择业，还有恋爱与婚姻……的确，成功与幸福很大程度上取决于我们在“十字路口”上的某个决定。

此外，另一项生存技能就是职业适应与自我塑造。法国哲学家狄德罗曾说过：知道事物应该是什么样，说明你是聪明人；知道事物实际是什么样，说明你是有经验的人；知道如何使事物变得更好，说明你是有才能的人。显然，要想获得职业上的成功，首先是学会适应职业环境，就像大自然中的千年动物，能够随着自然环境的变化而调整、改变自己，避免成为“娇贵”的恐龙！

一、显性素养——专业知识与技能

大家可以看到，职场的显性素养——“专业性”是露出海平面的一小部分，是冰山的一角（见图 5-11），但也是尤为重要的部分。

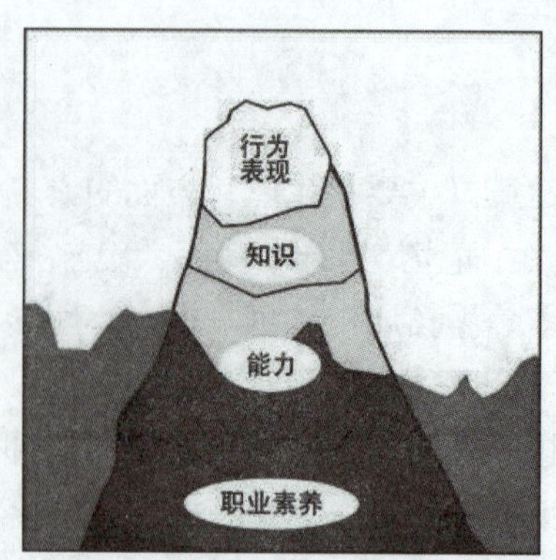

图 5-11　显性素养是冰山的一角

为了显性素养“专业性”的提升，应该考虑以下几个方面。

（1）从经济和效率角度来看，要重视专业学习。

在职场中，用人单位永远都是站在现实的角度上，来考虑最需要的人才是训练有素的专业人才，这是用人单位的一种考量。我们在考虑到这种考量的时候，是提醒自己做好准备，学好自己的专业知识，学好自己的技术，要把自己所学的东西运用到实际中（见图 5-12）。

图 5-12　重视专业学习

如何发挥自己的优势？那必须要有一技之长，我们才能在社会中立足，立于不败之地。

（2）通过辅修或技能资质证书拓宽职业技能。

所谓技多不压身，有时候可能我们所学的一门专业或一门技术并不能跟上时代的潮流，这时候不妨多学一些技术，掌握多一点技能，可以让我们多一些选择的余地。

但我们也要量力而行，根据自己的具体情况来考量。很多用人单位会要求有相关工作经验的优先，年轻群体还没有工作哪来的经验呢？我们可以有实习经验、社会实践经验等。如果还没有这样的经验，也要实话实说，不要作虚假信息，这也关乎你的诚信、你的职业素养的问题，一定要慎重。

二、隐性素养——职业意识与道德

在职场海平面以下的都是隐性素养，它是内隐的，可能被你所忽略，但它却是显性素养的根基。

（1）在职场获得成功的基本品德要素中，最看重的前 5 个指标如下。

- 专业知识与技艺。
- 敬业精神。
- 学习意愿强、可塑性高。
- 沟通协调能力。
- 基本的解决问题能力。

而研究认为，现实中最欠缺的前 5 个指标如下。

- 敬业精神。
- 基本的解决问题能力。
- 承受压力、克服困难的能力。
- 相关工作或实习经验。
- 沟通协调能力。

职业道德是一种在求职过程以及工作过程中被放大的个人习惯，需要平时修炼。我们要做到讲诚信、肯负责和易合作。我们在与他人相处的过程中，要做一个诚信、富有责任心、懂得与他人合作的人，养成自己的良好习惯，投射到工作当中，会给自己无形之中加分。因为一个道德品质高尚的人，更会受到用人单位的欢迎，更会对他的工作认真负责，也会有更多的机会（见图 5-13）。

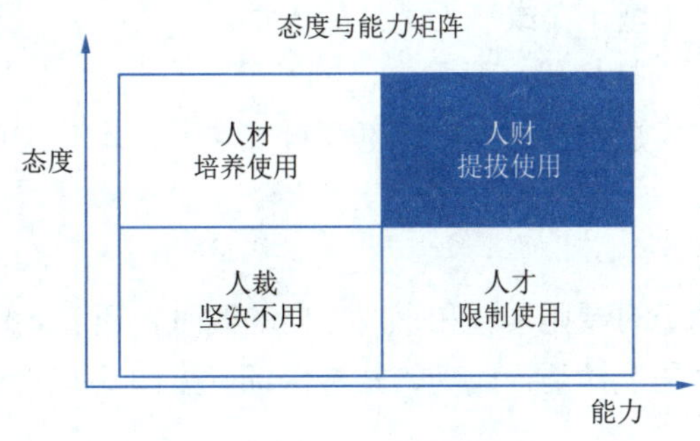

图 5-13 态度与能力矩阵

（2）职业意识是关于未来职业的定位与规划的想法。职业定位要厘清三个问题。

① 我想做什么？

职业兴趣是一个人积极探索某种事物的倾向性，是引起和维持注意的一个重要的内部因素。一旦找到自己真正喜爱的领域，往往会出现奋不顾身的投入。

在生活当中，我们看到一个人在工作的时候忙的昏天黑地、废寝忘食，他可能并不觉得辛苦，因为是他所钟爱的，也就是所谓的乐此不疲。

我们可以看到兴趣对一个人的职业发展是有影响的。就算在工作中遇到困难，也会无怨无悔，会对克服困难充满更大的信心，你的职业的稳定性也会显得更强，也会走得更远。

② 我能做什么？

职业价值观是指主体按照客观事物的意义或重要性进行评价和选择的原则和标准。图 5-14 显示了 12 种体现不同价值观的工作环境。

（1）较舒适、轻松、自由的工作条件和环境	（5）独立，按自己方式、想法去做，不受人干扰	（9）能和各种人甚至名人交往，建立比较广泛的社会联系
（2）追求美，得到美感享受	（6）工作体面，使自己得到他人重视尊敬	（10）获得优厚报酬，使生活过得较为富足
（3）不断创新取得成就、得到领导和同事赞扬	（7）有一个安稳局面，不会经常提心吊胆、心烦意乱	（11）为大众的幸福和利益尽力
（4）工作经常变换，工作和生活显得丰富多彩	（8）获得管理权，能指挥和调遣一定范围的人或事物	（12）同事和领导人品好，相处愉快、自然

图 5-14　体现不同价值观的工作环境

你是在职场当中把挣钱最多放在第一位吗？还是把工作环境好、同事友善放在第一位？还是把更有发展空间放在第一位？什么对于你来说最重要？你自己清楚吗？在你心目当中有一个答案吗？

你要让自己有一个比较确定的价值排序，弄清自己的价值观，并且能够做出价值当中的取舍，对我们选择工作也是十分重要的。

职业能力指顺利完成某一活动所必需的心理特征。能力具有天赋性，也有后天因素影响。从统计学的角度说，十全十美或一无是处的人都很少。

我们在择业的时候要选择扬优，要看自己的长处。有句话叫“人贵有自知之明”，我们经常反思找自己的短板，但是要自知其短，更要自知其长，才能让我们对人生、对工作充满信心。

③ 环境能给予我什么？

在明确自己想干、能干的专业领域和事业方向的同时，还应兼顾考虑社会的需求和未来发展前景等外在因素，这是选择是否成功的基本保证（见图 5-15）。

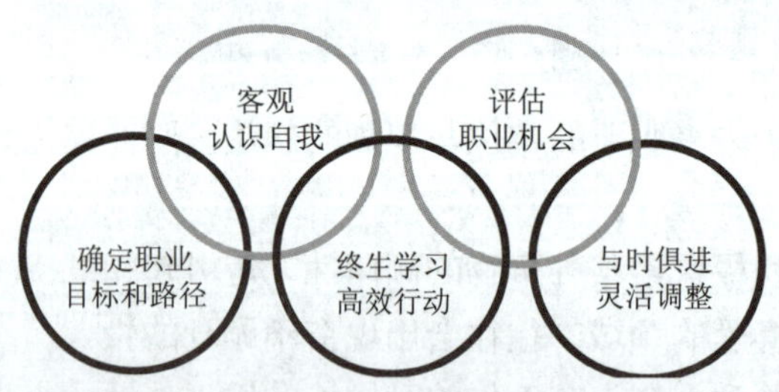

图 5-15　择己所爱，择己所长，择世所需

我们在考虑自己的择业的时候，要考虑到社会环境，国际政策的变化，人才的需求，甚至包括我们的家庭、人脉能给我们提供哪些资源。

职业意识是一个不断深化的过程。我们未必现在就能做出正确决定，但一定要能在不断的探索领悟中学会该怎样做决定。如果拥有良好的职业素养，那么工作对于我们就多了一些乐趣。

◎ 练　习

1. 素养包括（　　）和后天素养。后天素养是通过环境影响和教育而获得的。

A. 先天素养　　B. 继承素养　　C. 劳动素养　　D. 婴儿素养

2. 对素养的理解主要包括三个方面，但以下（　　）不在其中。

A. 素养是教化的结果。它是在先天素养的基础上，通过教育和社会环境影响逐步形成和发展起来的

B. 素养是自身努力的结果。一个人素养的高低，是通过自己的努力学习、实践，获得一定知识并把它变成自觉行为的结果

C. 素养是先天的，它只能通过遗传因素而获得，主要包括感觉器官、神经系统和身体其他方面的一些生理特点

D. 素养是一种身心发展的基本品质，一旦形成就比较相对稳定

3.（　　）是指经过生活和教育活动形成的与劳动有关的人的素养，包括劳动的价值观（态度）、劳动的知识与能力等维度。

A. 先天素养　　B. 继承素养　　C. 劳动素养　　D. 婴儿素养

4. 职业素养是劳动者对社会职业了解与适应能力的一种综合体现，主要表现在（　　）及职业情况。

A. 职业兴趣　　B. 职业能力　　C. 职业个性　　D. 上述所有

5. 影响和制约职业素养的因素包括：（　　）、工作经历以及自身的一些基本情况（如身体状况等）。

A. 受教育程度　　B. 实践经验　　C. 社会环境　　D. 上述所有

6. 中国近代教育史上第一个提出“德智体”三育论思想的学者是清末资产阶级启蒙思想家、翻译家、教育家（　　）。

A. 严复　　B. 苏东坡　　C. 王国维　　D. 屈原

7. 1906年，中国近、现代拥有国际声誉的学者（　　）发表了著名的《论教育之宗旨》一文，提出教育宗旨在于培养能力全面、和谐发展的“完全之人物”。

A. 严复　　B. 苏东坡　　C. 王国维　　D. 屈原

8.（　　）教育思想中，把“劳”置于五育之一的位置，深化了对教育发展规律的认识，是马克思主义教育理论同新时代中国教育实际相结合的成果。

A. 习近平　　B. 毛泽东　　C. 邓小平　　D. 胡锦涛

9.（　　），首先要在坚定理想信念上下功夫，教育引导学生树立共产主义远大理想和中国特色社会主义共同理想，增强“四个自信”。

A. 素质教育　　B. 立德树人　　C. 以理服人　　D. 三全育人

10. 要在厚植（　　）情怀上下功夫，教育引导学生热爱和拥护中国共产党，听党话、跟党走，扎根人民、奉献国家。

A. 奋斗精神　　B. 品德修养　　C. 知识见识　　D. 爱国主义

11. 要在加强（　　）上下功夫，教育引导学生培育社会主义核心价值观。

A. 奋斗精神　　B. 品德修养
C. 知识见识　　D. 爱国主义

12. 要在增长（　　）上下功夫,教育引导学生珍惜学习时光,求真理,悟道理,明事理。
A. 奋斗精神　　B. 品德修养
C. 知识见识　　D. 爱国主义

13. 要在培养（　　）上下功夫，教育引导学生树立高远志向，历练敢于担当、不懈奋斗的精神。
A. 奋斗精神　　B. 品德修养
C. 知识见识　　D. 爱国主义

14. 要在增强（　　）上下功夫，教育引导学生培养综合能力、创新思维。
A. 奋斗精神　　B. 品德修养
C. 健康第一　　D. 综合素质

15. 要树立（　　）的教育理念，开齐开足体育课，帮助学生在体育锻炼中享受乐趣、增强体质、健全人格、锤炼意志。
A. 奋斗精神　　B. 品德修养
C. 健康第一　　D. 综合素质

16. 劳动素养是人在劳动过程中的劳动观念、（　　）和劳动技能的综合体现。
A. 劳动涵养　　B. 劳动心态
C. 劳动体能　　D. 劳动水平

17. 劳动素养培育是全社会的事。学校、（　　）和社会在学生的劳动素质的培养方面发挥了积极作用。
A. 机关　　B. 军队　　C. 政府　　D. 家庭

18. 职业素养的基本特征主要包括其职业性、（　　）和发展性。
A. 稳定性　　B. 内在性
C. 整体性　　D. 以上所有

19. 以下（　　）不属于职业素养的三个核心之一。
A. 职业信念　　B. 职业标识
C. 职业知识技能　　D. 职业行为习惯

20. 职业素养的具体内容有很多，但下列（　　）不属于其中。
A. 团队素养　　B. 身体素养
C. 心理素养　　D. 政治素养

21. “专业性”是职场的显性素养。提升显性素养的途径是（　　）。
A. 重视专业知识与技能　　B. 重视专业学习
C. 拓宽职业技能　　D. 上述所有

22. 从业者的职业意识与道德是职场的隐性素养。研究表明，当前职场最缺乏的隐性素养指标是（　　）。
A. 实习经验　　B. 敬业精神　　C. 工作经验　　D. 学习意愿

◎ 实践与思考　职业素养的后天素养培养途径

小组活动：熟悉本章课文介绍的诸多概念，讨论以下问题。

（1）请通过课文阅读和网络搜索，熟悉职业素养的概念与内涵。

（2）熟悉职业素养中的后天素养，探索其有效的培养和提升的途径。

记录：请记录小组讨论的主要观点，推选代表在课堂上简单阐述你们的观点。

评分规则：若小组汇报得 5 分，则小组汇报代表得 5 分，其余同学得 4 分，以此类推。

____

实训评价（教师）：__________________________________

第六章 劳动的文化建设

学习目标

知识目标

（1）熟悉文化的定义与特征；熟悉劳动文化的特点和形成。

（2）掌握劳动文化的内涵，了解劳动文化的育人功能。

（3）以勤为基，以诚为则，以新为乐，努力培养自身的劳动涵养。

素质目标

（1）以培养自己成为“有社会主义觉悟的，有文化的劳动者”为自我成长的奋斗目标。

（2）以勤为基，以诚为则，以新为乐，努力培养自身的劳动涵养，具有高尚的劳动品质。

能力目标

（1）具备较高的专业文化、劳动文化，培养自己德智体美劳全面发展。

（2）理解“劳动文化褒扬劳动者主体地位”，不断提升自己的文化水平。

重点难点

（1）理解文化的无意识；了解文化对管理的作用。

（2）熟悉劳动文化的特点与内涵。

（3）熟悉劳动文化涵养的以勤为基，以诚为则，以新为乐诸方面。

◎ 导读案例　三五九旅南泥湾开荒

南泥湾，位于现陕西省延安市宝塔区南泥湾镇阳湾村（见图 6-1）。南泥湾垦区政府，成立 1944 年 5 月 1 日。区长由三五九旅某团团长张仲瀚兼任，副区长兼区委书记由边区政府办公厅南泥湾农场主任杨正斋兼任。垦区政府直属延属分区专员分署。1948 年 7 月，南泥湾垦区和固临县合并，成立临镇县。现属延安市宝塔区所辖。

歌曲《南泥湾》，演唱者郭兰英，词：贺敬之，曲：马可。

歌中唱到：

花篮的花儿香
听我来唱一唱
唱一呀唱
来到了南泥湾
南泥湾好地方
好地呀方
好地方来好风光
好地方来好风光
到处是庄稼，遍地是牛羊

往年的南泥湾
处处呀是荒山
没呀人烟
如今的南泥湾
与往年不一般
不一呀般

如啊今的南泥湾
与呀往年不一般
再不是旧模样
是陕北的好江南

陕北的好江南
鲜花开满山
开呀满山
学习那南泥湾
处处呀是江南
是江呀南
又战斗来又生产
三五九旅是模范
咱们走向前
鲜花儿送模范

图 6-1 南泥湾

抗日战争时期，国民党反动派消极抗日，对陕甘宁边区实行了军事包围和经济封锁，边区军民生活出现了很大困难。在关键时刻，毛主席发出了“自己动手，丰衣足食”的伟大号召。陕甘宁边区军民积极响应，开展了轰轰烈烈的大生产运动。三五九旅的指挥员来到延安不远的南泥湾开荒（见图 6-2）。当时，没有房子就自己挖窑洞；没有水就自己打井；没有粮食就到三十多里以外的地方去背；缺少生产工具就自己制造。

开荒的战斗打响了。每天，天还没亮，战士们就出发了。他们背着抢，扛着锄头，一边走一边高唱：“开荒啊开荒，要向荒地要军粮……”一到荒地，就紧张地干起来。荒地上荆棘多，砍掉一丛荆棘，就要花费很大力气。同志们干了一会儿就满手血泡。可是，锄头照样像雨点儿一样地往下落，谁也不叫苦，谁也不肯落后半步。

每到吃饭或收工的时候，同志们常常要发起几个“冲锋”。这里有人建议“再猛干五分钟”，那里就有人提出要“突击一块地”，往往一鼓劲，又开出了一个山峁。

图 6-2　三五九旅开荒

通过辛勤劳动，南泥湾出现了一片新气象。到处是庄稼，遍地是牛羊。一排排新窑洞也修建起来了。南泥湾成了陕北的江南。

三五九旅的指战员发扬自力更生、艰苦奋斗的精神，一把锄头一支枪，建设和保卫陕甘宁边区，有力地支援了抗日战争。

阅读上文，请思考、分析并简单记录。

（1）一直被人们传唱、脍炙人口的红歌《南泥湾》不知道年轻的你熟悉吗？请在网络上寻找这首歌曲，欣赏她的美妙音乐，也学习她那振奋人心的歌词。

（2）请学习本文，并在网络上搜寻有关南泥湾开荒和三五九旅发展的进一步信息。请简单说说你的想法。

答：____

（3）在近年来本书作者的一次独库公路穿越天山南北的自驾游中，我们横贯塔克拉玛干大沙漠之后，在公路边惊讶地看到了三五九旅纪念馆。原来，新疆建设兵团一师的前身就是三五九旅。在社会主义建设的进程中，三五九旅一直在新长征的途中。请深度了解相关信息，并简单表达你的想法。

答：____

（4）请简单记述你所知道的上一周发生的国际、国内或者身边的大事。

答：____

第一节　什么是劳动文化

一、文化的概念

“文化”一词是从拉丁文 Culture 演化而来的，含有耕种、居住、练习、留心或注意、敬神等多种涵义。文化实际上主要包含器物、制度和观念三个方面，具体包括语言、文字、习俗、思想、国力等，客观的说，文化就是社会价值的总和。

19 世纪中叶，一些新的人文学科如人类学、社会学、民族学等在西方兴起，文化的概念也随之发生变化，开始具有现代意义。最早把文化作为具有现代涵义的专门术语使用的是英国的“人类学之父”泰勒，他在 1871 年发表的《原始文化》一书中，把文化定义为“一个复杂的总和，包括知识、信仰、艺术、道德、法律、风俗以及人类在社会里所有一切的能力与习惯”。当时法国的一位启蒙思想家则把文化解释为“一种教养，指通过教育能够获得良好的教养，以及文学、艺术和科学方面的修养。”

文化在中国历史上最早是指“以文教化”和“以文化成”的总称，从字面意思上理解，文化应是一个动词，无论是“化成”还是“教化”都体现了一个行为过程。“文”是说以什么来“化”之，以什么“化成”，文是指道德、哲学思想、艺术等（见图 6-3），引申到企业文化中就是企业所倡导的企业精神。

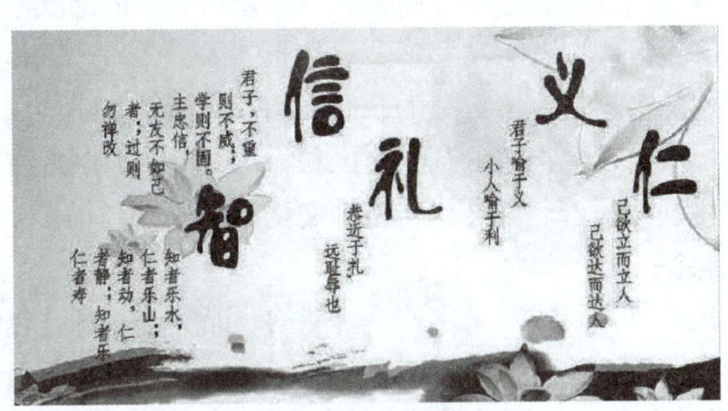

图 6-3　中华传统文化

罗宾斯则把民族文化定义为一国（同一文化环境中的）全体或绝大多数居民共有的价值观，它形成一个民族的行为以及他们看待世界的方式，逐步形成对自然、社会与人本身的基本的、比较一致的观点与信念。

（一）文化的特征

文化具有以下几个方面的特征。

（1）精神性。这是文化最基本的特征。所谓精神性是指文化必须是与人类的精神活动有关的，与人类精神活动有关的物质就不能称之为文化，如山河湖泊、天体运行就不属于文化范畴。

（2）社会性。文化具有强烈的社会性，它是人与人之间按一定的规律结成社会关系的产物，是人与人在联系的过程中产生的，是在共同认识、共同生产、互相评价、互相承认中产生的。没有人与人之间的关系就不会有文化。

(3) 集合性。这是指文化必须是在一定时期、一定范围内的许多人共同的精神活动、精神行为或它们的物化产品。它是由无数的个体组成的集合，任何个人都无法构成文化。

(4) 独特性。文化是构成一个民族、一个组织或一个群体的基本因素。这些民族、组织、群体的差异性就形成了不同的文化。因此，文化带有独特性，不可能有两个完全相同的文化存在于两个民族或组织和群体中。

(5) 一致性。这是指在一个民族、一个组织或一个群体中，文化有着相对一致的内容，即共同的精神活动、精神性行为和共同的精神化产品。这种一定时期一定范围内的相对一致性是构成一种文化的基础。正是有了这种一致性，各种文化才有了他们各自的内涵。

（二）文化的三层结构

文化包括三个层次：一是物质文化，是指凝聚着一个民族精神文化的生产活动与物化产品的总和；二是制度文化，是指一个民族在生产与生活过程中形成的各种规章制度，包括法律、道德规范和行为准则等内容；三是精神文化，是指一个民族共有的意识活动，包括人们的价值观念、思维方式等内容。如果以一个三层的同心圆来表示文化的结构，那么物质文化是最表层的，看得见，摸得着，也最容易发生变化；制度文化是文化的中间层，它已经不像物质文化那么有形，但具有一定的稳定性；精神文化是最深层的那部分文化，具有相当的稳定性，一旦形成就很难发生改变，这部分内容看不见摸不着，但却深刻地影响着一个民族的行为方式。

文化三个层次之间的关系是密不可分的，它们相互作用，共同构成了一个完整的体系。其中，精神文化是最根本的，它决定着制度文化和物质文化，而制度文化是物质文化与精神文化的中介，物质文化则体现着制度文化与精神文化。

（三）文化的无意识

文化的意义使人类的行为方式是正常的、自然的，而另一些却是怪异的、错误的。在社会的演化过程中，人们发现某些行为和价值观是适用的、有益的，而另一些却是不适用的，甚至是有害的。有益的行为被分享和鼓励，而有害的行为则被抛弃和谴责。经过一段时间后，有益的行为、价值观及某些人造的东西被制度化并被合并成文化传统的一部分。人们将这些制度化的行为内在化了，从而常常忘记它的起源。比如握手，在许多西方文化中是表达欢迎的典型方式，或许起源于一种古老的行为方式：陌生人之间紧握对方拿武器的胳膊，这样既表示友好，又能防范对方的攻击。这种行为方式的最初功能是相当有用的，因而就被制度化成一种社会传统。现在，几千年过去了，它的功能虽然被废弃了，但仍作为一种有价值的习俗存在着。

相似的，任何社会的文化行为和传统中都有许多这样的例子，它们已经失去了最初的意义，而只是作为具有符号意义的行为存在。当一种行为已经成为一种有价值的习俗时，人们的行为就变成了一种文化自觉，明明是文化影响着我们的行为，但我们根本没有意识到这一点。这就如同我们随时呼吸着空气，但并没有意识到是在呼吸空气。文化之所以有这么大的影响力，就在于它的无意识，这是文化的作用方式。

（四）文化与管理

正是文化的无意识使得生存在某一文化背景下的管理者的行为也深刻地打上了该文化的烙印。比如“计划应该包含的风险程度”实际上是深受一个民族风险偏好程度影响的，当一个民族的文化是积极进取的，这一文化背景下的企业制定的计划中的目标实现的风险程度就有可能比较高；如果一个民族的文化相对平和，那么这一文化背景下的企业制定的目标就有可能相对容易实现。又如“计划应该由个人还是团队制定”，如果假定其他条件一样，那么在集体主义色彩比较浓厚的文化背景下，计划更有可能是团队制定的；而在个人主义色彩更浓的文化背景下，计划更有可能是个体制定的。

二、对劳动文化的理解

“劳动文化”一词源于对习近平总书记劳动观的解读：文化源于劳动，普通劳动者的创造构成了文明之基、文化之重。劳动教育最重要的就是创造出一种真正属于劳动者自己的文化，即劳动文化。

对劳动文化的理解可以从以下三个方面展开。

第一，文化源于劳动。从劳动的本义来讲，面对自然，人类早先通过工具获取原料，创造生存所需要的生产与生活资料。在基于生存所需要的生产活动中逐步产生了语言、思维。最终，包含艺术、审美等要素的民族文化逐渐形成。历史唯物主义的观点也蕴含着“文化源于劳动”之意：“人们首先必须吃、喝、住、穿，然后才能从事政治、科学、艺术、宗教等。”

第二，普通劳动构成文明的根基。在社会发展的进程中，很容易在“文化人”与“庄稼人”之间拉起一道屏障。相比于精英阶层的创造，普通劳动者付出的劳动容易被忽视。历史唯物主义强调，“历史归根结底是由劳动者创造的”，因此普通劳动者才是构成文明的根基。新时期的劳动教育从根本上来讲就是要打破这道屏障，凸显普通劳动的意义与价值，创造出一种没有高低贵贱之分、真正属于劳动者自己的文化。

第三，劳动与文化合一。人类早期的劳动主要作为生存的手段，重在满足人们物质生活的需要，而新时期的劳动更强调精神需要的满足。文化是人类的精神活动及其产物，是一种包含精神价值和生活方式的生态共同体。劳动与文化的合一要求在进行大学生劳动教育时应区别于其他学科的教育或一般的课程设计，用文化的眼光审视劳动教育的过程与方法，赋予劳动丰富的文化内涵。

劳动文化的含义充分体现了“劳动”与“文化”的互融，它是一种伸张劳动的价值和地位、伸张劳动者尊严和权利的文化，是一种弘扬劳动者主体地位的历史观与价值观，是一种属于劳动者、依靠劳动者、为了劳动者的文化。当文化全面融入时，劳动才会真正焕发出自己的光彩。在实现中华民族伟大复兴的道路上，重视劳动文化有助于建设劳动经济强国，最终全面建成小康社会。劳动文化的内核是一种弘扬积极劳动的精神展示，其特点主要表现为以下三个方面。

（一）劳动文化与劳动者的关系

劳动者是劳动文化的主体，在高校人才培养过程中，劳动文化的主体性体现为劳动精神与大学生群体的关系。大学生在各类劳动中表现出来的精神状态本身就是构成社会劳动精神的重要组成部分，而劳动精神对大学生品德培养与人格形成更是发挥着不可替代的作用。

第一，积极的劳动文化有助于大学生形成崇高坚定的道德信念。大学生尚未真正步入社会，对社会和未来的认知往往比较理想化，对自身能力和条件的认识也不够清晰。劳动文化的培养有助于他们正确认识自身、客观了解现实，并在澄清认识的过程中逐渐形成正确的思维方式，对找到正确的自我定位、明确未来努力的方向都有积极意义。

第二，积极的劳动文化有助于大学生形成正确的价值观。大学阶段是大学生价值观形成的重要时期。劳动文化是社会主义核心价值观的重要组成内容，将劳动文化融入大学生劳动教育之中对于大学生树立正确的劳动观、自觉接受职业道德培训、提升职业道德品质都有重要意义。《意见》明确指出：劳动教育直接决定着社会主义建设者和接班人的劳动精神面貌、劳动价值取向和劳动技能水平。

第三，培养大学生的劳动文化有助于其深刻理解劳动的意义，锻炼意志品质。大学生毕业后将要经历从学生身份到社会人的重要过渡期，而劳动则是连接学校与社会的重要纽带。通过劳动，大学生群体能够更清晰地认识社会，同时增强对社会经济、社会阶层、社会文化等的感知，通过实际劳动受到教育和启发，以此增强自身的使命感和社会责任感、培养吃苦耐劳的精神、培育劳动情怀。

（二）劳动文化与劳动关系的关系

劳动关系是人们为了进行社会劳动而结成的相互关系，具体体现为组织中的管理者与员工及员工内部的权利安排，以及与此相关的个人行为方式、个体间关系、矛盾冲突机制等。从本质上讲，劳动关系是一种经济利益关系，然而，根据马斯洛的需要层次理论，除满足基本的生存需要外，每个个体都有获得情感的满足和实现自我价值的需要。因此，劳动关系并非单纯的利益交换关系，社会文化、劳动文化对劳动关系的形成和构建都会产生重要影响。如果说制度规定了劳动关系的基本框架，那么文化则对劳动关系的具体展开发挥着“软管理”的作用。

劳动文化可以从宏观和微观两个层面理解：宏观层面的劳动文化主要是指社会意识形态，每个民族都有自己的意识形态和精神传承，不同意识形态下人们的思维方式、行为方式都存在差异；微观层面的劳动文化主要体现在企业中，同一社会文化背景下单个企业的劳动关系有其特异性。宏观层面和微观层面的劳动文化对劳动关系都有显著影响。例如，宏观的个人主义与集体主义文化对个体的认知方式和沟通方式都有直接的影响，并进一步影响劳动主体间的关系。日本是典型倡导集体主义文化的国家，其劳动关系调节机制强调“建立和谐的人际关系”，企业对劳动争议的处理不做明确的条文规定，劳动争议多在企业内部协商解决。相反，美国是强调个人主义文化的典型代表，在法律允许的范围内，个人的利益应得到最大程度的保护，在处理企业劳动关系的问题上只能通过一系列契约来完成。因此，在处理不同文化背景下的劳动关系问题时应充分考虑宏观劳动文化对劳动关系的影响。

微观劳动文化以宏观劳动文化为基础，主要体现为企业文化。企业文化是企业成员奉行和遵守的价值观念，对激发个体的自觉行为发挥着重要作用。在企业文化的影响下，劳动关系双方形成“心理契约”，“心理契约”包含了员工与雇主双方对彼此的期待，是建立两者之间信任的桥梁。微观劳动文化对劳动关系的影响通过劳动关系双方建立的“心理契约”发挥作用。

（三）劳动文化与社会价值的关系

新时代是奋斗者的时代，而奋斗的过程就是劳动的过程。大学生是中国特色社会主义的建设者和接班人。加强对大学生劳动文化的培育，有助于其形成正确的社会价值观，对实现个人价值和促进社会发展都大有裨益。首先，大学生应当从理想信念上认识到劳动的价值。人类一切财富都是通过劳动创造的，劳动是助力全面建成小康社会的基础。只有充分调动大学生辛勤劳动的动力，锻炼诚实劳动、创造性劳动的素质，才能真正做到尊重劳动、热爱劳动，在劳动中以坚定的信念创造价值，托起中国梦。此外，一个人对劳动的认知与实践能够带动更多人对劳动的价值认识，大学生应当认识到劳动文化的社会辐射作用，深刻领悟劳动的本质，认清劳动的价值，自觉形成劳动创造幸福的价值观，以辛勤劳动为荣，以好逸恶劳为耻，切实理解“劳动最光荣、劳动最崇高、劳动最伟大、劳动最美丽”的内涵。

三、劳动文化的形成

劳动文化以劳动为根本，以文化为表现形式，既是一种存在方式，也是一种价值体系，新时代劳动文化的形成有其自身的逻辑理路。

（1）我国优秀传统文化中的劳动美德为新时代劳动文化的形成提供了丰厚滋养。中华民族以勤劳著称，勤劳是中华民族最根本、最崇高的传统美德。中华民族也是凭借“天道酬勤”的精神创造了光耀世界的华夏文明。《大学》曰：物有本末，事有终始。“劳”即是物之本末，也需有始有终。人类在日复一日的劳动实践中创造社会财富，积累人与自然和谐共生的智慧，创造人类文明，推动人类社会发展与进步。我国传统文化把勤劳作为做人、立身、安家、兴邦的根本，从“民生在勤，勤则不匮”“克勤于邦，克俭于家”到“人生在勤，不索何获”“一分耕耘、一分收获”的箴言，从“大禹治水”（见图 6-4）“愚公移山”（见图 6-5）到“天才源于勤奋”“铁杵磨针”的故事，都体现出中华民族热爱劳动的美德，都是中华民族勤劳精神的生动写照，勤劳作为一种民族精神和民族美德传承下来。

图 6-4　大禹治水

图 6-5　愚公移山

（2）马克思主义劳动观是新时代劳动文化形成的理论基础。劳动创造人和人的自由，劳动使人获得自由而全面的发展是马克思主义的一条十分重要的基本原理。恩格斯在《自然辩证法》中阐述了劳动在从猿到人的转变作用，即劳动带来人类手的自由，手的自由创造了工具，从而使人类开始区别于动物，人类由此开始了自身向生命自由的探索之路。恩格斯在《反杜林论》中指出：劳动为人创造全面发展和自我实现的机会，“生产劳动就不再是奴役人的手段，而成了解放人的手段，因此，生产劳动就从一种负担变成一种快乐。”劳动者在劳动的过程中，无论是主动劳动还是被动劳动，都是改造社会和推动社会进步的伟大进程，劳动者是创造社会财富的主体力量，在劳动实践中既创造了社会物质财富和精神文明财富，并在劳动实践中获得劳动幸福，劳动者不仅是劳动成果的创造主体，也是劳动成果的享有主体。马克思认为劳动是人生存发展的第一需要，劳动对人类社会的存在与发展具有永恒的价值，从而科学预见了劳动是共产主义社会的一个重要特征。“人正是通过劳动这种有意识的生命活动创造了社会的全部物质财富和精神财富，整个所谓世界历史不外是人通过人的劳动而诞生的过程”。

(3) 中国共产党在不同历史时期形成的劳动观念是新时代劳动文化形成的重要思想资源。中国共产党始终秉承勤劳的民族精神和民族美德，弘扬劳动最光荣的伟大精神，始终抱有对劳动和劳动人民的深厚情感，从马克思主义劳动观中汲取精神营养，从不同历史时期劳动价值出发，提出了关于政治、经济、文化、教育等方面的一系列劳动观念，建立了与我国国情和时代发展相适应的劳动思想。

革命战争时期，中国共产党依靠劳动人民的首创精神和辛勤劳动，领导人民革命取得最终胜利。中华人民共和国成立初期，我国经济落后，社会各方面亟待发展，毛泽东强调必须提高劳动生产率来改善国家经济状况，逐步提高劳动者的劳动条件和生活条件。改革之初，邓小平同志还提出要“打破大锅饭”来调动人民的生产劳动积极性，重塑劳动模范的主人翁精神，一批爱岗敬业、积极奉献、不贪图名利、不计较得失，忘我工作、奋战在祖国建设不同战线的社会主义劳动模范成为当时社会强大的精神力量，充分展现了社会主义社会人民是国家的主人，劳动自觉是社会主义觉悟的集中体现，也体现出劳动不仅创造社会物质财富，也创造精神财富，培育积极向上的精神力量。

随着科学技术的日新月异、市场经济的深入发展和社会的不断进步，劳动的内容、形式和范围发生了很大的变化，劳动不再局限于物质生产领域，逐步扩展到精神生产领域和服务业领域，创新型劳动逐步成为劳动发展的新趋势，但劳动的本质和劳动的意义没有改变，幸福来自辛勤劳动，劳动仍然是创造价值的唯一源泉。在积极发展市场经济的同时，党动员全社会的舆论力量来宣传劳动光荣、劳动促进人的全面自由发展的思想。

第二节 劳动文化内涵

劳动是人的本质活动，自从有了人类，就有了对劳动的认知，由此产生了关于劳动的文化形态。我国新时代劳动文化根植于中华优秀传统文化，继承发展并丰富了马克思主义劳动学说，汲取了人民的劳动精神和劳动品质，是新时代中国社会多样文化形态的重要组成部分。

一、用“四个伟大”阐释劳动价值和地位

新时代劳动文化是党的劳动思想进行不断探索和创新的理论成果和劳动实践智慧的结

晶，是对人类社会文明进步规律的重要阐释，具有鲜明的马克思主义品质，彰显中国意蕴、民族意蕴和时代意蕴。

（一）劳动是与“伟大斗争”紧密相连的精神状态

斗争是最为艰辛的劳动过程。中国共产党的百年历史就是一部艰辛斗争的历史，从党领导中国人民赢得革命胜利建立新中国，完成社会主义革命，确立社会主义基本制度，再到改革开放，每一项彪炳史册的历史成就，都是凭借不屈不挠、敢于斗争的精神，与各种艰难困苦和风险挑战做坚决斗争，经历了艰苦卓绝的劳动历程才获得的。党的十八大以来，中国共产党站在治国理政新的历史起点，面对前进道路上的各种艰难险阻，习近平反复强调“发展中国特色社会主义是一项长期的艰巨的历史任务，必须准备进行具有许多新的历史特点的伟大斗争”，“伟大斗争”的对象是多元的，斗争的领域是广泛的，斗争的艰难程度是超过以往任何历史时期的，“我们要永远保持清醒头脑，继续发扬筚路蓝缕、以启山林[1]那么一种精神，继续保持空谈误国、实干兴邦那么一种精神，敢于战胜前进路上的一切困难和挑战”，这种精神是艰苦奋斗的精神，党在革命实践中磨练了艰苦奋斗的精神，在不懈的奋斗中成就了民族的自立自强、国家的发展进步，成就了党的伟大事业，艰苦奋斗的精神是在最为艰辛的劳动实践中展现出来的斗争意志、斗争态度、斗争立场的精神状态的总和，是中国共产党战胜困难、创造伟大的精神武器。这种精神就是“幸福不会从天而降，梦想不会自动成真”，只有弘扬实干的劳动精神才能夺取新时代伟大斗争的新胜利，要在实干兴邦的时代语境中更深刻认识社会主义劳动的价值和意义，始终保持不畏艰辛、吃苦耐劳、脚踏实地劳动的精神状态，勇于投身更为艰巨、更为艰辛、更为艰难的劳动实践。

（二）劳动是推进党的建设新的“伟大工程”的重要途径

“伟大工程”是中国共产党自身建设的时代命题，是从思想上、政治上、组织上全面提高党的建设水平的工程。“政治路线确定之后，干部就是决定的因素”，党的建设的伟大工程的关键因素就是干部。劳动是教育培养和考察干部的重要途径。毛泽东重视党的干部队伍建设，反对干部的官僚作风，主张在劳动实践中历练党和国家的干部，他认为党的干部就是普通的劳动者，要投身于人民群众的劳动实践，并在劳动实践中与人民群众保持广泛、密切、经常的联系，只有这样党的干部才能受群众爱戴和拥护，才能成为好干部。习近平指出：“劳动，是共产党人保持政治本色的重要途径，是共产党人保持政治肌体健康的重要手段，也是共产党人发扬优良作风、自觉抵御‘四风’的重要保障。”“打铁还要自身硬”，共产党员带头弘扬劳动精神，积极投身以为人民服务为宗旨的劳动实践，才能在劳动中增进与劳动人民的情感，才能在劳动中以身作则，自觉发挥先锋模范作用，才能在劳动中增强自我净化、自我完善、自我革新、自我提高能力，打牢群众基础，更好地发扬党的优良传统和作风，更好地展现新时代党员干部的价值取向、工作态度和工作作风，彰显新时代共产党人的政治本色，才能更好地推进党的建设的伟大工程。

（三）劳动是“伟大事业”成功的必经之路

党的伟大事业就是要团结带领全党全国各族人民，通过辛勤劳动实现人民对美好生活的

1　筚路（bìlù）：柴车；蓝缕（lánlǚ）：破衣服。驾着简陋的车，穿着破烂的衣服去开辟山林。形容创业的艰苦。

向往。推进中国特色社会主义伟大事业的根本性力量源自人民群众的“辛勤劳动、诚实劳动、科学劳动。”这是整个国家民族都必须始终坚持的传统美德，只有依靠诚实、勤奋、踏实的劳动，才能真正解决好社会发展中的各种难题；只有诚实劳动创造的财富、收获的成果，才能彰显劳动的价值，才能实现自己的人生梦想，才能成就中国特色社会主义伟大事业。归根到底，中国特色社会主义伟大事业是干出来的，伟大事业需要几代人、十几代人、几十代人持续奋斗、不懈奋斗，坚持久久为功，要靠真抓实干，实干苦干、开拓进取，只有撸起袖子加油干，瞄准目标不停干，才能把伟大蓝图化为美好现实，才能不断开创新时代中国特色社会主义事业发展的新境界。

（四）劳动铸就“伟大梦想”

劳动既是人获得自由发展、实现人生梦想的必要条件，也是一个国家和民族发展的主导因素。在国际社会风云诡异、复杂多变的发展环境中，战胜一个又一个困难，实现中国梦需要每一个劳动者有开拓进取的劳动精神和共克时艰的劳动信念。梦想属于每一个人，个人梦想与中国梦紧密相连，每一个劳动者在劳动实践中既要专注个人价值又要专注社会价值，既要努力实现人生理想、收获个人幸福又要胸怀国家富强、民族复兴的使命担当。“中国梦”的生动实践为每一个劳动者提供了展现自己人生价值实现梦想的宽阔舞台，“中国梦”的宏伟设计也源自各行各业每一个劳动者的不懈努力，全体人民只有“进一步焕发劳动热情、释放创造潜能”，付出更为艰辛、更为艰巨、更为艰苦的劳动，才能铸就国家和民族的伟大梦想。

二、劳动文化褒扬劳动者主体地位

新时代劳动文化褒扬劳动者社会历史主体、先进生产力和先进文化的创造主体地位。劳动人民是国家的主人，是社会主义社会的“主人翁”，劳动人民以国家主人翁的态度对待自己的劳动。劳动人民有劳动的权利和义务，劳动权利受到国家法律保护。中国革命、建设和改革发展的动力来源于劳动人民、基础扎根于劳动人民。

(1) 劳动者是历史发展和社会进步的主体力量。

人民群众是最广大的劳动者，人民群众用劳动创造了历史。中华民族的发展史就是一部劳动史，中国社会历史发展进程中的每一次飞跃，都离不开人民群众的辛勤劳动和创造，都是人民群众劳动实践的产物和结晶。中国共产党领导的人民革命之所以能够取得最终胜利，就在于始终坚持以马克思主义为指导，充分依靠人民群众，充分尊重人民群众，一切为了人民群众的首创精神，才有了中国人民从站起来、富起来到强起来的伟大转变。进入新时代，要实现我们的奋斗目标，“必须紧紧依靠人民，始终为了人民”，以“实干兴邦”的劳动精神继续谱写中国特色社会主义伟大事业的新篇章，焕发出人民创造历史的强大生命力。

(2) 劳动者是先进生产力的创造主体。

劳动本身就是富于创造的，劳动不仅是维持人类社会生存发展的生产与再生产过程，也在不断满足人类需求中创造人类的新需求，创造性劳动推动生产力变革，使人类社会生产过程发生了质变，劳动者就是创造性劳动的主体，创造性劳动是人寻求幸福与自由发展的第一需要。新时代劳动文化尊重劳动者，尊重劳动者的创造。劳动者本身就是生产力的构成要素，既代表先进生产力，又是先进生产力的创造者和开拓者。先进生产力强调的就是劳动者生产能力的先进性，即劳动者在改造和利用自然过程中表现出来的不断更新和进步的知识、技术、能力和意识等。劳动者先进的认知能力、知识创新和科技创新能力、先进的协作能力是创造先进生产力的根本，所以劳动者是先进生产力的创造主体。劳动者在为社会存在提供最基本的物质生活资料的过程中，为精神财富的创造提供了必要的物质前提，并积极创造社会精神财富，满足人民的精神需要，构建人的精神世界，从而使人在劳动实践中获得自由而全面的发展。劳动者全面而自由的发展有力推动了科技的发展、经济的振兴、社会的进步，主导国家治理体系和治理能力现代化的深刻变革，创造了最具活力与生命力的先进生产力。

(3) 劳动者是劳动成果的“共享”主体。

劳动者既是国家的建设者，也是社会发展成果的共享者。每个劳动者通过劳动创造共享的成果，在劳动实践中实现人生价值，也共同享有劳动成果。新时代劳动文化坚持劳动人民的立场，“坚持社会公平正义，排除阻碍劳动者参与发展、分享发展成果的障碍”，使社会发展进步的丰硕成果由劳动人民共享。中国特色社会主义制度促进了生产力的大解放和大发展，为劳动者创造了优质的劳动条件，并逐步提高劳动者的劳动报酬和福利待遇，使劳动者权益得到保障，在实现体面劳动的基础上“共享”劳动成果。新时代中国特色社会主义劳动文化坚持以人为本、依法构建、共建共享、改革创新，构建规范有序、公正合理、互利共赢、和谐稳定的社会主义劳动关系，让劳动者“共享”和谐的社会主义劳动关系，乐于劳动，体验劳动幸福，更好地激发劳动者的劳动激情和创造力量。

三、劳动文化具有实践品格

新时代劳动文化在实践中产生，也在实践中不断丰富、发展和完善。党在领导中国人民革命、建设和改革发展的伟大实践中，不断丰富劳动的时代内涵和劳动价值观，在不同的历史时期为了满足时代需要提出了诚实劳动、义务劳动、自觉劳动、体面劳动、创新劳动等劳动主旨，劳动的内容和形式也不断丰富，彰显时代精神。新中国成立初期，国家百业待兴，人民群众就用“战天斗地”塑造劳动人民的思维，鼓舞自己，多干快干，用最短的实践取得社会生产力的发展。改革开放以来，我国在收入分配方面已经基本确立了以按劳分配为主体、多种分配方式并存的分配制度，并随着改革的不断深入，逐步提高劳动者报酬，充分肯定劳动价值、实现分配正义，真正让人们“劳有所得”，劳动创造的价值得到尊重。

20 世纪 80 年代末至 90 年代初，我国青年群体开启了志愿者服务行动（见图 6-6），培养自觉劳动观念，弘扬义务劳动精神，从此，中国青年的志愿服务行动在支援西部、扶老助残、抢险救灾、环境保护、乡村建设、服务海外等若干领域广泛开展，适应时代发展的需要，又彰显青年运动特征，志愿服务活动成为当时全社会弘扬的一种劳动精神，也传承至今，不断赋予时代新使命。

随着人们认识到自然并不仅仅是一个静止不变的劳动对象，自然也有其规律和个性，劳动就有了合理的界限，劳动文化也有了生态的意蕴，尊重自然就是尊重我们的劳动本身，顺应自然规律的劳动才能为人类社会的发展进步创造价值。进入新时代，创造性劳动渗透到人类经济生活的各个方面，推动科学技术变革，成为人类实现可持续增长的新的经济增长动力。习近平指出：“要让全体人民进一步焕发劳动热情，释放创造潜能，通过劳动创造更加美好的生活”，积极创造劳动条件，培育创新型劳动者，鼓励全社会进行创造性劳动，努力实现劳动的创新发展，使创造性劳动成为中国特色社会主义社会的价值追求。

图 6-6 志愿者服务

四、劳动文化的育人功能

文化是一个国家、一个民族的灵魂。新时代劳动文化内容丰富，形态多样，蕴含着当代中国社会政治、经济、文化建设的思想意识和价值元素，彰显出深厚的理论价值和鲜明的实践导向功能，对人民群众具有价值引领作用，激励和塑造中国劳动人民实干精神，凝聚起中华民族前行的力量。

（一）劳动文化具有价值引领作用

新时代劳动文化激扬“辛勤劳动、诚实劳动、创造性劳动”的劳动品格。劳动是创造价值的唯一源泉，人类社会一切物质财富和精神财富都是劳动的结晶，都凝结着劳动者辛勤的汗水。辛勤劳动是我们社会主义社会的价值追求，“以辛勤劳动为荣”不仅是中华民族的传统美德，也是社会发展进步的基石。辛勤劳动要有敬业的劳动态度，倡导立足本职、埋头苦干，从自身做起，从点滴做起，用勤劳双手实现劳动价值；倡导勤奋刻苦，精益求精，追求劳动技能的完美和极致；倡导干一行、爱一行，钻一行、精一行的职业精神（见图 6-7）；倡导不求回报、不计报酬、淡泊名利、甘于奉献的精神。

图 6-7 雷锋：干一行，爱一行

诚实劳动既是一种对待劳动的态度，也是“内诚于心”的劳动品质，更是对劳动的价值判断。诚实劳动是整个社会诚信思想的坚实基础。诚实劳动必须遵守劳动法规和劳动道德规范，从事有益于国家发展、社会进步的劳动；诚实劳动必须勇于承担劳动者的责任和义务，敢于面对艰难困苦，敢于破解发展难题；诚实劳动，必须弘扬踏实肯干、敬业求真的劳动作风，为社会创造坚实的物质基础，真正体现劳动的价值；诚实劳动是开创人类社会美好生活的必由之路。

（二）劳动文化具有激励示范作用

新时代劳动文化蕴含着劳动者杰出代表所展现的劳模精神和工匠精神，对广大人民群众具有激励示范和引领作用。劳动模范和大国工匠是劳动者的杰出代表，也是劳动文化人格化的典范。劳模精神和工匠精神集中体现了社会主义核心价值观的要义，展现了平凡中孕育着伟大的劳动情怀。新中国成立以来，各行各业涌现出的劳动模范都生动诠释了我国社会发展不同时期的时代精神，发挥着榜样作用，带动全社会形成崇尚劳动的精神力量。工匠既是劳动者，也是一种特殊的文化传承。古代工匠们对精湛技艺（见图 6-8）的孜孜以求的精神就是劳动者在劳动中创造的精神文化，深刻展现了我国劳动人民卓越的创造力和精致的生活审美品格。工匠精神从我国悠久的历史文化中积淀传承而来，既是对古代工匠身上精益求精、一丝不苟、追求卓越的职业态度和职业精神的传承和发展，也是对中华民族的文明与智慧的弘扬。劳模精神和工匠精神塑造了中国劳动者的实干精神和劳动品质，为引领劳动人民践行社会主义核心价值观树立了典范，有效发挥了劳动文化教育人、引导人、激励人、塑造人的重要作用。

图 6-8　古代工匠的精湛技艺

（三）劳动文化有利于培育健康的社会心态

要注重发挥新时代劳动文化对健康社会心态的塑造作用，“让勤劳做事、勤勉为人、勤劳致富在全社会蔚然成风”，激励社会形成尊重劳动、尊重劳动者、尊重劳动价值的良好氛围，增强社会成员的劳动意识、服务意识、责任意识和担当意识，让人们在追求美好生活向往中形成正确的社会认知、价值取向和社会共识，获得“劳动幸福、劳动美丽”的社会情绪情感体验。

要深化新时代中国特色社会主义劳动文化教育，建立“家庭—学校—社会”同向同行的劳动教育机制，按照不同教育层次开设劳动教育课程，注重劳动实践与教育的融合，培树劳动信仰。在全社会积极倡导自觉劳动、义务劳动和志愿者服务活动，激励社会成员不计报酬、自愿组织、从事各种形式的劳动，广泛传播志愿精神和志愿服务理想，培养正确的劳动价值观。广大知识分子和青年学生是“国家和民族发展的力量所在，也是中国特色社会主义伟大事业取得成功的关键力量”，要在广大知识分子和青年大学生中广泛开展劳动文化教育，教育青年认识到从读书到就业，从奋斗到成功，关键在于是否能转化为对社会有意义的劳动，是否能创造有价值的劳动；要积极培养知识分子、青年学生勇立潮头、引领创新的品格和天下为公、担当道义的情怀，充分发挥自身在劳动中的主动性、积极性和创造性；要积极为广大知识分子和青年学生工作学习生活创造更好条件，搭建有利于知识分子和青年学生干事创业的平台，让他们在劳动中充分发挥自身优势，充分展现才华，充分释放能量，为实现国家发展、民族复兴提供重要的人才支撑、智力支撑、创新支撑。

劳动文化形式多样，根据不同的标准可划分为不同的类型。从文化特质的角度，可将劳动文化分为物质劳动文化和精神劳动文化；从主体的角度，可将劳动文化分为企业文化与职工文化；按照精神载体又可将劳动文化划分为劳动精神、劳模精神和工匠精神。不同形式的劳动文化之间彼此交叉。

第三节 劳动文化涵养

习近平新时代中国特色社会主义劳动思想包含“辛勤劳动、诚实劳动、创造性劳动”三个关键部分，这一理念突显了我国当今知识型、技术型和创新型的劳动价值取向，体现了中华儿女辛勤、诚实和创造的特质禀赋，是对马克思主义劳动思想和中国优秀传统劳动观念的继承创新，更是对当今时代和当前中国发展实际做出的科学回应。大学生是国家未来的劳动主力军，大学校园是孕育劳动精神的沃土，新时代劳动精神以及企业与职工文化的培育应当以辛勤劳动为根基、以诚实劳动为准则、以创造性劳动为方向。

一、以勤为基，辛勤劳动

辛勤劳动强调劳动之于个人生存和发展的意义，是诚实劳动与创造性劳动的前提。习近平总书记强调，“人生在勤，勤则不匮。幸福不会从天降，美好生活靠劳动创造”。辛勤劳动是习近平新时代中国特色社会主义劳动思想的首要理念，是每一个中华儿女应有的劳动态度和生存状态。辛勤劳动包含“勤学”与“勤劳”两个方面：“勤学”强调锐意进取，即个体要树立终身学习的理念。人才有高下，一个人想要有所成就应当与时俱进，向师父、向同事、从书本与实践中汲取养分，增强自身综合素质，增长新本领，积极应变，主动求变，不断学习新技术、掌握新方法；“勤劳”强调脚踏实地，即通过辛勤劳作、艰苦奋斗创造美好生活。我国自古就有“一分耕耘，一分收获”的谚语，劳动付出与劳动回报从来都是对等的，中华民族历史上每一点进步和每一次成功无不是通过人民的辛勤劳动和艰苦奋斗创造出来的。正所谓“艰难困苦，玉汝于成”，习近平总书记强调，“40 年来取得的成就不是天上掉下来的，更不是别人恩赐施舍的，而是全党全国各族人民用勤劳、智慧、勇气干出来的”。越是美好的未来，越需要我们不畏艰辛、不辞辛苦。新时代面对各种新挑战，我们更需要付出辛勤劳动，苦干笃行，愈挫愈勇。

二、以诚为则，诚实劳动

诚实劳动是辛勤劳动的延伸，具体指劳动者以积极、实干、诚信的态度为他人和社会提供产品服务，其基本要求是合理合法，即劳动者在不违背法律法规的前提下进行诚信、道德劳作。诚实劳动与辛勤劳动有所不同。社会的发展倡导辛勤劳动，但勤劳的程度完全取决于个体自身，多劳多得，而诚实劳动以法律法规为基础，对劳动者有强制性的要求。一个人可以少劳作，但不能浮夸自己取得的成果；一个人可以不劳作，但绝不能窃取他人的劳动成果。诚实劳动具有至真性、共享性与至善性的特点，其中至真性表现为劳动认知的客观、劳动行为的务实和劳动成果的实事求是，包括对劳动知识与技能的正确认识、对自我的合理定位以及实事求是对待劳动成果；共享性表现为劳动过程中劳动资料、劳动技能的分享和劳动成果的共享；至善性则突出表现为劳动思想与劳动行为的“诚”，即诚实的品格。

诚实劳动是劳动实践活动中必须遵循的准则，“人世间的美好梦想，只有通过诚实劳动才能实现；发展中的各种难题，只有通过诚实劳动才能破解；生命里的一切辉煌，只有通过诚实劳动才能铸就。”用诚实劳动创造幸福人生和美好生活是中国人民共同的价值追求。诚实劳动对尊重劳动者劳动过程与劳动成果、维护和谐劳动关系、促进社会和谐都有重要的意义。“空谈误国，实干兴邦”，只有脚踏实地、诚实实干才能创造更多有分量的劳动成果，汇聚振兴中华之力。

三、以新为求，创造性劳动

创造性劳动建立在辛勤劳动之上，以诚实劳动准则为基本要求，是劳动实践的崇高目标，是习近平新时代中国特色社会主义劳动思想的核心理念，也是理解未来社会发展的关键。创造性劳动要求每一位劳动者充分发挥个体的主观能动性，勇于探索、积极创新，既要寻求新技术“从无到有”的突破，也要着眼于工艺流程“从有到优”的改进。我国历史上的四大发明、新时代华为领先于世界的5G技术、每一位大国工匠淬炼的精湛工艺都是创造性劳动的成果。创造性劳动是劳动发展的必然方向，是我国新时期创新驱动发展战略的必然要求，关乎国家的未来和人民的福祉。

“以勤为基、以诚为则、以新为求”，辛勤劳动、诚实劳动和创造性劳动体现了我国人民勤劳、诚实和创造的禀赋，也突显了我国新时代的劳动价值取向。中华民族的奋起离不开每一位中华儿女的劳动，劳动不是蛮干，劳动价值观对于劳动行为发挥着方向性的引领作用。

除大众教育对个体劳动观的形成有重要影响外，企业文化、职工文化等具体文化形式对塑造个体价值、培养劳动精神的作用不容小觑。企业文化形成于企业的生产经营活动并被全体成员所认可。企业文化包含丰富的内容，如企业的宗旨、经营理念、员工的行为方式等，其核心内容是企业的精神与价值观。每个人都是组织中的个体，企业文化对个人的价值判断和行为方式都有很大的影响，它会把组织秉持的精神和价值观渗透到每一位员工日常的工作和活动之中。职工文化又称企业职工文化，是与企业文化相对应、以职工为主体的一种文化形态。更具体地说，职工文化是企业文化在职工文体活动中的具体体现，如企业组织员工开展技能水平竞赛、举办节假日联欢活动等。丰富的企业职工文化对于突显职工的主体地位有重要作用，能够从各方面提升职工的职业素养，如技能水平、劳动热情、创造活力等。由此可见，以企业文化、职工文化为依托是培育个体形成正确的劳动价值观、培育劳动文化内涵的重要途径。

◎练　习

1. “文化”实际上主要包含器物、制度和（　　）三个方面，具体包括语言、文字、习俗、思想、国力等。

A. 党派　　B. 观念　　C. 财富　　D. 成绩

2. “（　　）”是文化最基本的特征，是指文化必须是与人类的精神活动有关的。

A. 精神性　　B. 社会性　　C. 集合性　　D. 独特性

3. 文化具有强烈的（　　），它是人与人之间按一定的规律结成社会关系的产物，是人与人在联系的过程中产生的，是在共同认识、共同生产、互相评价、互相承认中产生的。

A. 精神性　　B. 社会性　　C. 一致性　　D. 独特性

4. 文化是构成一个民族、一个组织或一个群体的基本因素。这些民族、组织、群体的差异性就形成了不同的文化。因此，文化带有（　　）。

A. 精神性　　B. 社会性　　C. 一致性　　D. 独特性

5. “（　　）”是指在一个民族、一个组织或一个群体中，文化有着相对一致的内容，即共同的精神活动、精神性行为和共同的精神化产品。

A. 精神性　　B. 社会性　　C. 一致性　　D. 独特性

6. 正是文化的（　　）使得生存在某一文化背景下的管理者的行为深刻地打上了该文化的烙印。

A. 下意识　　B. 无意识　　C. 有意识　　D. 潜意识

7. （　　）最重要的就是创造出一种真正属于劳动者自己的文化，即劳动文化。

A. 劳动教育　　B. 生产教育　　C. 文化教育　　D. 艺术教育

8. 对劳动文化的理解可以从三个方面展开，以下不正确的是（　　）。

A. 文化源于劳动　　B. 普通劳动构成文明的根基

C. 劳动与文化相矛盾　　D. 劳动与文化合一

9. 以下对劳动文化的理解中，不正确的是（　　）。

A. 积极的劳动文化有助于大学生形成崇高坚定的道德信念

B. 积极的劳动文化有助于大学生形成正确的价值观

C. 培养大学生的劳动文化有助于其深刻理解劳动的意义，锻炼意志品质

D. 劳动文化会在一定程度上淡化对艺术的追求

10. （　　）是人们为了进行社会劳动而结成的相互关系，具体体现为组织中的管理者与员工及员工内部的权利安排，以及与此相关的个人行为方式、个体间关系、矛盾冲突机制等。

A. 劳动教育　　B. 劳动关系　　C. 经济利益　　D. 团队合作

11. 微观层面的劳动文化主要体现在（　　）中，同一社会文化背景下单个组织的劳动关系有其特异性。

A. 企业　　B. 社会　　C. 利益　　D. 合作

12. 以下关于劳动文化形成的观点中，不正确的是（　　）。

A. 我国优秀传统文化中的劳动美德为新时代劳动文化的形成提供了丰厚滋养

B. 马克思主义劳动观是新时代劳动文化形成的理论基础

C. 当代劳动文化完全继承自孔子、孟子为代表的儒家思想

D. 中国共产党在不同历史时期形成的劳动观念是新时代劳动文化形成的重要思想资源

13. 以下关于劳动者主体地位的认识中，错误的是（　　）。

A. 劳动者是历史发展和社会进步的主体力量

B. 劳动者是社会财富的消费主体

C. 劳动者是先进生产力的创造主体

D. 劳动者是劳动成果的“共享”主体

14. 新时代劳动文化在（　　）中产生，也在其中不断丰富、发展和完善。

A. 矛盾　　B. 平稳　　C. 理论　　D. 实践

15. 新时代劳动文化激扬“(　　)”的劳动品格。

A. 辛勤劳动　　B. 诚实劳动　　C. 创造性劳动　　D. A+B+C

16. 劳动文化形式多样，按照（　　）可将劳动文化划分为劳动精神、劳模精神和工匠精神。

A. 精神载体　　B. 文化特质　　C. 主体角度　　D. 宏观微观

17.（　　）强调劳动之于个人生存和发展的意义，是诚实劳动与创造性劳动的前提。

A. 劳动技巧　　B. 辛勤劳动　　C. 劳动价值　　D. 诚实劳动

18.（　　）具体指劳动者以积极、实干、诚信的态度为他人和社会提供产品服务，其基本要求是合理合法。

A. 创造性劳动　　B. 辛勤劳动　　C. 劳动价值　　D. 诚实劳动

19.（　　）以诚实劳动准则为基本要求，是劳动实践的崇高目标。

A. 创造性劳动　　B. 辛勤劳动　　C. 劳动价值　　D. 诚实劳动

20. 除大众教育对个体劳动观的形成有重要影响外，企业文化、职工文化等（　　）形式对塑造个体价值、培养劳动精神的作用不容小觑。

A. 哲学思想　　B. 体育艺术　　C. 具体文化　　D. 宏观文化

◎ 实践与思考　讨论：劳动教育要创造劳动文化

小组讨论：“劳动文化”一词源于对习近平总书记劳动观的解读：文化源于劳动，普通劳动者的创造构成了文明之基、文化之重。劳动教育最重要的就是创造出一种真正属于劳动者自己的文化，即劳动文化。

请讨论如何理解和发扬“以勤为基、以诚为则、以新为求”的劳动文化涵养。

活动总结：____

____

____

____

实训评价（教师）：____

____

第七章
劳动精神与劳模精神

学习目标

知识目标

（1）学习习近平总书记关于劳模精神的重要论述，理解劳动光荣、精益求精、创造伟大的劳动理念。

（2）熟悉、理解新时代勤俭、奋斗、创新、奉献的劳动精神。

（3）了解劳模评选，理解爱岗敬业、艰苦奋斗、淡泊名利的新时代劳模精神。

素质目标

（1）崇尚新时代勤俭、奋斗、创新、奉献的劳动精神，努力践行之。

（2）理解劳动光荣、精益求精、创造伟大的劳动理念。

能力目标

（1）践行新时代勤俭、奋斗、创新、奉献的劳动精神。

（2）追求爱岗敬业、艰苦奋斗、淡泊名利的新时代劳模精神。

重点难点

（1）理解习近平总书记关于劳模精神的重要论述。

（2）掌握勤俭、奋斗、创新、奉献的劳动精神。

（3）践行爱岗敬业、艰苦奋斗、淡泊名利的新时代劳模精神。

◎ 导读案例　我们的传家宝——大庆精神、铁人精神

大庆油田的卓越贡献已经镌刻在伟大祖国的历史丰碑上，大庆精神、铁人精神已经成为中华民族伟大精神的重要组成部分。

——习近平

1960 年，东北松辽石油大会战打响。王进喜率领 1205 钻井队以“宁肯少活二十年，拼命也要拿下大油田”的顽强意志和冲天干劲，打出了大庆石油会战第一口油井，创造了年进尺 10 万米的世界钻井纪录。“有条件要上，没有条件创造条件也要上。”王进喜的铿锵誓言，穿越时空，久久回荡（见图 7-1）。

图 7-1　“铁人”王进喜在大庆参加石油大会战

2019 年 9 月，习近平总书记致信祝贺大庆油田发现 60 周年。他高度评价大庆精神、铁人精神：“大庆油田的卓越贡献已经镌刻在伟大祖国的历史丰碑上，大庆精神、铁人精神已经成为中华民族伟大精神的重要组成部分。”

新中国成立初期，石油资源匮乏，严重的“贫血症”制约着共和国的发展。因为缺油，北京的汽车背上了煤气包，有的地方汽车甚至烧起了酒精、木炭。毛泽东主席曾这样感叹：“要进行建设，石油是不可缺少的，天上飞的，地上跑的，没有石油都转不动。”

松辽惊雷，油出大庆。1959 年，“松基三井”喷出的油流让人们看到了大油田的希望之火。但是，摆在人们面前的是前所未有的困难和挑战：缺经验少技术、钻井开发设备落后、油藏地质条件复杂、自然环境极度艰苦……

“这困难，那困难，国家缺油是最大的困难”“我们有能力找到大油田，也一定能够开发好大油田”，以铁人王进喜为代表的中国石油工人和科研工作者，头顶蓝天、脚踏荒原，克服重重困难，建设大庆油田，为共和国发展输送“血液”（见图 7-2）。

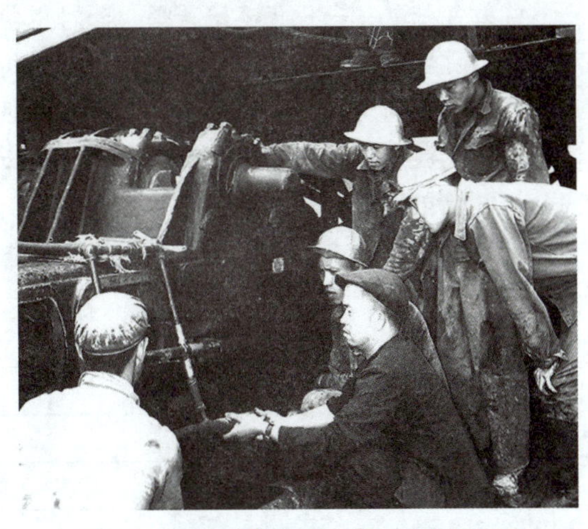

图 7-2　王进喜带领团队研究改进泥浆泵

到1963年底，大庆油田累计生产原油1155万吨，我国石油因此实现基本自给，一举甩掉了中国“贫油”的帽子，真正为国家争了光，为民族争了气。岁月更迭，精神的火炬在一代代大庆人手中传递、擎起。大庆油田涌现出以“铁人”王进喜、“新时期铁人”王启民、“大庆新铁人”李新民为代表的一大批先进模范人物……他们和千千万万大庆石油人一道，让大庆精神和铁人精神历久弥新。

2020年12月28日，野外的大庆油田1205钻井队钻井平台，气温低至零下20多摄氏度，寒风呼啸，滴水成冰。鲜艳的党旗下，队员们在严寒中作业，战疫情、保生产，这支“铁人”王进喜带过的队伍一如当年。在泵罐区，泥浆工程师王波摘下手套，把手伸到一桶水中，用比重秤盛出热水，倒进设备中进行清洗作业，被水浸湿的手就这样裸露在寒风中。“这没啥的，早就习惯了！”王波笑着说（见图7-3）。

图7-3　2020年12月28日，大庆油田1205钻井队泥浆工程师王波在钻井队井场里作业

由于常年在野外作业，冬季的寒冷早已是1205钻井队员们熟悉的“朋友”，外人看来很艰苦的工作环境，他们已经“习以为常”。“我们现在的条件已经比‘铁人’老队长那时候强多了，我们更得严格要求自己，不能给‘铁人队伍’丢脸。”1205钻井队党支部书记段永坚说。

井架高处，“铁人队伍永向前”的标语迎风而立。建队68年来，这支队伍持续“为国加油”的脚步从未停歇。

一个个石油故事，一首首红色壮歌，一代代不绝传唱。面对中华民族伟大复兴战略全局和世界百年未有之大变局，我们更要弘扬大庆精神、铁人精神，保持为祖国争光、为民族争气的情怀，保持敢闯敢试、忘我拼搏的勇气，保持艰苦奋斗、永不服输的韧劲，为实现“两个一百年”奋斗目标、实现中华民族伟大复兴的中国梦做出新的更大的贡献！

阅读上文，请思考、分析并简单记录。

（1）请通过网络搜索，了解更多的关于大庆的故事、铁人王进喜的故事，并记录下你的点滴感受。

答：____

（2）中华人民共和国成立至今，我国已经甩掉了贫油的帽子，大港油田、胜利油田、长庆油田……请通过网络搜索，了解更多我国的石油故事。请记录下你找到的油田名称及其所在区域。

答：____

____

____

____

（3）习近平总书记说："大庆油田的卓越贡献已经镌刻在伟大祖国的历史丰碑上，大庆精神、铁人精神已经成为中华民族伟大精神的重要组成部分。"请简述你对这段话的体会。

答：____

____

____

____

（4）请简单记述你所知道的上一周发生的国际、国内或者身边的大事。

答：____

____

____

____

____

第一节　习近平总书记关于劳动精神重要论述

习近平总书记立足于新时代的经济社会发展背景和劳动实践问题，通过多次重要讲话论述劳动精神的科学内涵，阐释劳动者在辛勤劳动（见图 7-4）、诚实劳动、创造性劳动过程中，形成劳动光荣、精益求精、创造伟大的劳动理念，达到脱贫致富、发展经济、实现中国梦的劳动目标。他逐步强调并深化了对劳动的地位、价值、意义和作用的认识，旗帜鲜明地回答了新时代应该坚持什么样的劳动观念、秉持什么样的劳动姿态、倡导什么样的劳动精神、实施什么样的劳动教育、落实什么样的劳动实践等一系列重大问题。

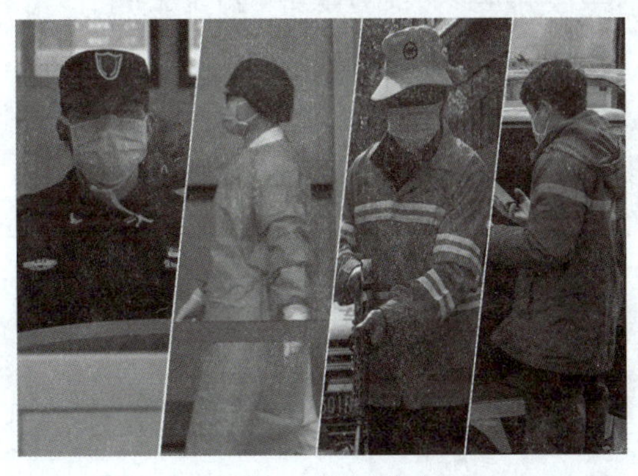

图 7-4　热爱劳动

一、习近平总书记倡导劳模精神

2013年4月28日，习近平来到全国总工会机关，同全国劳动模范代表座谈并发表重要讲话，指出："劳动模范是民族的精英、人民的楷模。"

"全国各族人民都要向劳模学习，以劳模为榜样，发挥只争朝夕的奋斗精神，共同投身实现中华民族伟大复兴的宏伟事业。"

2014年4月30日，习近平总书记在乌鲁木齐接见劳动模范和先进工作者、先进人物代表座谈时，向全社会发出号召：要在全社会大力弘扬劳动光荣、知识崇高、人才宝贵、创造伟大的时代新风，促使全体社会成员弘扬劳动精神，希望劳动模范和先进工作者、先进人物要身体力行向全社会传播劳动精神和劳动观念，要求广大党员、干部带头弘扬劳动精神，这是总书记首次提出"劳动精神"这一重要命题。

2015年4月28日，习近平在庆祝"五一"国际劳动节暨表彰全国劳动模范和先进工作者大会上的讲话，指出：我们一定要在全社会大力弘扬劳模精神、劳动精神，大力宣传劳动模范和其他典型的先进事迹，引导广大人民群众树立辛勤劳动、诚实劳动、创造性劳动的理念，让劳动光荣、创造伟大成为铿锵的时代强音，让劳动最光荣、劳动最崇高、劳动最伟大、劳动最美丽蔚然成风。

2016年4月26日，习近平在知识分子、劳动模范、青年代表座谈会上的讲话，指出：全面建成小康社会，我国亿万劳动群众是主体力量。希望我国广大劳动群众以劳动模范为榜样，爱岗敬业、勤奋工作，锐意进取、勇于创造，不断谱写新时代的劳动者之歌。

劳动模范是劳动群众的杰出代表，是最美的劳动者。劳动模范身上体现的"爱岗敬业、争创一流，艰苦奋斗、勇于创新，淡泊名利、甘于奉献"的劳模精神，是伟大时代精神的生动体现。

2020年4月30日，习近平在给郑州圆方集团全体职工的回信中指出：希望广大劳动群众坚定信心、保持干劲，弘扬劳动精神，克服艰难险阻，在平凡岗位上续写不平凡的故事，用自己的辛勤劳动为疫情防控和经济社会发展贡献更多力量。

二、劳动精神重要论述的科学内涵

劳动精神是关于劳动的理念认知、价值追求和劳动状态、行为实践的集中体现，在理念认知上表现为全社会尊重劳动、崇尚劳动、热爱劳动、敬畏劳动，因劳获义，追求劳动幸福；在行为实践上表现为劳动者辛勤劳动、诚实劳动、创造性劳动，以及在这些劳动过程中展现的精神状态、精神面貌、精神品质。

劳动精神可概括为：劳动者在辛勤劳动、诚实劳动、创造性劳动过程中，形成劳动光荣、精益求精、创造伟大的劳动理念，达到脱贫致富、发展经济、实现中国梦的劳动目标。这里的劳动者包括普通人民群众、青年学生、企业职工、党员干部和劳动模范、先进工作者等；在劳动过程中，既强调辛勤劳动和诚实劳动的基础性作用，又强调创造性劳动的关键性作用；在劳动价值中，要求弘扬劳动光荣、劳动美丽、劳动崇高、劳动伟大的劳动风尚；在劳动目标中，通过劳动，对于普通人民群众来说，可以脱贫致富，对于整个社会来说，它是整个经济社会发展的依赖，对于整个国家来说，是我们实现中国梦的力量之源。

"劳动精神"的科学内涵可以从两方面来把握，一是劳动者伟大精神，二是劳动伟大精神，二者相辅相成，共同构成"劳动精神"的大厦。

三、劳动精神重要论述的鲜明特色

习近平总书记关于劳动精神重要论述具有鲜明的时代特征，主要体现在劳动主体、劳动行为和劳动价值三个方面。劳动主体包括普通人民群众、青年学生、企业职工、党员干部和劳动模范、先进工作者等；劳动行为包括辛勤劳动、诚实劳动和创造性劳动；劳动价值包括劳动光荣、劳动美丽、劳动崇高、劳动伟大。

工人阶级是劳动精神的主要承载者。工人阶级是坚持和发展中国特色社会主义的主要生力军。新中国成立后至改革开放前，工人曾是一个拥有非农业户口、吃国家、集体公粮的铁饭碗群体。今天，在很多行业，工人成为"收入不算多、社会地位不算高、自豪感不算强"的"三不"群体。然而，无论是"基建狂魔"（见图 7-5），还是"中国制造"（见图 7-6），都离不开他们，没有他们默默无闻的奉献精神和"工匠精神"，就没有这么多的"中国奇迹"。所以习近平总书记说，"我国工人阶级一定要在坚持中国道路、弘扬中国精神、凝聚中国力量上发挥模范带头作用，万众一心、众志成城，为实现中华民族伟大复兴的中国梦而不懈奋斗。"

图 7-5 港珠澳大桥

图 7-6 中国制造——盾构机

工人阶级是中国精神的主要承载者，工人阶级有中国特色社会主义最坚定的理想信念，可以用其先进思想、模范行动影响来带动全社会，始终做坚持中国道路的柱石、弘扬中国精神的楷模、凝聚中国力量的中坚。

青年学生是劳动精神的主要学习者和传承者。习近平在全国教育大会上指出："要在学生中弘扬劳动精神，教育引导学生崇尚劳动、尊重劳动，懂得劳动最光荣、劳动最崇高、劳动最伟大、劳动最美丽的道理，长大后能够辛勤劳动、诚实劳动、创造性劳动。"他特别强调提高学生的劳动意识，让他们明白劳动是美丽、光荣、崇高、伟大的事情。青年学生是祖国的未来，民族的希望，中华民族是个勤劳的民族，勤劳的文化基因代际相传，青年学生是关键，也是劳动精神的主要学习者，要从小培养他们的辛勤、诚实、创造性的劳动精神。

四、劳动精神重要论述的时代价值

习近平总书记倡导弘扬的劳动精神是辛勤劳动、诚实劳动和创造性劳动依次提升的过程，辛勤劳动、诚实劳动是对人民群众、工人阶级的基本要求，创造性劳动是对先进工作者、劳动模范的更高要求。

首先，辛勤劳动是基本要求。"民生在勤，勤则不匮。"习近平总书记曾用古人陶渊明（见图 7-7）《劝农・其五》中的这句诗句阐释"只要辛勤劳动，就不会缺衣少食"的朴实道理。幸福不会从天降，美好生活靠劳动创造。辛勤劳动是广大人民群众脱贫致富的基本保障。习近平在深度贫困地区脱贫攻坚座谈会上指出："一个健康向上的民族，就应该鼓励劳动、鼓励就业、鼓励靠自己的努力养活家庭，服务社会，贡献国家。要改进工作方式方法，改变简单给钱、给物、给牛羊的做法，多采用生产奖补、劳务补助、以工代赈等机制，不大包大揽，不包办代替，教育和引导广大群众用自己的辛勤劳动实现脱贫致富。"

图 7-7　陶渊明

其次，诚实劳动是基本保障。诚实劳动是基本的劳动伦理。习近平总书记给中国劳动关系学院劳模本科班学员回信中写道，社会主义是干出来的，新时代也是干出来的。希望你们珍惜荣誉、努力学习，在各自岗位上继续拼搏、再创佳绩，用你们的干劲、闯劲、钻劲鼓舞更多的人，激励广大劳动群众争做新时代的奋斗者。

最后，创造性劳动是根本目标。辛勤劳动是基本的劳动状态，诚实劳动是基本的劳动伦理，创造性劳动则是基本的劳动目标。劳动创造了中华民族，也铸就了中国成就。中华民族是勤于劳动、善于创造的民族。正是因为劳动创造，我们拥有五千年中华文明的历史辉煌；正是因为劳动创造，我们拥有 21 世纪中国特色社会主义的发展成就。

习近平总书记关于劳动精神的重要论述，继承并发展了中华民族劳动光荣的优秀劳动观念，融入中国特色的马克思主义劳动价值论，契合中国革命、建设、改革和新时代的社会历史语境，树立并彰显了一种辛勤劳动、诚实劳动、创造性劳动的劳动新理念，生成并传播了一种劳动者至上、劳动者平等、劳动者可敬、劳动最光荣、劳动最崇高、劳动最伟大、劳动最美丽的劳动价值观，是习近平新时代中国特色社会主义思想的重要组成部分，为解决我国当前出现的劳动价值观念和劳动工作实践问题提供了理论指导，也是马克思主义劳动价值论在新时代中国的继承和发展。

第二节 劳动精神基本概念

劳动是发生在人与自然界之间的活动。其实质是通过人的有意识的、有一定目的的自身活动来调整和控制自然界，使之发生物质变换，即改变自然物的形态或性质，为人类的生活和自己的需要服务。

精神主要是指人的情感、意志等生命体征和一般心理状态。劳动精神是劳动的本质属性，是对普通劳动者工作状态的基本要求，是人们在劳动过程中所表现出来的一种积极状态。对人们在劳动过程中所表现出来的这种积极状态按照时代的要求加以科学总结、高度凝练和理论提升，就成为这个时代的劳动精神。

一、新时代劳动精神

劳动有广义和狭义之分，广义的劳动是“人以自身的活动来引起、调整和控制人与自然之间的物质变换的过程”。既包括动物性本能的最初劳动形式，即“维持生存所需要的手段”，同时也涵盖了狭义劳动的内涵，即一般情况下讨论的劳动。狭义的劳动具体指“将自己的生命活动本身变成自己的意志和意识的对象”。因此，劳动作为人类自由的自觉活动，既是人作为类存在物的应有之义，也是维持自己生存的必要手段。

劳动精神是劳动者在劳动实践中形成的劳动认知、价值理念和实践智慧的总和，是推动社会进步的精神动力。劳动精神是建立在劳动基础上的精神信仰，概括了劳动的本质特征，新时期我国的劳动精神被概括为“勤俭、奋斗、创新、奉献”。

新时代劳动精神是社会主义核心价值观在劳动者身上的具体体现，主要包括爱岗敬业、勤奋务实、艰苦奋斗、创新创造、拼搏进取、淡泊名利、无私奉献等在劳动者身上体现出来的优秀品质和精神风貌，这就是劳动精神。从外延上看，一切符合时代要求、创造各种价值的勤奋劳动、诚实劳动、合法劳动和创造性劳动所体现出来的积极状态和优秀品质都属于时代劳动精神的范畴。

“劳动精神”的提出，是新时期党中央对广大劳动者伟大实践所做出的高度凝练和本质概括，是全体劳动者实现中国梦的一笔巨大的精神财富。研究和把握“劳动精神”的重要内涵，对于营造劳动光荣、劳动伟大的时代风尚，增强适应经济发展新常态下的内生动力，早日实现中华民族伟大复兴的中国梦，都具有十分重大的理论意义和实践意义。

2020 年 3 月 20 日，中共中央、国务院向全国发布文件《关于全面加强新时代大中小学劳动教育的意见》，明确提出要坚持新时代劳动精神，做新时代的合格劳动者。新时代劳动精神内涵丰富，坚持劳动精神的培育，对于大学生成才具有十分重要的现实意义。

二、勤俭精神

劳动精神首先强调的是勤俭，即勤劳、俭朴（见图 7-8）。勤劳是中华民族几千年来积淀的优良传统和美德，也是主张通过劳动改造社会、充分体现革命性与进步性的五四运动的基本要求与重要内核，更是新时代青年奋斗的立身之本和成功保证。特别是在百年未有之大变局的时代背景下，广大劳动者必须坚定不移地保持和弘扬勤劳的劳动精神，这样才能实现新时期我国全面脱贫攻坚的目标以及经济发展由量变到质变的飞跃。

图 7-8　勤俭

俭朴是中华民族优秀的道德基因，崇俭戒奢的民族文化包含着独具特色的道德规范和思想观念，并以其强大的感染力约束着人们日常的一言一行。新时代的青年成长于经济迅猛发展的时代，物质财富的爆发式增长为他们提供了优渥的生活条件。由于没有切身经历过困难时期，他们很容易从思想上受到享乐主义、拜金主义的腐蚀。因此，勤俭更应成为当代青年砥砺品德的保证。新时代的青年只有清醒地认识到我国的现实国情，继续保持勤劳的工作作风和俭朴的生活作风才能托起新时代的中国梦。

三、奋斗精神

新时代的劳动精神强调“劳动者通过奋斗创造价值”。习近平总书记指出：“民族复兴的使命要靠奋斗来实现，人生理想的风帆要靠奋斗来扬起。”奋斗体现了劳动者的伟大，体现了以人民为中心的价值取向。各行各业的劳动者将奋斗的劳动精神具体化为“铁人精神”“红旗渠精神”（见图 7-9）“载人航天精神”（见图 7-10）等，中华儿女通过不懈奋斗，用劳动创造历史、铸就辉煌。大学生步入社会后将肩负起建设社会主义现代化强国、实现民族复兴伟业的重任，要以辛勤劳动为荣、以好逸恶劳为耻，爱劳动、会劳动，在做好每一件小事中培育和践行艰苦奋斗的精神。

图 7-9　红旗渠

图 7-10　中国航天事业

四、创新精神

发扬劳动精神就是要提高劳动者的创造性劳动能力。科技化、智能化成为时代的鲜明特征，面对日新月异的科技进步和繁重复杂的发展任务，劳动形态也发生了巨大变化。新时代劳动者不仅要爱劳动、会劳动，还要懂技术、会创新，要摒弃简单模仿的惯性思维，主动适应科技发展与产业变革带来的新挑战，抓住新机遇。当前，在新技术革命和国际复杂形势的冲击下，只有不断提高劳动者的创造性劳动能力，才能为完成新时代历史任务提供强有力的保障。劳动者应在不同形态的劳动中培养创新精神，实现创造性劳动及劳动成果的创造性转化，通过创新科技、创新方法、创新思路等实现高效、节能、环保、利民的价值目标，通过创新劳动创造财富，引领新时代飞速前进的步伐，从而实现自我价值。大学生作为新时代的劳动者更应正确理解新时代劳动教育的内涵，适应劳动教育的特点，有意识地培养自身的创新意识，积极主动尝试，勇于打破陈规，不断增强自身的创新创造能力。

五、奉献精神

奉献是具有鲜明社会主义特征的劳动精神。在实现中华民族伟大复兴的征途上，事不避难、义不逃责的决心和以身许国、无私奉献的精神，支撑着中华儿女为夺取一个又一个胜利而奋勇前行（见图 7-11）。

图 7-11　志愿军黄继光烈士

习近平总书记指出："青年的人生目标会有不同，职业选择也有差异，但只有把自己的小我融入祖国的大我、人民的大我之中，与时代同步伐、与人民共命运，才能更好实现人生价值、升华人生境界。"每一位劳动者都要始终牢记革命传统，弘扬革命精神，警惕和防止价值观念扭曲、利益取舍失衡，在劳动中乐于付出、甘于奉献。

热爱劳动是中华民族的传统美德。在实现中华民族伟大复兴的关键历史时期，我们更需要各行各业的劳动者弘扬劳动精神、付出辛勤的劳动。特别是对于大学生群体而言，他们是我国未来经济建设的中坚力量，应有意识地引领其形成正确的劳动认知和价值理念，崇尚劳动、热爱劳动，并结合自身专业或技能特长自觉参与劳动实践，自觉树立和弘扬勤俭、奋斗、创新、奉献的劳动精神，为新时代实现中华民族复兴伟业贡献自己的一份力量。

第三节 劳动模范

习近平总书记指出："劳动模范是劳动群众的杰出代表，是最美的劳动者。劳动模范身上体现的'爱岗敬业、争创一流，艰苦奋斗、勇于创新，淡泊名利、甘于奉献'的劳模精神，是伟大时代精神的生动体现。"

新中国成立以来，广大劳动者用汗水和智慧为国家发展做出巨大贡献，他们当中不断涌现的劳动模范和先进人物所创造的劳模精神，成为推动时代前行的精神动力。中国精神的承载、时代精神的引领，靠得是在各行各业勤勤恳恳努力工作的德艺双馨的"劳动模范"和"先进工作者"。唯有发扬"爱岗敬业、争创一流，艰苦奋斗、勇于创新，淡泊名利、甘于奉献"的劳模精神，才可以维护社会稳定、促进社会发展，构建和谐的劳动关系。所以习近平总书记要求："劳动模范和先进工作者、先进人物不仅自己要做好工作，而且要身体力行向全社会传播劳动精神和劳动观念。"

一、劳模的评选

劳动模范简称劳模，是在社会主义建设事业中成绩卓著的劳动者，是民族的精英、人民的楷模，共和国的功臣，是劳动精神的最高承载者。劳动模范是经职工民主评选，有关部门审核和政府审批后被授予的荣誉称号（见图 7-12）。

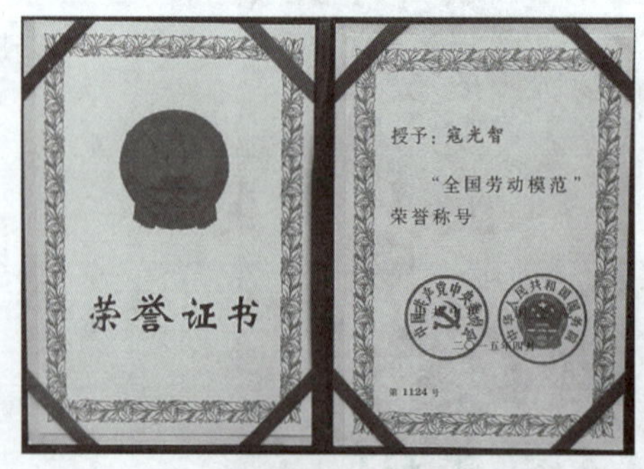

图 7-12　全国劳动模范荣誉证书和奖章

劳动模范分为全国劳动模范与省、部委级劳动模范，有些市、县和大企业也评选劳动模范。中共中央、国务院授予的劳动模范为“全国劳动模范”，是中国劳动者最高的荣誉称号。与此同级的还有“全国先进生产者”“全国先进工作者”称号。从 20 世纪 90 年代开始，全国劳模表彰大会一般每 5 年召开一次。1950 年至 2020 年，国家已经先后召开 16 次表彰大会，表彰全国劳动模范和先进工作者超 30 000 人次。

成为劳动模范的基本条件如下。

（1）模范执行党的路线、方针、政策，坚持四项基本原则，坚持改革开放；具有强烈的社会主义事业心、责任感、创业精神和奉献精神；遵纪守法，有良好的思想道德素质，在本职工作中建功立业，在群众中有较高威信的。

（2）在各行各业中创造性地劳动或工作，成绩突出，为经济建设或社会事业的发展做出重要贡献的。

（3）在保卫国家财产和人民生命财产安全、维护社会安定、增进民族团结、维护国家尊严等方面有突出贡献的。

换句话说，“爱岗敬业、争创一流，艰苦奋斗、勇于创新，淡泊名利、甘于奉献”，这是劳模精神，也是成为劳模的必备条件。

二、劳模的品格

劳模的品格是劳模的基本素质，其伟大品格表现为信念坚定、立场鲜明，艰苦奋斗、勇于奉献，胸怀大局、纪律严明，开拓创新、自强不息。“信念坚定、立场鲜明”指劳模所秉持的政治本色和理想信念；“艰苦奋斗、勇于奉献”指劳模作为最有觉悟性的群体以富国强民、民族复兴为己任，继承光荣传统，不怕艰难困苦，不畏风险挑战，勤劳坚忍、勇于担当，为国家发展进步做出巨大贡献；“胸怀大局、纪律严明”指的是劳模作为最有组织性的群体所继承的优良作风和博大胸襟；“开拓创新、自强不息”指的是劳模作为最有自觉性的群体所拥有的与时俱进、奋力拼搏的时代特征。

（一）劳模品格体现中国精神

劳动模范是广大劳动者的先进代表，是最美的劳动者，是民族的精英、人民的楷模、时代的标杆。他们为人民事业埋头苦干、任劳任怨以及兢兢业业、一丝不苟的模范行动，为全国人民树立了光辉的榜样，铸就了爱岗敬业、争创一流和艰苦奋斗、勇于创新以及淡泊名利、甘于奉献的伟大劳模精神，这种精神就是中国精神。

新时代劳模应该满足四个条件：一是要有新思想，二是掌握新技能，三是拥有精益求精的工匠精神，四是要有民族和家国情怀。只有充满民族和家国情怀，把民族的振兴和国家的强大作为个人的奋斗目标和人生追求，个人的智慧才会迸发出来。

（二）劳模品格凝聚中国力量

“品格清于竹，诗家景最幽”。劳模的伟大品格，既反映了中国工人阶级的政治本色、价值取向、光荣传统和进取精神，又凸显着工人阶级的时代特征，是中国工人阶级先进性的具体体现，是对中华民族精神的继承和发展，是凝聚广大劳动者智慧力量、鼓舞全国各族人民团结奋斗的重要精神力量，这也是他们的政治品格。

三、劳模是时代的领跑者

劳动模范是承载着共和国特殊记忆的群体，是推进我国先进生产力发展和先进文化发展的代表，是当之无愧的时代领跑者。他们在不同的发展阶段，始终走在改革开放和社会主义现代化建设的最前线，以忘我的献身精神，激励着一代又一代劳动者为祖国的繁荣富强而拼搏。社会学家艾君 2005 年在《劳模永远是时代的领跑者》一文中这样解释：劳模是工人阶级的优秀代表，是民族精英、国家栋梁、社会中坚、人民楷模，劳模是时代的永远领跑者。他在谈到劳模到底意味着什么时指出，劳模是一种饱含感情的符号；是一种能照亮人生、温暖人心的希望之光；是一种人理之伦、人生之道的“人文”；是一种价值“取向”，是一个时代的追寻脚步，是人生道德观念和价值取向；是一个时代精神符号和力量的体现。

（一）劳模精神是时代的人文精神

伟大出自平凡，英雄来自人民。一个国家的非凡成就，总是由点点滴滴的平凡人物汇集而成的。在社会主义建设的各个时期，以劳模为代表的广大工人阶级始终不忘初心、牢记使命，用平凡的双手创造不平凡的梦想。

社会学家艾君认为，劳模精神实际上折射出一个时代的人文精神，反映出一个民族在某一个时代的人生价值和思维道德取向。它简洁而深刻地展示着一个时代的人文精神的演进与发展；它凝重而浪漫地体现着一个民族的时代的思想与情愫。

他指出，回首新中国走过的几十年风风雨雨，劳模所体现出来的人文精神，代表着一个时代的价值观、道德观和精神风貌，展示了中华民族顽强拼搏、自强不息的崇高品格，体现了我们伟大的民族能够与时俱进、开拓创新的精神风貌。

他阐述说，穿越时代变迁，每一个时期的劳模都具有不同的内容和特点，但他们又有共同点，那就是主人翁责任感和艰苦创业精神，忘我的劳动热情和无私奉献精神，良好的职业道德和爱岗敬业精神，这些集中体现了中国工人阶级的先进思想和精神风貌的优秀品质，过去是、现在也仍然是不变的劳模精神。劳模精神是引领时代精神,劳模价值创造社会价值。每一个时代的劳模都有其特点，但无论时代如何变迁，永远不变的是劳模精神的本质。

（二）劳模的时代特色

适应时代发展的潮流，必须要有一批高素质的人才。培养一支有觉悟又掌握现代先进技能的产业工人队伍的任务，历史性地摆在了中国工人阶级的面前。具有优良传统的以劳动模范为代表的中国工人阶级坦然承认自己的落后，拿出了十倍甚至百倍的努力来改变这种状况。用科学知识武装自己，做科技型、知识型劳动者，成了当代工人阶级的追求。

随着社会的发展，劳模也由新中国成立初期以苦干实干为主，转向今天的高科技、高知识等多成分并重发展。新一代劳模在继承无私奉献、恪尽职守等优秀品德的同时，有广泛群众基础。爱岗敬业，扎实工作，赶超先进，在促进经济发展的同时又展示了进取创新、追求卓越、做先进生产力的推动者的风采。

（三）劳模精神的价值

时代需要更多劳模，社会需要弘扬劳模精神。劳模在工作中表现出来的职业精神、工作创新精神、高尚品德的传播，价值远远超过了他们取得成绩的本身，这就是劳模精神的社会价值。

榜样的力量是无穷的。一个劳模就是一面旗帜，一个劳模就能影响周围一群人。在给这些做出巨大贡献的劳模们以精神奖励的同时，也要给劳模更多的物质关爱。多为劳模办实事，关心劳模、爱护劳模，正在成为全社会的共识和人们的自觉行动。政府对劳模的关心与爱护，社会的倡导与弘扬，大家向劳模学习，以劳模为榜样，同时又以能为劳模尽一分力而感到光荣，劳模精神不断发扬光大，社会主义建设事业就会更加欣欣向荣！

第四节 新时代劳模精神

劳模精神是劳模之所以成为劳模，在平凡岗位上做出不平凡业绩所坚持、坚守、坚定的基本信念、价值追求、人生境界及其展现出的整体精神风貌。“劳动模范身上体现的‘爱岗敬业、争创一流，艰苦奋斗、勇于创新，淡泊名利、甘于奉献’的劳模精神，是伟大时代精神的生动体现。”习近平总书记关于劳模精神的表述，为我们科学理解和大力弘扬劳模精神提供了正确的方向和指导。可以说，爱岗敬业是本分，争创一流是追求，艰苦奋斗是作风，勇于创新是使命，淡泊名利是境界，甘于奉献是修为。做一个守本分、有追求、讲作风、担使命、有境界、有修为的人，是每一位劳模的精神风范，更是每一位劳动者应该追求的目标。

一、爱岗敬业、争创一流的精神

爱岗敬业是劳模精神的本分，是职业道德要求，是劳模精神的基础。爱岗和敬业互为前提，相互支持，相辅相成。“爱岗”是“敬业”的基石，“敬业”是“爱岗”的升华。爱岗就是热爱自己的工作岗位，热爱本职工作；敬业是要用一种恭敬严肃的态度对待自己的工作，是对职业的敬畏和热爱而产生的尽职尽责的职业精神状态。敬业可分为两个层次，即功利的层次和道德的层次。

（一）争创一流是劳模精神的灵魂

争创一流是必须立足本职、爱岗敬业的职业精神，做自己爱做的，爱自己所做的。发扬中华民族“敬业乐群”“忠于职守”的传统美德，敬业是中国人的传统，也是当今社会主义核心价值观的基本要求之一。工作中始终要“执事敬”“事思敬”“修己以敬”“专心致志，以事其业”。“干一行，爱一行；钻一行，精一行”，劳动者要不断追求一流的技术水平，干出一流的工作业绩，创造一流的工作效率，努力服务于社会、服务于人民；以追求卓越的进取精神，争做改革发展的推动者、社会和谐的促进者，以勤奋劳动成就梦想、以诚实劳动铸就辉煌、以创造劳动续写荣光。

（二）正确处理职业理想与理想职业的关系

爱岗敬业是一种工作态度，更是工作能力的体现；不仅是个人生存和发展的需要，也是社会存在和发展的需要。一份职业，一个工作岗位，是任何人赖以生存和发展的基础保障，也是人类社会存在和发展的需要。

首先，要树立一个长远而又切实的职业理想，“在选择职业时，我们应该遵循的主要指针是人类的幸福和我们自身的完美”“选择最能为人类福利而劳动的职业”。其次，理想职业必须以个人能力为依据，超越客观条件去追求自己的所谓理想，是不现实的。这就要求大学毕业生在选择职业之前一定正确估价自己，给自己一个合理的定位。再次，要正确认识职业理想与现实的关系，只要你的职业理想符合社会需要，而自己又确实具备从事那种职业的职业素质，并且愿意不断地付出努力，迟早会有一天能够实现自己的职业理想。

二、艰苦奋斗、勇于创新的精神

艰苦奋斗是我们党在长期的革命、建设过程中形成的优良传统和作风，也是我们党的政治本色。艰苦奋斗的精神在不同的历史时期有不同的时代内涵，在不同的劳动岗位有不同的具体要求。

新时代坚持艰苦奋斗是政治本色。艰苦奋斗是时代精神，是一种崇尚节约、艰苦朴素、反对铺张浪费的生活作风，更是一种不畏艰难、与时俱进、锐意进取的思想品格。国因艰苦奋斗而强，党因艰苦奋斗而兴，人因艰苦奋斗而立。一个人要生存和发展，都离不开艰苦奋斗。

艰苦奋斗是个人的“修身”之道，它是一种生活准则、一种工作作风、一种利益观念、一种精神状态，是幸福快乐之源，乃至可谓是一种高尚的奋斗目标和人类共同的价值方向。

艰苦奋斗是一种勇于创新的精神，更是赋予创新创造的伟大实践。在新时代弘扬共产党人的艰苦奋斗精神，最终要落实到行动上，体现在实践中。伟大事业“始于梦想”“基于创新”“成于实干”。“道虽迩，不行不至；事虽小，不为不成。”共产党人要“不畏浮云遮望眼”，敢于迎难而上，以坚忍不拔的奋斗精神，创造出实实在在的业绩；要自强不息，开拓奋进，在任何时候都不懈怠，不涣散奋斗意志，努力创造出无愧于时代、经得起实践检验、为人民群众所称赞的工作业绩；要形成人人讲艰苦奋斗的良好氛围，把艰苦奋斗精神一代一代传承下去。

广大劳动者要拿出“逢山开路、遇水架桥”的精神攻坚克难，培养创新意识，强化创新思维，在变革中勇于创新，在创新中赢得未来。要努力成为各行各业的行家里手，开发新产品、推广新技术、应用新工艺，让创造、创新、创业的智慧竞相迸发，当好推动创新发展的“主力军”，用更多创新成果照亮人民群众的美好生活，用创新突破推动中华民族伟大复兴。

三、淡泊名利、甘于奉献的精神

淡泊名利是一种境界。“淡泊”是一种古老的道家思想，是重义轻利的道德准则（见图 7-13）。即不注重外在的名声与利益，不追求名利。淡泊并不是力不能及的无奈，也不是心满意足的自赏，更不是碌碌无为的哀叹，淡泊就是超脱世俗的诱惑和困扰，实实在在地对待一切，豁达客观地看待一切的生活。一个秉持淡泊心态的人，会少了贪欲，多了清廉；少了争斗，多了内省；少了计较，多了奉献。弘扬劳模精神就要做到计利国家、无私忘我，在祖国最需要的地方艰苦奋斗、建功立业，在平凡的岗位上苦干实干、创造实绩。诸葛亮在《诫子书》里说过：“夫君子之行，静以修身，俭以养德，非淡泊无以明志，非宁静无以致远。”淡泊名利，是弘扬劳模精神的重要方面。

一个国家、一个民族的生存和发展，需要千千万万个脚踏实地的行动者和默默耕耘的奉献者。无私胸襟、奉献精神是一笔弥足珍贵的精神财富。把淡泊名利、甘于奉献转化为自己的信念动力，融入自觉行动，争做不务空名的行动者和兢兢业业的奉献者，在工作岗位上潜心修炼，坚持工匠精神，在面对荣誉时，做到“功成不必在我，功成必定有我”的精神担当，为社会主义事业的发展奉献自己的力量。

图 7-13 淡泊名利

奉献精神是劳模自我发展的动力源泉。讲奉献，就是要有一颗为党为人民矢志奋斗的心，有了这颗心，再怎么艰苦也是美的、再怎么付出也是甜的，讲奉献就应该不计较个人得失，把党和国家利益放在高于一切的地位。把“淡泊名利、甘于奉献”作为立身之本、为人之道、成事之要，准确把握“小我”和“大我”的关系，夙夜在公、勤勉工作，以奋斗者的姿态谱写新时代劳动之歌，用辛勤劳动创造中国人民的美好生活、中华民族的美好未来。

淡泊名利、甘于奉献是中华民族精神的重要组成部分，是劳动模范应有的精神追求。我国优秀的传统劳动文化，为劳模精神的形成注入了民族文化基因，让劳模精神成为创造民族辉煌的根本力量和推动民族继续向前发展的精神支柱。同时，劳模精神又是对中华优秀传统文化中生生不息崇劳厚生精神因子的继承与阐发。弘扬劳模精神就是以出世的态度为人处世，不计得失、坦坦荡荡；以入世的态度做事履职，兢兢业业、恪尽职守。其所思所行，见贤思齐、崇德向善，为推动国家发展、社会进步贡献智慧和力量，让人生更加璀璨纯粹。

中华儿女用辛勤的劳动创造了中国灿烂的历史文化，锻造了中国人朴实、勤奋的优秀品格。这一品格始终贯穿于社会生产的发展和实践当中，不断推动生产力的进一步发展，艰苦奋斗、甘于奉献、不为名利的劳动精神也在历史文化中熠熠生辉。

四、构建劳模精神的德智体美劳教育体系

习近平总书记在全国教育大会上，提出了一项极有现实意义和深远战略意义的教育举措，要努力构建德智体美劳全面培养的教育体系。其中包括两个重要内容，一是构建教育大目标，二是构建教育大体系。

（一）把弘扬劳模精神与思想政治教育相结合

要将劳模精神融入大学生思想政治教育全过程，充分发挥高校思想政治理论课主渠道、主阵地作用。在“三全”中实现弘扬劳模精神与思想政治教育相协调、相衔接、相一致，特别是用好思想政治理论课教学这个主渠道、主阵地，让马克思主义劳动观进课堂、进头脑、进心灵，通过铸魂育人；在课堂教学中，注意讲劳模、劳模讲，思想政治理论课教师要在学理层面深度研究和阐释新时代劳模精神，聘请全国著名劳动模范进课堂讲劳动、讲劳动模范、讲劳模精神，让受教育者对劳动、劳模、劳模精神产生敬意。让青少年有机会近距离接触劳动模范、聆听劳模故事、感受劳模精神，切实提升高校思想政治理论课的实际效果。

（二）把弘扬劳模精神与专业教育相结合

严格地讲，弘扬劳模精神与专业教育在过程和目标上都具有内在统一性。要在专业课程中自觉强化价值导向，自觉融入劳模精神的要素，构建具有本专业特色的劳动教育价值体系。同时，注意加强专业教育中劳动知识的传授和劳动技能的训练，培养劳动精神、劳模精神、工匠精神，在专业教育中体悟劳模精神，感受劳模精神，实现与课程思政双向同构。

（三）把弘扬劳模精神与实习、创新创业教育相结合

创新实践育人机制，统筹校内和校外、课堂和实践两种教学方式、教学环节，搭建受教育者在实习、实训、考察、双创中走进同劳模交流的平台，通过创新实践活动拓展劳动知识，在磨炼意志和增长才干中感受劳动的乐趣和收获，从而培育辛勤劳动、诚实劳动、创造性劳动的精神气质。提升劳动技能，养成劳动自觉；引导新时代大学生了解劳动模范、学习劳模精神、践行劳模精神，培育大学生的团队合作和奉献精神，实现实践育人效果。

◎ 练　习

1. 2013 年 4 月 28 日，习近平来到全国总工会机关，同全国劳动模范代表座谈并发表重要讲话，指出：“（　　）是民族的精英、人民的楷模。”

A. 劳动模范　　B. 优秀工人　　C. 解放军战士　　D. 优秀教师

2. 2014 年 4 月 30 日，习近平总书记同新疆 28 名劳动模范和先进工作者、先进人物代表座谈时，（　　）提出“劳动精神”这一重要命题。

A. 依次　　B. 多次　　C. 再次　　D. 首次

3. 2016 年 4 月 26 日，习近平在知识分子、劳动模范、青年代表座谈会上的讲话，指出：全面建成小康社会，我国亿万（　　）是主体力量。

A. 农民群众　　B. 工人阶级　　C. 劳动群众　　D. 人民群众

4. （　　）年 4 月 30 日，习近平总书记在给郑州圆方集团全体职工的回信中指出：希望广大劳动群众坚定信心、保持干劲，弘扬劳动精神，克服艰难险阻，在平凡岗位上续写不平凡的故事，用自己的辛勤劳动为疫情防控和经济社会发展贡献更多力量。

A. 2017　　B. 2020　　C. 2012　　D. 2021

5. 劳动精神是关于劳动的（　　）、价值追求和劳动状态、行为实践的集中体现。

A. 理念认知　　B. 职业素养　　C. 从业经历　　D. 劳动水平

6. 在劳动过程中既强调辛勤劳动和诚实劳动的基础性作用，又强调创造性劳动的（　　）作用。

A. 先进性　　B. 复合性　　C. 关键性　　D. 重复性

7. 在（　　）中，要求弘扬劳动光荣、劳动美丽、劳动崇高、劳动伟大的劳动风尚。

A. 劳动素质　　B. 劳动成果　　C. 劳动目标　　D. 劳动价值

8. 在（　　）中，通过劳动，对于普通人民群众来说，可以脱贫致富，对于整个社会来说，它是整个经济社会发展的依赖，对于整个国家来说，是我们实现中国梦的力量之源。

A. 劳动素质　　B. 劳动成果　　C. 劳动目标　　D. 劳动价值

9. 习近平关于劳动精神重要论述的鲜明时代特征主要体现在（　　）三个方面。

A. 劳动主体、劳动行为和劳动价值

B. 劳动素质、劳动成果和劳动目标

C. 劳动价值、劳动主体和劳动素质

D. 劳动成果、劳动目标和劳动价值

10.（　　）包括辛勤劳动、诚实劳动和创造性劳动。

A. 劳动素质　　B. 劳动行为　　C. 劳动目标　　D. 劳动价值

11.（　　）包括劳动光荣、劳动美丽、劳动崇高、劳动伟大。

A. 劳动素质　　B. 劳动行为　　C. 劳动目标　　D. 劳动价值

12.（　　）是劳动精神的主要承载者，是中国精神的主要承载者。

A. 工人阶级　　B. 农民阶级　　C. 知识分子　　D. 劳苦大众

13. 习近平总书记曾用古人（　　）《劝农·其五》中的诗句“民生在勤，勤则不匮”阐释“只要辛勤劳动，就不会缺衣少食”的朴实道理。

A. 陶行知　　B. 丰子恺　　C. 陶渊明　　D. 李大钊

14.（　　）主要是指人的情感、意志等生命体征和一般心理状态。

A. 素质　　B. 风貌　　C. 风格　　D. 精神

15. 劳动有广义和狭义之分，（　　）的劳动是“人以自身的活动来引起、调整和控制人与自然之间的物质变换的过程”。

A. 广义　　B. 狭义　　C. 艰苦　　D. 深刻

16.（　　）是劳动者在劳动实践中形成的劳动认知、价值理念和实践智慧的总和，是推动社会进步的精神动力。

A. 劳动能力　　B. 劳动精神　　C. 劳动成果　　D. 劳动素质

17. 劳动精神首先强调的（　　），这是中华民族几千年来积淀的优良传统和美德。

A. 俭朴　　B. 力量　　C. 勤俭　　D. 勤奋

18.（　　）是中华民族优秀的道德基因，其民族文化包含着独具特色的道德规范和思想观念。

A. 俭朴　　B. 力量　　C. 勤俭　　D. 勤奋

19. 在实现中华民族伟大复兴的征途上，事不避难、义不逃责的决心和以身许国、（　　）的精神，支撑着中华儿女为夺取一个又一个胜利而奋勇前行。

A. 艰苦朴素　　B. 勇于牺牲　　C. 前赴后继　　D. 无私奉献

20. “爱岗敬业、争创一流，艰苦奋斗、勇于创新，淡泊名利、甘于奉献”，这是（　　）精神，也是达成的必备条件。

A. 奋斗　　B. 牺牲　　C. 劳模　　D. 奉献

◎ 实践与思考　讨论“劳动精神、劳模精神”

活动：小组成员分别收集各行各业劳动模范人物先进事迹（每人至少3例），并简单记录。

劳模1：________________________________

劳模 2：____

劳模 3：____

小组讨论

（1）结合自身的见闻、经验或体会，谈一谈你对劳动精神、劳模精神的理解。

（2）如何理解新时代劳模精神的内涵？

（3）大学生应如何身体力行践行劳动精神？

讨论记录：本次讨论中，小组同学一共收集了 __________ 位不同劳模的事迹。

____

____

____

实训评价（教师）：____

____

第八章
劳动者的工匠精神

学习目标

知识目标

（1）熟悉工匠精神的定义、内涵和现实意义。

（2）理解工匠精神是劳模精神的核心要素的理念，坚守职业道德，立志做大国工匠。

（3）准确把握劳模精神、劳动精神、工匠精神的关系。

素质目标

（1）崇尚工匠精神，践行劳动最光荣实践。

（2）坚守职业道德，立志做大国工匠。

能力目标

（1）明确自身劳动知识、劳动技能的提升目标。

（2）结合所学专业或个人专长，明确切实可行的工匠成长理想。

重点难点

（1）工匠精神的定义和内涵。

（2）熟悉劳模精神的核心要素——工匠精神。

◎ 导读案例　制作航海钟的天才约翰·哈里森

“几百年来，船只航行到远近各地，却不知道自己在哪里”。水手们知道如何测量纬度，即他们在赤道以北或以南的位置，但他们无法测量经度，即他们在母港以东或以西的位置，并因此而导致全世界许多人在海难中失去了生命。解决这个问题的关键在于设计一种能在海上保持绝对准确时间的时钟，而不受汹涌的海水或天气条件的影响。有了这样一个计时器，水手们就能知道回到母港的时间并计算经度。但没有人知道如何设计这样一个时钟。

英国航海钟的发明者约翰·哈里森（1693—1776 年，见图 8-1），他一生没有受过任何科学训练，却花了 40 多年的时间不知疲倦地工作，来制作奇特漂亮的航海钟，寻找解决这个问题的重要办法。哈里森先后造出五台航海钟，其中以 1759 年完工的“哈氏 4 号”最为突出，航行 64 天只慢了 5 秒，远比法案规定的最小误差（2 分钟）还少，完美解决了航海经度定位问题。

约翰·哈里森 1693 年 3 月出生于约克郡。他的父亲亨利是一名木匠，他的母亲叫伊丽莎白。大约四岁的时候，哈里森和他的家人搬到了林肯郡，他们住在亨伯河南岸的巴罗村，离伦敦大都会以北 200 英里（见图 8-2）。

图 8-1　英国航海钟的发明者约翰·哈里森

图 8-2　小时候哈里森住在巴罗村

哈里森家有五个孩子，哈里森最大，然后是玛丽、亨利、詹姆斯，还有一位在婴儿时期夭折。在后面的时光里，这些家人也帮助哈里森制造了一些时钟。约翰·哈里森对音乐很有鉴赏力，他喜欢唱歌，可以演奏小提琴（见图 8-3）。他还是巴罗教区教堂的敲钟人，后来，当他研究时钟的工作原理时，拉着沉重铃铛的长绳帮了他的忙。

哈里森的父亲希望他的大儿子长大后成为一名木匠，所以教给了他作为一个好的林肯郡木匠所需要知道的所有技能（见图 8-4）。最重要的是，当哈里森还是个孩子的时候，他就拥有一种大多数村民都没有的对知识的饥饿感。他渴望读书，渴望学习，他跟他父亲学读书写字，因为在巴罗这样的河村没有学校，书籍也很少。

图 8-3　哈里森可以演奏小提琴

图 8-4　哈里森学习木匠的所有技能

一天，一位来访的牧师借给他一本一位剑桥大学数学教授的笔记，年轻的约翰·哈里森知道这是一份值得一辈子守护的礼物（见图 8-5）。所以他一页又一页地抄写下笔记的内容，他的字写得又小又工整。有时他会复读笔记，研究它们，并在空白处做笔记。他总是在思考，总是问自己关于机械的工作原理的问题。作为一名木匠，约翰·哈里森有一双结实而稳健的手，他对不同种类的木材了如指掌。然而不知为什么，哈里森对制作时钟越来越感兴趣，而不是像一个普通的乡村木匠那样使用他的技能，这可以看出他不是一个普通人。

图 8-5 哈里森得到剑桥教授的笔记

约翰·哈里森在他只有 20 岁的时候就用木头制造了他的第一台时钟，他签上了自己的名字和日期。凭着他敏捷的头脑，在没有受过任何制钟训练的情况下，他找到了正确的方法，让木制的轮子和齿轮在这个长钟身时钟里面转动，并且走时准确（见图 8-6）。

在接下来的 17 年里，直到 1730 年，约翰·哈里森至少又制造了七台时钟，其中很多时钟都很不寻常，有时他的弟弟詹姆斯会帮助他。其中一台钟是为了林肯郡庄园里的马厩制造的。约翰·哈里森知道时钟里面的润滑油往往会变得浓稠，造成时钟停止运转，所以他用黄铜零件和出油的木头做了一台时钟，这样他制作的钟就不需要加油了（见图 8-7）。

图 8-6 哈里森制作第一台时钟

图 8-7 哈里森制作航海钟

阅读上文，请思考、分析并简单记录。

（1）伟大的航海钟制作天才约翰·哈里森一生都没有受到过系统的科学训练，但从上文中我们知道，他最重要的优秀品质是什么？

答：____

（2）除了如饥似渴地学习，约翰·哈里森成为工匠中的优秀代表还具有哪些重要的品质？

答：

（3）请网络搜索其他优秀工匠的事迹，并请简单记录。

答：

（4）请简单记述你所知道的上一周内发生的国际、国内或者身边的大事。

答：

第一节 工匠精神的概念

连续四年“工匠精神”（见图 8-8）都被写入我国的《政府工作报告》中，并在党的十九大报告中上升到了治国理政的高度。2016 年的《政府工作报告》中提出：“鼓励企业开展个性化定制、柔性化生产，培育精益求精的工匠精神，增品种、提品质、创品牌。”习近平总书记在十九大报告上强调：“建设知识型、技能型、创新型劳动者大军，弘扬劳模精神和工匠精神，营造劳动光荣的社会风尚和精益求精的敬业风气。”

图 8-8　工匠精神

一、工匠精神的定义

所谓“工匠”，即有工艺专长的匠人。自手工业生产以来，工匠们以自己的独具匠心和真诚劳作，创造出一件件经典的作品，赋予了中华民族灿烂文明以实体形态。“工匠精神”最早用来指代手工业劳动者精益求精的一种精神追求。自春秋时期孔子就曾教导弟子“事思敬、执事敬”,至今在我国已发展延续数千年。新时代的劳动者所处的行业、从事的工种不同，但他们都具有共同的特点和职业精神——工匠精神。工匠精神是不同行业的劳动者在劳动过程中形成的行为习惯、价值信念和精神表达，蕴含着爱国敬业、专注求精与传承创新等丰富的精神内涵，是当代职业人孜孜追求的精神品质。也可以说，工匠精神是指在制作或工作中追求精益求精的态度与品质，是职业道德、职业能力、职业品质的体现，是从业者的一种职业价值取向和行为表现。

二、工匠精神的内涵

工匠们喜欢不断雕琢自己的产品（见图 8-9），不断改善自己的工艺，享受着产品在双手中升华的过程。工匠们对细节有很高要求，追求完美和极致，对精品有着执着的坚持和追求，把品质从 0 提高到 1，其利虽微，却长久造福于世。

图 8-9　工匠精神

爱国敬业体现了工匠精神的情感内涵。无论是大国重器的打造者，还是普通岗位的劳作者，爱国敬业是每一位工匠最根本、最深层、最强劲的动力来源。为了更好地满足人民群众的生产生活需要，工匠们在各自的岗位上勇挑重担、兢兢业业。“职业”在他们眼中不只是一个赖以谋生的手段，更是一个承载着人生价值与社会价值的重要使命和值得坚守的价值目标。怀着爱国的热忱，工匠们为促进人民生活水平的提升和国家经济、社会的发展做出了不可磨灭的贡献。

“执着专注、精益求精”是工匠精神的灵魂。俗语说“冰冻三尺非一日之寒”“艺痴者，技必良”，工匠们精湛的技艺不是经过短期训练就可以轻松练就的，而是需要一遍遍不厌其烦地反复磨炼，需要吃常人难以忍受的训练之苦，只有这样，才能使手上的每一根神经都形成匠作记忆，从而通过改良技术的方式来获得质量更佳的成品，使已有的工艺、技术实现从“有”到“优”的飞跃。特别是在我国制造业转型升级、经济高质量发展的时代背景下，专注求精的工匠精神与创新精神不断融合，创新产品生产的技术、工艺流程，不断满足消费者个性化和对高质量的需求。“道技合一、传承创新”是工匠精神体现在发展层面的内涵，也是工匠精神得以传承、历久弥新的重要原因。工匠们练技修心、道技合一，其中，工匠的“技”是指其所掌握的技能手艺，而“道”则是高于“技”并已内化到工匠们精神世界中的对人生的领悟与透视。“技”是“道”的基础，“道”是“技”的升华。大国工匠都是穷其一生、持之以恒在自己的领域耕耘，不断改良技术、创新方法。工匠精神的传承不只是技术的继承，更是匠人们经日复一日磨炼所得的精神感悟的传承，更强调技术发扬过程中的突破常规、别出心裁、与时俱进和改革创新。因此“道技合一、传承创新”的精神内涵促使工匠精神能够经受住岁月的洗礼，不断焕发出新的魅力与光彩。

“中国制造”的崛起离不开大国工匠。工匠精神作为一种精神指引，对广大劳动者具有很强的引领和示范作用。大学生是支撑我国未来经济社会持续发展的中坚力量，在大学生中培养和树立工匠精神对于增强其劳动认同感、树立正确的劳动价值观、提升创造力水平都有积极意义。要让这些中坚力量成为“中国造”“中国智造”的主力军，需要榜样领航，尤其需要劳模工匠来帮助他们认识到肩负的使命。

许多具备了“工匠精神”的企业往往是行业里的奢侈品牌，比如瑞士的手表制造行业（见图 8-10）。因为要做到完美必须耗时长，成本高，因此价格也会更高。香奈儿首席鞋匠曾说“一切手工技艺，皆由口传心授。”传授手艺的同时，也传递了耐心、专注、坚持的精神，这是一切手工匠人所必须具备的特质。这种特质的培养，只能依赖于人与人的情感交流和行为感染，这是现代的大工业的组织制度与操作流程无法承载的。“工匠精神”的传承，依靠言传身教地自然传承，无法以文字记录，以程序指引，它体现了旧时代师徒制度与家族传承的历史价值。

图 8-10　钟表工匠

三、工匠精神的现实意义

当今社会心浮气躁，追求“短、平、快”（投资少、周期短、见效快）带来的即时利益，因而忽略了产品的品质灵魂。因此，“工匠精神”在当今企业管理中有着重要的学习价值，企业更需要工匠精神，才能在长期的竞争中获得成功。当其他企业热衷于“圈钱、做死某款产品、再出新品、再圈钱”的循环时，坚持“工匠精神”的企业，依靠信念、信仰，看着产品不断改进、不断完善，最终，通过高标准要求历练之后，成为众多用户的骄傲，无论成功与否，这个过程，他们的精神是完完全全的享受，是脱俗的、也是正面积极的。

中国很多企业的产品质量为什么搞不好？原因虽然很多，但最终可以归结到一个方面上来，就是做事缺乏严谨的工匠精神。中国的产品质量不如日本，重要原因之一就是人家做事比我们更严谨，更具有工匠精神。日式管理最值得学习的是一种精神，而不是具体做法，这种精神就是匠人精神。

四、工匠精神的发展

曾经，工匠是一个中国老百姓日常生活须臾不可离的职业，如木匠、铜匠、铁匠、石匠、篾匠等，各类手工匠人用他们精湛的技艺为传统生活景图定下底色。随着农耕时代结束，社会进入后工业时代，一些与现代生活不相适应的老手艺、老工匠逐渐淡出日常生活，但工匠精神永不过时。

工匠精神是工业经济时代的一种产物，它是一种精致化生产的要求，它对农业生产同样适用。从农业生产来讲，实际上就是从源头保证食品安全，从种植开始，原料、化肥、土地等要保证安全，还有就是它的品质和质量，这里也需要工匠精神。

工匠精神就要求企业如同一个工匠一样，琢磨自己的产品，精益求精，经得起市场的考验和推敲。工匠精神的核心是企业要追求科技创新，技术进步。如果说企业是国家的经济命脉所在，那么一个以科技创新，技术进步为主体的企业，就是民族振兴的动力源泉，是国家财富增加的源泉所在。工匠精神不仅体现了对产品精心打造、精工制作的理念和追求，更是要不断吸收最前沿的技术，创造出新成果。

工匠精神落在个人层面，就是一种认真精神、敬业精神。其核心是：不仅仅把工作当作赚钱养家糊口的工具，而是树立起对职业敬畏、对工作执着、对产品负责的态度，极度注重细节，不断追求完美和极致，给客户无可挑剔的体验。将一丝不苟、精益求精的工匠精神融入每一个环节，做出打动人心的一流产品。与工匠精神相对的，则是“差不多精神”——满足于90%，差不多就行了，而不追求100%。我国制造业存在大而不强、产品档次整体不高、自主创新能力较弱等现象，多少与工匠精神稀缺、“差不多精神”现象有关。

工匠精神落在企业家层面，可以认为是企业家精神。具体而言，表现在以下几个方面。

第一，创新是企业家精神的内核。企业家通过从产品创新到技术创新、市场创新、组织形式创新等全面创新，从创新中寻找新的商业机会，在获得创新红利之后，继续投入、促进创新，形成良性循环。

第二，敬业是企业家精神的动力。有了敬业精神，企业家才会有将全身心投入到企业中的不竭动力，才能够把创新当作自己的使命，才能使产品、企业拥有竞争力。

第三，执着是企业家精神的底色。在经济处于低谷时，其他人也许选择退出，唯有企业家不会退出。改革开放40多年来，我国涌现出大批有胆有识、有工匠精神的企业家，但也有一些企业家缺乏企业家精神……可以说，企业家精神的下滑，才是经济发展的隐忧所在。

第二节 工匠精神是劳模精神的核心要素

党的十九大报告中把劳模精神与工匠精神提到同等战略高度。新时代是崇尚大国重器的时代，需要劳模以“新的劳动态度对待新的劳动”，推进建设创新型国家。可以说，工匠精神是劳模精神的重要构成要素，也是劳模精神当代品格的核心体现，工匠精神为当代劳模注入新内涵。我们应该以习近平总书记关于工匠精神的系列重要讲话精神为指导，一方面理解工匠精神的科学内涵，另一方面认识到工匠精神与劳模精神的内在关系和所体现出的时代特色。

一、工匠精神与劳模精神本色相融

从本质上讲，工匠精神是一种基于技能导向的职业精神，它源于劳动者对劳动对象品质的极致追求，它具有精益求精、专注执着、严谨慎独、创新创造、爱岗敬业以及情感浸透、自我融入的基本内涵，既表现了极致之美的品质追求，又体现了敬业之美的精神原色，更展现了创造之美的价值升华。劳模精神与工匠精神的共同特质，就是干一行、爱一行、专一行、精一行。这是劳动模范和先进工作者的本色与优势。

新时代劳模精神的主体是劳模，新时代工匠精神的主体是每一位不甘于平庸的劳动者，二者都充分凸显了新时代劳模精神爱岗敬业、精益求精、追求卓越的精神品质和价值导向，可以说工匠精神是对劳模精神的重要深化和丰富发展，也是劳模精神当代品格的核心体现，因为劳模工匠精神的核心就是专注执着、精益求精的工匠精神。

在劳动模范和先进工作者身上，劳模精神与工匠精神是高度契合的。在劳动模范身上体现的劳模精神，就是“爱岗敬业、争创一流，艰苦奋斗、勇于创新，淡泊名利、甘于奉献”精神。

大力弘扬劳模精神与工匠精神是我国在新时代的一项重大政治任务和战略任务，也是造就世界一流企业的核心竞争力。建设强大的国家必须以建设强大的劳动者大军为前提，这就是弘扬劳模精神和工匠精神的战略价值和政治意义所在。

无论是劳模还是工匠，都是我国劳动阶层千百年来形成的职业精神的生动体现。弘扬新时代劳模精神和工匠精神，不仅需要正确认识新时代劳模精神和工匠精神的科学内涵，而且需要正确处理二者之间的关系，更重要的是要把弘扬劳模精神和工匠精神落实到各项工作中，有力推动新时代各项工作。

二、劳模精神与工匠精神新关系

新时代劳模精神和工匠精神的新内涵既有着不同的要求，又有着密切的联系。

（一）劳模精神与工匠精神相通相融

劳模精神和工匠精神都是以爱国主义为核心的民族精神和以改革创新为核心的时代精神的生动体现，两种精神互相融合、相得益彰。工匠的职业操守、精益求精、敬业奉献精神与劳模的辛勤劳动、诚实劳动、创造性劳动精神交相辉映，以劳动光荣的社会风尚和精益求精的敬业风气为核心，共同体现了社会主义核心价值观的内在要求，体现了“富强”“文明”

的国家价值目标和“敬业”“诚信”的个人价值准则。

从历史发展看，劳模精神和工匠精神相得益彰，在融合中共同体现了社会主义核心价值观的内在要求，体现了本土性与普适性、先进性与广泛性的辩证统一。从文化渊源看，劳模精神和工匠精神都继承了中华优秀传统文化中劳动文化的精髓，具有共同的文化底蕴；都立足于职业岗位，取得了突出业绩，做出了重要贡献，具有共同的价值导向。从服务社会的实践看，都是用个人的劳动实践阐释了劳动的境界，练就了卓越技能，具有共同的价值实现。

（二）劳模精神和工匠精神是内外之合力

劳模精神和工匠精神的关系是外力和内力的关系。相较于劳模精神的本土性而言，工匠精神所植根的人类历史更长，语境也更丰富。在人类漫长的历史长河中，从农业文明刀耕火种到工业文明机械加工，人类对工匠精神的追求永不止步。

劳模精神是所有劳动者都应该学习的精神，是影响和引领每一位劳动者从平凡走向不平凡的外力；劳模精神是照亮了别人的生命、超越别人的精神，它从外部影响每一位劳动者学先进、做先进，让劳动者成为别人的模范。

工匠精神则是每一位劳动者都应该具有的精神，是激发和激励每一位劳动者不断自我挑战和自我超越的内力；工匠精神是点亮自己的生命、超越自己的精神，从内部唤醒每一位劳动者不断成为最好的自己的自觉，是让劳动者成为自己的劳模。

新时代工匠精神是对劳模精神的新诠释，也是新时代劳模精神的集中体现。事实上，我们比历史上任何一个时期都更呼唤工匠精神，它所凸显的精益求精、追求卓越的精神品质，完全契合当前提升劳动者素质和职业技能的客观要求，是全社会必须补齐的短板。

（三）工匠精神孕育劳模精神

工匠精神揭示了不甘于平庸的劳动者的个性，是成就优秀劳动者的必要条件。没有工匠精神的劳动者很难有出色的成就和骄人的业绩。精益求精、追求极致是践行工匠精神的核心，也是成就杰出劳动者的根源（见图 8-11）。

工匠精神孕育劳模精神，经历“尚巧”“尚精”“道技合一”三个阶段。“尚巧”，就是追求技艺之巧；“尚精”，是追求技艺的精湛；“道技合一”，则需通过技艺领悟“道”的真谛，从而实现创造之美的升华。工匠精神有三个层次：第一个层次是“工”，处于学徒阶段；第二个层次是“匠”，是可以做到精益求精的大师级别；第三个层次是“良匠”，这是顶级的工匠。既要追求速度也要追求质量，只有良匠才能达到既快又好。

图 8-11　工匠精神

中国制造正向中国创造转轨，适应新常态呼唤创新驱动，为建设知识型、技能型、创新型劳动者大军，为我国向制造强国转变、推动经济转型升级提供强大人才支撑，都需要我们的劳动者追求品质提升，都需要我们的“匠心独具”。拥有一流的心性，才有一流的技术；用心追求极致，才能收获创造之美。因此，弘扬践行劳模那种实干、创新、专注、执着、精益求精的工匠精神成为中国伟大新时代的硬核要求。

三、劳模精神、劳动精神、工匠精神的关系

劳模精神和工匠精神的关系是外力和内力的关系。劳模精神是所有劳动者都应该学习的精神，是影响和引领每一位劳动者从平凡走向不平凡的外力。劳模精神从外部影响每一位劳动者学先进、做先进。工匠精神则是每一位劳动者都应该具有的精神，是激发和激励每一位劳动者不断自我挑战和自我超越的内力。工匠精神从内部唤醒每一位劳动者不断成为最好的自己的自觉。劳模精神是超越别人的精神，因为他们就是因为超越了很多劳动者脱颖而出。工匠精神是超越自己的精神，世上最大的对手不是别人，而是自己。工匠精神是让劳动者成为自己的“劳模”，劳模精神是让劳动者成为别人的“模范”。工匠精神点亮了自己的生命，劳模精神则照亮了别人的生命。

劳动精神和工匠精神是共性和个性的关系。劳动精神是所有劳动者的共性，每一位劳动者都应该有劳动精神。工匠精神则揭示了不甘于平庸的劳动者的个性，是成就优秀劳动者的必要条件。个性不仅是产品和企业的核心竞争力，也是劳动者的核心竞争力。这里所说的劳动者的个性主要是指劳动者在自我超越过程中彰显出的个人优势及其精神状态，也就是工匠精神。换句话讲，没有工匠精神的劳动者很难有出色的成就和骄人的业绩。精益求精、追求极致是践行工匠精神的核心，也是成就杰出劳动者的根源。当然，如果工匠精神成就的劳动者不仅大大超越了过去的自己，也大大超越了别人，在企业、行业、全国乃至全世界都成为最优秀的劳动者，那么他就会成为别人学习的榜样和楷模，最终就会成为劳模，劳模精神也随之产生。

劳动精神是成为人的精神，工匠精神是成为更加优秀的人的精神，劳模精神则是成为影响别人的人的精神。成为人、成为更加优秀的人、成为影响别人的人，就是一种逐步递进的关系。党和国家现在大力呼吁弘扬劳动精神、工匠精神、劳模精神，目的就在于让每一个人都热爱劳动，成为自食其力的劳动者，更要成为优秀的劳动者，甚至成为广大劳动者群体中的佼佼者和大家学习的榜样。

第三节 坚守职业道德，立志做大国工匠

精于工、匠于心、品于行，人们从未像今天这样热切地呼唤工匠精神。什么是真正的工匠精神？热爱自己的工作，绝无高低贵贱之虑；每临工作现场，必有庄敬之意；长期探寻此业之精髓，力求达到更高之境界；产品和服务讲究品质，质量是生命，也是道德和人品；以业为生，但不为钱而放弃标准；一旦结识高手，必敬慕之、学习之；期望自己的所为对后人有所裨益，作品能比自己的寿命更长。

纪录片《舌尖上的中国》第三季带红了一口章丘铁锅（见图 8-12）的传奇，力透工匠精神，一口锅都必须历经 12 道工序、再过 18 遍火候、1 000 ℃高温锤炼、经过 36 000 次捶打。章丘铁锅走红，在于它是纯手工锅，是匠人一锤锤敲打出来的。章丘铁锅上凝聚着匠人身上一丝不苟、精业敬业的精神。一分钟 120 次的锻打，每一锤都代表着匠人的心血，也正是因为这每一锤的锻打才赋予了铁锅以人文情怀，才能受得起大家的追捧。

图 8-12 章丘铁锅

工匠精神强调的不仅仅是对作品的精雕细琢、精益求精，更是一种坚守，是对材料、工艺、造型以及背后承载的文化与精神的敬畏、坚守与传承。爆红之下的章丘铁锅已不仅是厨具，而是传统手艺载体，是观念认知容器，装填着工匠精神，炒制着社会百态，让浮躁蒸发，将本原沉淀。锃亮的章丘铁锅更是一面明镜，光可鉴人，照出匠心，也照出初心。

坚守技艺很难，坚守初心更难。成为网红之后的章丘铁锅，不但将拥有几百年历史的章丘铁匠技艺传承复活，更将上千年中国人心中的义利抉择反复锻造锤炼。多少人守住了枯燥，却迷失于热闹；多少人于夜路中直行，却在阳光下失足。相形之下，铁锅店一纸“限购声明”，一份“下架通知”，其冷静殊为难得。

铁锅锻造费时费力，需一锤一锤敲打；人和社会的发展也如锻造一口铁锅，进步需要一锤一锤地砸实，成长需要一步一步地踩实。与浮躁为伍，易沾染投机；与冷静同行，则收获理智。不被利欲熏心，坚持自己初心，是为匠人，是为匠心。很多人认为工匠是机械重复的工作者，但其实“工匠”意味深远，代表着一个时代的气质，与坚定、踏实、精益求精相连。把做的事看成有灵气的生命体。

工匠们喜欢不断雕琢自己的产品，不断改善自己的工艺，享受着产品在双手中升华的过程。工匠们对细节有很高要求，追求完美和极致，对精品有着执着的坚持和追求，把品质从 99% 提高到 99.99%，其利虽微，却长久造福于世。

当“美国芯”扼住了中兴的喉咙、刺痛了中国心时，当进口圆珠笔芯嘲笑中国制造时，我们应该清醒地意识到，从中国制造到中国创造还有一段距离，当前的我们缺失工匠精神，“我们要用大批的技术人才作为支撑，让享誉全球的‘中国制造’升级为‘优质制造’”。而在这个过程中，代表中国实力的制造工程，其顶级工艺技术确实十分精良，但对于更多的中国制造领域，我们仍然缺乏响当当的“中国名片”，其背后所折射的又恰恰是基础制造业优质技术人才——大国工匠的缺失。

大国工匠彰显大国风范，大国工匠托起巨龙腾飞。转型的瓶颈、环境的压力、需求的倒逼让越来越多的人认识到，要想让中国经济保持“中高速”、产业结构迈向“中高端”，要想扩大“优质供给”、应对激烈国际竞争，就必须下决心“补课”“补钙”，在提升产品与服务的精致度、创新力和可靠性上下苦功。

工匠精神就要求企业如同一个工匠一样，琢磨自己的产品，精益求精，经得起市场的考验和推敲。工匠精神的核心是企业要追求科技创新，技术进步。如果说企业是国家的经济命脉所在，那么一个以科技创新、技术进步为主体的企业，就是民族振兴的动力源泉，是国家财富增加的源泉所在。让企业有这样的责任意识，在工匠精神中精工细作，提升质量，是企业该想的办法。没有“工匠精神”，中国制造就少了赶超的内在动力；缺失工匠精神，产业工人队伍就缺少了主心骨。弘扬“工匠精神”，离不开社会各界的关注和支持，更需一线工人自己发力。

不精不诚，不能动人。工匠精神，是“中国制造”向新高地冲锋时高高举起的旗帜，是中国工商业文明向新境界进发时必不可少的引擎，以创新作灵魂，以匠心去筑梦，才有立国之根，立梦之柱。重拾工匠心，重塑工匠魂，是助推时代进步的先决条件，唯有以一己之力不断践行工匠精神，才能无愧于心，无愧于时代，在未来希望的田野上耕耘出一片芬芳的美丽。

第四节 央视的《大国工匠》节目

2015 年，中央电视台制作了这样一个节目《大国工匠》，讲述 8 个工匠“8 双劳动的手”所缔造的神话，由此展现出我泱泱大国的工匠精神。节目指出：

- 他们能够数十年如一日地追求着职业技能的极致化，靠着传承和钻研，凭着专注和坚守，缔造了一个又一个的“中国制造”；
- 作为一个制造业大国，我们难道就没有工匠精神？还是说社会的浮躁，让我们忽视了这种精神的存在；
- 节目组希望通过《大国工匠》，让工匠精神在全社会形成一种共识，使其成为中国制造的内在支撑。

在一个 3 000 平方米大的现代化数控车床厂房里，中国商飞大飞机制造首席钳工胡双钱(见图 8-13)所在的角落并不起眼，这像一个隐喻：在我们这个人口超过 14 亿的偌大国度里，胡双钱和他的钳工同行们显得寡言少语，也几乎得不到太多的关注。甚至，当中央电视台特别节目《大国工匠》在介绍胡双钱们时，仍有一些网友惊叹，“原来还有这样一群人的存在”。

人们发现，包括胡双钱在内的工匠们之所以走入镜头，并非他们有多么高的学历、收入，而是他们能够数十年如一日地追求着职业技能的极致化，靠着传承和钻研，凭着专注和坚守，缔造了一个又一个的“中国制造”。

图 8-13　大飞机制造首席钳工胡双钱

在接受记者采访时，中央电视台新闻中心经济新闻部副制片人、《大国工匠》节目制片人岳群说，这样的工匠精神，在当下浮躁的社会中显得尤为珍贵。正如一位网友的评论所言："当看见哈雷戴维森工厂的装配工自豪地对儿子说，'街上那些漂亮的摩托车里就有我的签名'的时候，我想，我们的中国工匠也应该有这种荣誉感，社会需要给予技术人才更多尊重与重视。"

（1）可以不是官员也不是负责人但必须有别人难以替代的技术。

提到优质制造，人们的第一反应往往是瑞士、德国、日本等国家的制造业，以及这些国家里控制误差不超毫秒的钟表匠，仅拧各种螺丝就要学习几个月的工人，和那些捏寿司都要捏成极致艺术品的手艺人。而经这些工匠之手制造出来的产品，也无一例外地打上了隐形的高品质标签。

那么，中国呢？"作为一个制造业大国，我们难道就没有这种工匠精神，还是说社会的浮躁，让我们忽视了这种精神的存在？"岳群说。这也成了《大国工匠》制作的初衷。选题确定后，拍摄对象的寻找是一道难关：要在种类繁多的工种与数量庞大的技术工人中找到能代表中国水平与中国制造实力的工匠，并非易事。

更让他们始料未及的是，在诸多单位推荐的工匠名单中，不乏一些大工程项目的指挥官、负责人，但制作团队却坚持一点，寻找真正的匠人——"一定要找到拥有顶尖技术的一线技术工人，他们可以不是官员也不是负责人，但无一例外都要有别人难以替代的技术水准。"

胡双钱就是其中一位拥有非凡技术的匠人，至今，他都是一名工人身份的老师傅，但这并不妨碍他成为制造中国大飞机团队里必不可缺的一分子。

2006 年，中国新一代大飞机 C919（见图 8-14）立项，对胡双钱来说，这个要做百万个零件的大工程，不仅意味着要做各种各样形状各异的零件，有时还要临时救急。一次，生产急需一个特殊零件，从原厂调配需要几天的时间。为不耽误工期，只能用钛合金毛坯来现场临时加工，这个任务交给了胡双钱。

岳群至今记得，在节目中，胡双钱所讲述的任务难度之大，令人难以想象："一个零件要 100 多万元，关键它是精锻出来的，所以成本相当高。因为是有 36 个孔，大小不一样，孔的精度要求是 0.24 毫米。"

图 8-14　中国大飞机——C919

0.24 毫米，相当于人头发丝的直径，这个本来要靠细致编程的数控车床来完成的零部件，那时只能依靠胡双钱的一双手和一台传统的铣钻床。仅用了一个多小时，36 个孔悉数打造完毕，一次性通过检验，也再一次证明胡双钱的“金属雕花”技能。

（2）高薪加两套北京住房也买不来的工匠满足感。

寻找拍摄对象的过程，也是这支制作团队的一次发现工匠精神之旅。

一开始，中央电视台新闻中心经济新闻部副主任、《大国工匠》节目负责人姜秋镝就笃信如今的社会依然有工匠精神的存在，“我国数千年历史中，出现过鲁班这样的大师级工匠，也有修造出故宫这种世界奇观建筑的工匠，这说明中华民族的基因里，的确有工匠精神，也得以延续和传承，我们要做的，是把它挖掘出来”。

此前，大国工匠在岳群心中更多的是一个拥有高超技能的群体，但拍摄完成之后，她却受到强烈的震撼：“他们的心态，或者说他们对于工匠精神的认识与诠释让我佩服。”

给火箭焊“心脏”的高凤林（见图 8-15）给她留下颇为深刻的印象。今年 53 岁的高凤林，是中国航天科技集团公司第一研究院 211 厂发动机车间班组长，30 多年来，他几乎都在做着同样一件事，即为火箭焊“心脏”——发动机喷管焊接。有的实验需要在高温下持续操作，焊件表面温度达几百摄氏度，高凤林却咬牙坚持，双手被烤得鼓起一串串水疱。

图 8-15　给火箭焊“心脏”的高凤林

岳群记得，在这30多年中，曾有人开出“高薪加两套北京住房”的诱人条件给高凤林，高凤林却说，“我们的成果打入太空，这样的民族认可的满足感用金钱买不到”。还有一个细节是，高凤林每天晚上离开厂房时都要回眸看看，岳群说，“这有安全方面的原因，更多的是在欣赏，高凤林觉得他们手上诞生的作品就像金娃娃，每一个都是他精心雕琢出来的。”尽管高凤林是一名工匠，但对待自己的作品，就像艺术家对待艺术品一样，这样的讲述无不令岳群和她的同事动容。

当然，制作团队也没有忘记从事传统工艺的工匠们。

纯银丝巾果盘——北京APEC期间，我国送给各国元首的国礼，让世人都被中国古老的錾刻工艺惊艳。这就是錾刻师孟剑锋（见图8-16）的作品。

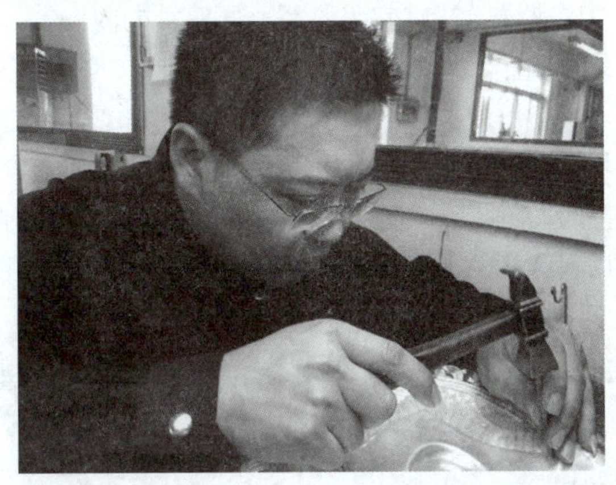

图8-16　錾刻师孟剑锋

细心观察，果盘有粗糙感，丝巾却有光感，做出这样的效果并不容易，孟剑锋需要从不同角度进行上百万次的錾刻敲击。为了用银丝做出支撑果盘的四个中国结，孟剑锋需要反复将银丝加热并迅速编织，银丝快速冷却变硬不可弯曲，需要无数次尝试才能成功。

“其他人可能会选择机械造出中国结底托再黏合上去，而他却无法容忍伴随机械制造而来的细小砂眼，也不愿违背纯手工的诺言。即使右手被烫出大泡，起了厚厚的茧也丝毫没有动摇孟剑锋精益求精、不断超越与追求极致的决心。”岳群告诉记者。整个制作过程中，诸如这样的细节不胜枚举。岳群说，这也许就是孟剑锋们的工匠精神所在。

(3)“中国社会需要工匠精神”。

当然，也会有人问，在新科技革命、工业4.0来袭的时代，我们还需要这些工匠和所谓的工匠精神吗？

整个节目制作下来，姜秋镝有一个很深的感受：不可否认，标准化、机械化大生产越来越普遍地应用于制造业，但是在某些极精密和复杂的领域，机器并不能完全替代人，比如LNG船上的“缝制”钢板任务，就不可能使用机械进行批量操作，只能依赖技术人员精细的焊接，并且不能出现一个漏点。

更为重要的是，正如李克强总理在两会上说的：“我们要用大批的技术人才作为支撑，让享誉全球的‘中国制造’升级为‘优质制造’。”而在这个过程中，代表中国实力的制造工程，其顶级工艺技术确实十分精良，但对于更多的中国制造领域，比如手机、冰箱甚至是前段时间引发抢购风潮的马桶盖等，我们仍然缺乏响当当的“中国名片”，其背后所折射的又恰恰是基础制造业优质技术人才——大国工匠的缺失。

（4）寻找能够代表中国水准的工匠精神。

回忆起制作这个节目的最初灵感，姜秋镝说，是源自与中关村创业者们的一次对话——她告诉记者，在那场交谈中，创业者们感叹现代社会大多数人“太过浮躁”，“并希望找到更多静下心来踏实做事的人才，谈话中，我们还认识了一位对晶体管收音机十分痴迷的老人，为了获得极致的音质，他潜心钻研，不断尝试手工制作晶体管收音机……”这位老人身上体现的，不就是正在创新创业的年轻人所向往的“不浮躁”吗？于是，姜秋镝的团队开始思考，什么样的工匠能够代表中国水准、能够完美诠释工匠精神的内涵。

这部带着他们央视节目制作者思考的《大国工匠》面世，也让中国人重新认识了那“8 双劳动的手”（见图 8-17~ 图 8-21）。

“我们希望通过节目，让工匠精神在全社会形成一种共识，使其成为中国制造的内在支撑。中国制造业有很厉害的一批人，但他们不是多数人。我们期待有一天，我们也能在制造洗衣机或手机的领域，找到这样的大工匠。”岳群说。

图 8-17　顾秋亮：中国船舶重工集团公司第 702 研究所

图 8-18　张冬伟：沪东中华造船集团焊工

图 8-19　宁允展：青岛四方机车高级技师

图 8-20　周东红：中国宣纸股份有限公司高级技师

图 8-21　管延安：港珠澳大桥钳工

◎ 练　习

1. (　　) 年的《政府工作报告》中提出："鼓励企业开展个性化定制、柔性化生产，培育精益求精的工匠精神，增品种、提品质、创品牌。"

A. 2012　　B. 2016　　C. 2020　　D. 2017

2. 习近平总书记在 (　　) 报告上强调："建设知识型、技能型、创新型劳动者大军，弘扬劳模精神和工匠精神，营造劳动光荣的社会风尚和精益求精的敬业风气。"

A. 十七大　　B. 十八大　　C. 十九大　　D. 两会

3. "工匠"即有工艺专长的匠人。"(　　)"最早用来指代手工业劳动者精益求精的一种精神追求。

A. 工匠精神　　B. 精神感悟　　C. 道技合一　　D. 爱国敬业

4. (　　) 是指在制作或工作中追求精益求精的态度与品质，是职业道德、职业能力、职业品质的体现，是从业者的一种职业价值取向和行为表现。

A. 工匠精神　　B. 精神感悟　　C. 道技合一　　D. 爱国敬业

5. 无论是大国重器的打造者，还是普通岗位的劳作者，(　　) 是每一位工匠最根本、最深层、最强劲的动力来源。

A. 工匠精神　　B. 精神感悟　　C. 道技合一　　D. 爱国敬业

6. 工匠们练技修心、(　　)，其中，工匠的"技"是指其所掌握的技能手艺，而"道"则是高于"技"并已内化到工匠们精神世界中的对人生的领悟与透视。

A. 工匠精神　　B. 精神感悟　　C. 道技合一　　D. 爱国敬业

7. 工匠精神的传承不只是技术的继承，更是匠人们经日复一日磨炼所得的 (　　) 的传承。

A. 工匠精神　　B. 精神感悟　　C. 道技合一　　D. 爱国敬业

8. 大学生是支撑我国未来经济社会持续发展的 (　　)，在大学生中培养和树立工匠精神对于增强其劳动认同感、树立正确的劳动价值观、提升创造力水平都有积极意义。

A. 希望之星　　B. 后继新兵　　C. 基础群体　　D. 中坚力量

9. 日式管理最值得学习的是一种精神，而不是具体做法。这种精神就是（　　）。

A. 匠人精神　B. 爱国敬业　C. 海岛文化　D. 艺人精神

10. 随着农耕时代结束，社会进入后工业时代，一些与现代生活不相适应的老手艺、老工匠逐渐淡出日常生活，他们具有的工匠精神（　　）。

A. 需要更新　B. 可能存在　C. 永不过时　D. 逐渐衰退

11. 落在（　　），工匠精神就是一种认真精神、敬业精神。

A. 现实世界　B. 个人层面　C. 社会层面　D. 集体层面

12. 与工匠精神相对的，则是“（　　）精神”，我国制造业存在大而不强等现象多少与此有关。

A. 精益生产　B. 零误差　C. 精益求精　D. 差不多

13.（　　）年，中央电视台制作了《大国工匠》节目，讲述 8 个工匠“8 双劳动的手”所缔造的神话，由此展现出我泱泱大国的工匠精神。

A. 2015　B. 2018　C. 2020　D. 2017

14. 人们发现，包括胡双钱在内的工匠们之所以走入《大国工匠》镜头，是因为他们能够数十年如一日地追求职业技能的极致化，靠着传承和钻研，凭着（　　）专注和坚守，缔造了一个又一个的“中国制造”。

A. 高超的能耐　B. 专注和坚守　C. 论文和著作　D. 巨大的财富

15. 新时代是崇尚大国重器的时代，需要劳模以“新的劳动态度对待（　　）”，推进建设创新型国家。

A. 传统事务　B. 创新需求　C. 新的劳动　D. 原有工作

16. 从本质上讲，工匠精神是一种基于（　　）的职业精神，它源于劳动者对劳动对象品质的极致追求。

A. 层次关联　B. 成果需求　C. 问题导向　D. 技能导向

17. 相较于劳模精神的（　　）而言，工匠精神所植根的人类历史更长，语境也更丰富。

A. 本土性　B. 国际性　C. 先进性　D. 外向性

18.（　　）是所有劳动者都应该学习的精神，是影响和引领每一位劳动者从平凡走向不平凡的外力。

A. 精益求精　B. 劳模精神　C. 工匠精神　D. 劳动精神

19.（　　）是每一位劳动者都应该具有的精神，是激发和激励每一位劳动者，点亮自己生命、超越自己的精神。

A. 精益求精　B. 劳模精神　C. 工匠精神　D. 劳动精神

20. 工匠精神（　　）劳模精神，经历“尚巧”“尚精”“道技合一”三个阶段。

A. 孕育　B. 重叠　C. 互补　D. 互斥

◎ 实践与思考　观影：央视《大国工匠》

小组或个人活动：在网络上找到中央电视台录制的《大国工匠》电视节目（见图 8-22）。认真观看，积极思考。

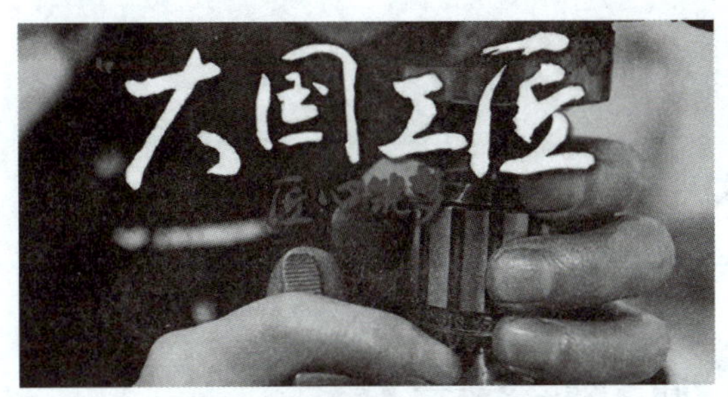

图 8-22 央视《大国工匠》

在观影活动的基础上，请完成一页纸小论文。

（1）结合自身的见闻、经验或体会，谈一谈你对劳动精神、劳模精神、工匠精神的理解。

（2）什么是真正的工匠精神？新时代工匠精神的内涵是什么？请从国家层面、社会层面和个人层面进行解读。

（3）请结合身边例子，谈谈对工匠精神的理解和运用。

-------------------- 请将你的一页 A4 纸小论文粘贴于此 --------------------

实训评价（教师）：____

____

第九章
劳动的创新发展

学习目标

知识目标

（1）懂得创新是具有鲜明新时代特征的劳动精神。新时代，劳动形态发生了巨大变化。要适应新时代劳动教育的特点，正确理解劳动教育的新意蕴，在不同形态的劳动中培养创新精神，实现创造性劳动及劳动成果的创造性转化。

（2）梳理、熟悉传统创新方法。

（3）理解、掌握创造性思维方式，通过创新科技、创新方法、创新思路等实现高效、节能、环保、利民等价值目标。

（4）了解技术创新、管理创新的概念，了解 TRIZ 技术创新方法。

素质目标

对照传统创新方法和创造性思维方式，审视自身对创新思维与创新方法的认识，激发自身的创新素质。

能力目标

克服思维定势，通过创新思维与创新方法的学习与运用，提升自身的创新能力。

理解通过创新劳动创造财富、创造辉煌，不仅能够跟上而且能够引领新时代飞速前进的步伐，从而实现自我价值。

重点难点

（1）熟悉创新思维、创新方法的基本概念。

（2）克服思维定势。

（3）掌握创新性思维方式。

（4）了解技术创新方法。

◎ 导读案例　古代劳动教育：耕读传家

我国劳动教育源远流长，历来有着“耕读传家”的优良传统，“耕”指从事农业劳动；“读”即读书、学习，“耕读传家”体现了我国古代教育与生产劳动的简单结合。许多古旧住宅的匾额上，很容易见到“耕读传家”四个字（见图 9-1）。“耕读传家”在老百姓中可谓流传甚广，深入民心。

图 9-1　耕读传家

耕田可以事稼穑，丰五谷，养家糊口，以立性命。读书可以知诗书，达礼义，修身养性，以立高德。所以，“耕读传家”既学做人，又学谋生。这里所说的“读”，当然是读圣贤书，为的可不是做官，是学点“礼义廉耻”的做人道理。因为在古人看来，做人第一，道德至上。

在耕作之余，或念几句《四书》，或读几句《三字经》《百家姓》《千字文》，或听老人讲讲历史演义。人们就在这样平平常常的生活中，潜移默化地接受着礼教的熏陶和圣哲先贤的教化。

清《睢阳尚书袁氏（袁可立）家谱》：“九世桂，字茂云，别号捷阳，三应乡饮正宾。忠厚古朴，耕读传家，详载州志。”

阅读上文，请思考、分析并简单记录。

（1）在国内许多古镇旅游景区中，不难发现一些古镇建筑上都留有“耕读传家”字样，你去过哪些古镇，见过这样的场景吗？

答：____

____

____

____

（2）请用你自己的话简单表达“耕读传家”的含义。

答：____

____

____

____

（3）请简述你是怎么理解：“‘耕读传家’既学做人，又学谋生”这句话的？

答：____

____

____

____

（4）请简单记述你所知道的上一周发生的国际、国内或者身边的大事。

答：____

____

____

____

____

第一节 劳动的创新发展

创新是具有鲜明新时代特征的劳动精神。在新时代的历史坐标上，社会及科技的发展日新月异，智能化、电子化、机械化、高科技化成为时代的鲜明特征，与此相应，劳动形态也发生了巨大变化。新时代的青年需要适应新时代劳动教育的特点，正确理解劳动教育的新意蕴，在不同形态的劳动中培养创新精神，实现创造性劳动及劳动成果的创造性转化，通过创新科技、创新方法、创新思路等实现高效、节能、环保、利民等价值目标，通过创新劳动创造财富、创造辉煌，不仅能够跟上而且能够引领新时代飞速前进的步伐，从而实现自我价值。

我国是一个文明古国，也是一个发明大国。在绵延数千年的中国历史长河中，我们的祖先创造了灿烂的科技文化，为推动人类的进步与发展做出了不可磨灭的贡献。从公元前4000年算起，截止到明代末年，世界科技史上的100项重大发明的前27项中，有18项是属于中国人的发明。活字印刷（见图9-2）、指南针、造纸术和火药这四大发明曾在世界文明史上写下了一页页光辉的篇章。富有创新精神的中华民族对人类的科技、经济发展起着巨大的推动作用。

图9-2 活字印刷

一、发现和发明

所谓发现，是对客观世界中前所未知的事物、现象及其规律的一种认识活动。

发现的结果本身是客观存在的，是不以人的意志为转移的。无论人类是否对其有所认识，它都按照自身的规律存在于客观世界中，对这种结果进行认识的活动过程就是发现。例如，物质的本质、现象、规律等，不管人类是否发现了它们，它们本来是客观存在的。后来被人类认识到了，就是发现。科学研究的目的就是发现这些客观存在的、还没有被人类认识到的规律。发现也称为科学发现。

发明是指具有独创性、新颖性、实用性和时间性的技术成果，通常指人类做出的前所未有的成果。这种成果包括有形的物品和无形的方法等，在被发明出来之前客观上是不存在的。通过技术研究而得到的前所未有的成果多属发明。发明最注重的是独创性和时间性（或称为首创性）。

简单说，发现和发明的区别主要是:发现是认识世界;发明是改造世界。发现要回答“是什么”“为什么”“能不能”等问题，主要属于非物质形态财富；发明要回答“做什么”“怎么做”“做出来有什么用”等问题，是知识的物化，能够直接创造物质财富。科学发现在我国是不授予专利权的。对于那些具有新颖性、创造性和实用性的发明,发明人可以申请专利，利用法律的手段来保护自己的合法权益。

二、创造与创新

“创造”一词是对创造活动的综合概括。在《现代汉语词典》里，“创造”被解释为“想出新方法、建立新理论、做出新的成绩或东西”。可以说，创造是人们应用已知信息，产生某种新颖而独特的、具有社会价值或个人价值的产品的过程，是“破旧立新”，打破世界上已有的,创立世界上尚未有的精神和物质的活动。作为创造的成果,这种产品可以是新概念、新设想、新理论，也可以指新技术、新工艺、新产品。其特征是新颖、独特、具有一定的社会价值或个人价值。

创新是从英文 innovate（动词）或 innovation（名词）翻译过来的。根据《韦氏词典》所下的定义，创新的含义为：引进新概念、新东西和革新。

创新理论最早是由奥地利经济学家熊彼特（1883—1950 年，见图 9-3）于 1912 年在其成名作《经济发展理论》一书中首先提出来的。按照熊彼特的观点，“创新”是指新技术、新发明在生产中的首次应用，是指建立一种新的生产函数或供应函数，是在生产体系中引进一种生产要素和生产条件的新组合。

图 9-3 熊彼特

熊彼特认为创新包括 5 个方面的内容。

（1）采用一种新的产品或产品的一种新的特性。

（2）开辟新的市场。

（3）获得一种原料或半成品的新的供给来源。

（4）采用新的生产方法（主要是工艺）。

（5）实现新的组织形式。

从一般意义上讲，创造强调的是新颖性和独特性，而创新强调的则是创造的某种具体实现。创造与创新在概念上的差别体现在以下几个方面。

（1）创造比较强调过程，创新比较强调结果。例如，可以说“他创造了一种新方法，这种方法具有创新价值”。

（2）在程度上，创造强调“首创”“第一”“无中生有”“破旧立新”，主要是指自身的新颖性，不一定有比较对象；创新是建立在已经创造出的既有概念、想法、做法等基础之上，其着眼点在于“由旧到新”，强调与原有事物相比较。因此，在某种程度上，可以将创新看作是创造的目的和结果。例如，蒸汽机的出现是一种创造（见图 9-4），而将它应用到其他工业领域，则是创新（见图 9-5）。

图 9-4　创造：瓦特改良的蒸汽机

图 9-5　创新：蒸汽机火车头

（3）在思维过程上，创造应是独到的，其思维始终站在新异的尖端；创新则是在已经创造出的既有概念、想法和做法等的基础上，将别人的原始想法组织起来，应用到自己的思维活动中去。

（4）在范畴上，创造一般指的多是知识、概念、理论、艺术等方面；创新一般指的多是技术、方法、产品等。

（5）在目的上，创造注重的是科学性和探索性；创新更注重经济性和社会性。

三、典型问题和非典型问题

很多哲学家认为，只有在面对问题的时候，人才会开始思考，且思考过程是以问题为起点进行的。当我们看到了问题的现状，并设想了问题被解决后应该实现什么样的状态，接下来我们就会想办法改变问题的现状。在解决问题的过程中，如果用那些已经熟知的典型解决方法无法解决问题，那么我们就会考虑采用非典型方法来解决问题。

典型解决方法：是指可以通过专业教育学到的处理问题的常规方法。对于专业人士来说，典型解决方法是他们工作中经常用到的、非常熟悉的那些解决本领域问题的方法。现有的典型解决方法绝大多数都是前人通过试错法得到的。专业人士通过学习掌握了这些方法后，就可以将它们作为“拿来就用”的工具。

典型问题：是指那些用典型解决方法可以解决的问题。

非典型问题：是指那些用典型解决方法无法解决的问题。

对于一个非典型问题来说，既然无法使用典型解决方法来解决，那么就需要使用具有创造性、创新性的思维方法来找到一种解决方法。这种能够解决非典型问题的，具有创造性、创新性的解决方法对于该问题来说就是一种非典型方法。因此，非典型问题也被称为创新问题。

在面对非典型问题的时候，人们往往会先用各种典型解决方法尝试求解。当典型解决方法无能为力的时候，专业人士会绞尽脑汁去寻找某种非典型解决方法。一旦所找到的这种非典型方法解决了该非典型问题，这种非典型方法很快就会在该领域的专业人士之间传播开来，并最终成为该领域中的一种典型解决方法。这里的“绞尽脑汁”就是人们在面对非典型问题时的真实写照。在绞尽脑汁的过程中，有人通过“顿悟”找到了非典型方法；有人从其他领域找到了可以解决本领域中非典型问题的方法，这种方法在其原有领域中可能已经是典型方法了，但是对于这个领域来说就是一种非典型方法。因此，一种方法是典型方法还是非典型方法是相对的。

为了找到解决非典型问题的方法，处于同一时代的两位先驱者从不同的角度提出了不同的理论。以美国的亚历山大·奥斯本为代表的学者们开创了“创造学”这种以创造主体的心理活动为主的创新方法体系。创造发明是人类劳动中最高级、最活跃、最复杂也是最有意义的一种实践活动，其实质是人类追求新的有价值的功能系统。而创造发明可以发展生产力，推动社会进步，改善人类的生活环境、劳动环境，因此创造发明是人类最宝贵的财富。创造学是一门研究人类创造发明活动规律的科学。

苏联的根里奇·阿奇舒勒通过对大量专利的研究、分析和总结，发现了隐藏在专利背后的规律，提出了发明问题解决理论（TRIZ）。TRIZ 属于技术创新范畴，其主要作用就是解决创新问题。当然，非创新问题也可以用 TRIZ 来解决。

四、科技创新体系

创新理论和实践都证明，创新是人人都具有的一种潜在的能力，而且这种能力可以通过一定的学习和训练得到激发和提升。同时，创新是有规律可循的。人类在解决工程技术问题时所采用的方法都是有规律的，并且这些规律可以通过总结和学习加以掌握和应用。

科技创新是原创性科学研究和技术创新的总称，是指创造和应用新知识和新技术、新工艺，采用新的生产方式和经营管理模式，开发新产品，提高产品质量，提供新服务的过程（见图 9-6）。

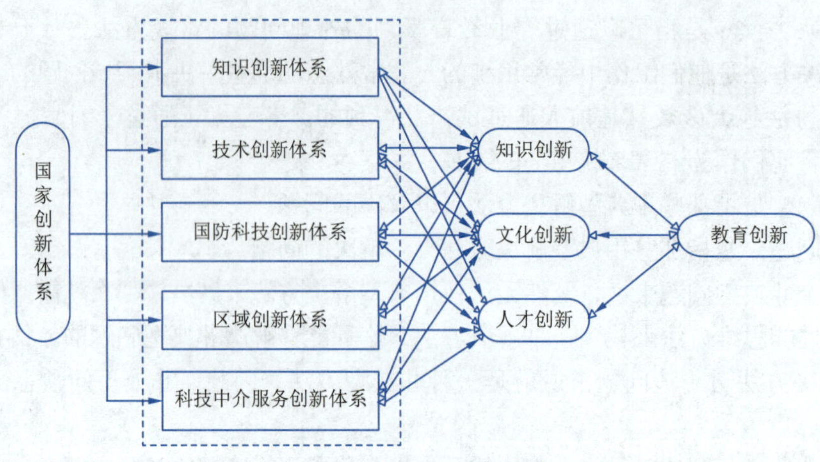

图 9-6　国家创新体系

原创性的科学研究或知识创新是提出新观点（包括新概念、新思想、新理论、新方法、新发现和新假设）的科学研究活动，并涵盖开辟新的研究领域、以新的视角来重新认识已知事物等。原创性的知识创新与技术创新结合在一起，使人类知识系统不断丰富和完善，认识能力不断提高，产品不断更新。信息通信技术发展引领的管理创新作为信息时代和知识社会科技创新的主题，也是当今科技创新的重要组成部分。

科技创新体系由以科学研究为先导的知识创新、以标准化为轴心的技术创新和以信息化为载体的现代科技引领的管理创新三大体系构成（见图 9-7），知识社会新环境下三个体系相互渗透，互为支撑，互为动力，推动着科学研究、技术研发、管理与制度创新的新形态。

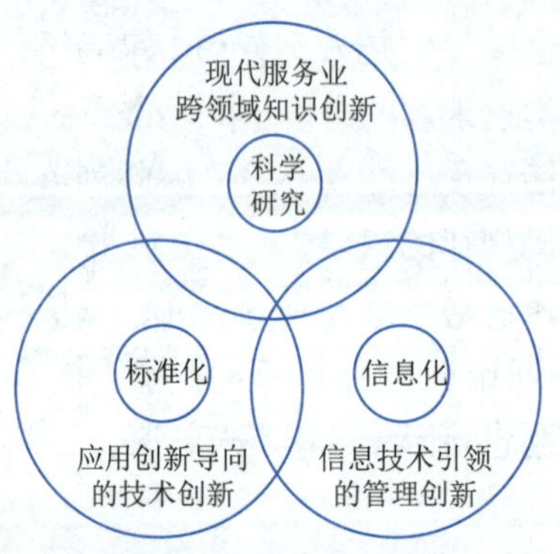

图 9-7　科技创新体系

科技创新涉及政府、企业、科研院所、高等院校、国际组织、中介服务机构、社会公众等多个主体，包括人才、资金、科技基础、知识产权、制度建设、创新氛围等多个要素，是在各创新主体、创新要素交互复杂作用下，科学研究、技术进步与应用创新这个三螺旋结构协同演进下的一种复杂涌现，是一类开放的复杂巨系统（如果组成系统的元素不仅数量大而且种类也很多，它们之间的关系又很复杂，并有多种层次结构，这类系统称为复杂巨系统）。从技术进步与应用创新构成的技术创新双螺旋结构出发，进一步拓展视野，技术创新的力量是来自于科学研究与知识创新，来自专家和人民群众的广泛参与。

信息技术引领的现代科技的发展以及经济全球化进程，进一步推动了管理创新。现代科技引领的管理创新无疑是我们所在这个时代创新的主旋律，也是科技创新体系的重要组成部分。

科技创新可以被分成三种类型：知识创新、技术创新和现代科技引领的管理创新。

第二节　传统创新方法

在长期的自然与社会实践中，人们已经创造和发展了很多解决发明问题的方法，例如人们习惯使用的试错法、头脑风暴法等。单独使用这些传统的创新方法曾经收到过较好的发明创新效果。这些创新方法往往要求使用者具有较高的技巧、比较丰富的经验和较大的知识积累量，因此，使用这些方法进行创新的效率普遍不高。特别是当遇到一些较难且复杂的问题时，仅仅依赖“灵机一动”就很难解决问题了。

一、克服思维定式

在长期的思维活动中，每个人都形成了自己惯用的思维模式，当面临某个事物或现实问题时，便会不假思索地把它们纳入已经习惯的思想框架进行思考和处理，即思维定势。

思维定势也称“惯性思维”，是指由先前的活动而造成的一种对活动的特殊的心理准备状态，或活动的倾向性。在环境不变的条件下，定势使人能够应用已掌握的方法迅速解决问题，而在情境发生变化时，它则会妨碍人采用新的方法。

思维定势有益于日常对普通问题的思考和处理，但不利于创造性思维，它阻碍新思想、新观点、新技术和新形象的产生。因此，在创造性思维过程中需要突破思维定势。思维定势多种多样，不同的人有不同的思维定势。常见的思维定势有从众型、书本型、经验型和权威型。

（1）从众型思维定势。指没有或不敢坚持自己的主见，总是顺从多数人意志的一种广泛存在的心理现象，例如“羊群效应”。羊群是一种很散乱的组织，平时都是盲目地左冲右撞，但一旦头羊动起来，其他的羊会不假思索地一哄而上，全然不顾旁边可能有的狼和不远处更好的青草（见图 9-8）。羊群效应就是比喻人们的从众心理，容易盲从，而盲从往往会陷入骗局或遭到失败。

图 9-8　羊群效应

羊群效应是管理学上企业市场行为的一种常见现象。羊群效应也是减少研发和市场调研的一种策略，现在被广泛应用在各个行业上，也叫做“复制原则”。一个公司通过调研和开发而投放市场的产品，会被对手轻易复制而免去前期的研发成本，这是加剧竞争的原因之一。

类似于羊群效应的从众型思维定势更多带来的是盲目上马的项目和没有经过充分的市场调研而导致的模糊的前景，甚至会分散一个公司的精力。破除从众型思维定势，需要在思维过程中不盲目跟随，具备心理抗压能力；在科学研究和发明过程中，要有独立的思维意识。

（2）书本型思维定势。书本知识对人类所起的积极作用是显而易见的，它是人类的宝贵财富。我们需要掌握书本知识的精神实质，不能当作教条死记硬背。当社会不断发展，而书本知识未得到及时和有效的更新时，书本上的知识与客观事实之间会存在一定程度的滞后性。如果一味地认为书本知识都是正确的或严格按照书本知识指导实践，将严重束缚、禁锢创造性思维的发挥，将形成书本型思维定势。

（3）经验型思维定势。经验是人类在实践中获得的主观体验和感受，是通过感官对个别事物的表面现象、外部联系的认识，是理性认识的基础，在人类的认识与实践中发挥着重要作用。经验型思维定势是指人们处理问题时按照以往的经验去办的一种思维习惯，照搬经验，忽略了经验的相对性和片面性，制约了创造性思维的发挥。经验型思维有助于人们在处理常规事物时提高办事效率。我们要把经验与经验型思维定势区分开来，破除经验型思维定势，提高思维灵活变通的能力。

（4）权威型思维定势。在思维领域，不少人习惯引证权威的观点，甚至以此作为判定事物是非的唯一标准，一旦发现与权威相违背的观点，就唯权威是瞻，这种思维习惯或程式就是权威型思维定势。在科学研究中，要破除权威型思维定势，坚持“实践是检验真理的唯一标准”。

二、试错法

传统的创新方法基本上都是以心理机制为基础的，它们的程序、步骤、措施大都是为人们克服发明创新的心理障碍而设计，在运用中受到使用者经验、技巧和知识积累水平的制约。

试错法是指人们通过反复尝试运用各式各样的方法或理论，使错误（或不可行的方案）逐渐减少，最终获得能够正确解决问题的方法的一种创新方法。千百年来，人们一直在使用试错法求解发明问题。在尝试利用一种方法、物质、装置或工艺来求解某一问题时，如果找不到问题的解决方案，就进行第二次尝试，如果没找到问题的解决方法，则进行第三次尝试，以此类推，这就是试错法解决问题的思路和过程。

当用尽了所有常规方法后，就会尝试去猜想是否有正确的解决方案。这样，经过一个漫长的寻找过程也可能碰巧走对路子并解决问题，但取得这种结果的概率很小。多数情况下，对所想到的可能方案均进行了尝试之后仍不能解决问题，甚至因条件限制，尝试无法继续进行，只能精疲力竭地宣告终止。

苏联的创新专家尤里·萨拉马托夫对试错法做过这样的评价：“人类在试错法中损失的时间和精力，远比在自然灾害中遭受的损失要惨重得多”。

例 9-1 爱迪生（见图 9-9）是位举世闻名的美国电学家和发明家，他除了在留声机、电灯、电话、电报、电影等方面有许多的发明和贡献以外，在矿业、建筑业、化工等领域也有不少著名的创造和真知灼见。相信每个人都知道爱迪生的那句名言："天才就是百分之二的灵感加上百分之九十八的汗水。"爱迪生不仅有聪慧过人的头脑，更有不懈努力的精神，因此，他得到了巨大的成功。

图 9-9　爱迪生发明灯泡

据记载，爱迪生在发明电灯时，他和他的助手们历经 13 个月，用过的灯丝材料有 1 600 多种金属材料和 6 000 多种非金属材料，试验了 7 000 多次，终于找到了有实用价值的灯丝材料，为人类带来了光明。爱迪生的发明，为人类的文明和进步做出了巨大的贡献。他勇于试验、不畏失败的探索精神和执着的研究态度令人敬佩，值得我们学习。爱迪生发明电灯所采用的方法就是试错法。

对解决简单的发明问题，试错法效果明显，此时可能的解决方案的数目不超过 10 个或 20 个，找到正确的解决方案并不困难。而对于较复杂的发明问题，由于可能存在成百上千个可能的解决方案，试错法的效率就非常低，解决发明问题的周期较长，所付出的代价很高。

三、头脑风暴法

头脑风暴法也称为智力激励法、自由思考法或诸葛亮会议法，发明者美国的奥斯本是 BBDO 广告公司的创始人，他于 1939 年首次提出头脑风暴法，并于 1953 年在《应用想象》一书中发表了这种激发创造性思维的方法。

头脑风暴法是指一群人开动脑筋，进行自由地创造性地思考与联想，各抒己见，在短时间内提出解决问题的大量构想的一种方法，是最具实用性的一种集体创造性地解决问题的方法。

"头脑风暴"的原意是"突发性的精神错乱"，用来表示精神病患者处于大脑失常的状态。精神病患者最大的特征是在发病时无视他人的存在，言语与肢体行为随心所欲。这虽然不合乎社会行为礼节的规范，然而从创造思考的启导与引发的目标来看，摆脱世俗礼教与旧观念的束缚，期望构想能无拘无束地涌现，还是有必要的，这正是头脑风暴法的精义所在。

从形式上来看，头脑风暴法是将少数人召集在一起（见图 9-10），以会议的形式，对某一问题进行自由思考和联想，提出各自的设想和提案。与会者可以在没有任何约束的情况下发表个人的想法，提出自己的创意。参与的人甚至可以提出看起来异想天开的想法。

图 9-10　头脑风暴会议

现代发明创新课题涉及技术领域广泛，靠个别发明家单枪匹马式的冥思苦想变得软弱无力，收效甚微。相比之下，类似头脑风暴法这种群体式的发明战术则会取得良好效果。

实施头脑风暴法要组织由 5~10 个人参加的小型会议。头脑风暴法会议之所以会导致大量新创意的诞生，主要有以下原因：一是在轻松、融洽的气氛中，每个人都能敞开想象，自由联想，各抒己见；二是能够产生互相激励，互相启发的效果。每个人的创意会引起他人的联想，引起连锁反应，形成有利于解决问题的多种创意；三是在会议讨论时更能激发人的热情，激活思维，开阔思路，益于突破思维定势和旧观念的束缚；四是竞争意识的使然，争强好胜的天性会使与会者积极开动脑筋，发表独到见解和新奇观念。

为了减少群体内的社交抑制因素，激励新想法的产生，提高群体的创造力，使用头脑风暴法解决问题时必须遵守以下基本规则。

（1）暂缓评价。在头脑风暴会议上，会议主持人和会议参与者对各种意见、方案的正确与否，不要当场做出评价或批评指责。对观点的批评不仅会占用宝贵时间和脑力资源，而且容易使与会者人人自危，发言谨慎保守，从而遏制了新观点的诞生。因为所有的想法都有潜力成为好观点、好方法，或者能够启发他人产生新的想法。参与者着重于对想法进行丰富和拓展。将评论放在后面的“评价阶段”进行的“延迟评判”策略，可以产生积极氛围，有助于参与者提出更多的想法。

（2）鼓励提出独特的想法。与会者在轻松的氛围下各抒己见，避免人云亦云、随波逐流，有利于提出独特的见解，这样便可能提供比常规想法更好的解决方案。可以反过来看问题，也可以换一个角度考虑问题等。

（3）追求数量。追求方案的质量，容易将时间和精力集中在对该方案的完善和补充上，从而影响其他方案的提出和思路的开拓，也不利于调动所有成员的积极性。如果头脑风暴会议结束时有大量的方案，那就极可能发现一个非常好的方案。因此，头脑风暴法强调所有的活动应该以在给定的时间内获得尽可能多的方案为原则。为此，与会者应该解放思想，独立思考，畅所欲言，而不必顾虑自己的想法或说法是否离经叛道或荒唐可笑。

（4）重视对想法的组合和改进。对好的想法进行组合、取长补短，以形成一个更好的想法。与单纯提出新想法相比，对想法进行组合和改进可以产生出更好、更完整的想法，所以头脑风暴法能更好地体现集体智慧。

第三节 创造性思维方式

创新思维是指以新颖独创的方法解决问题的思维过程，以求突破常规思维的界限，以超常规甚至反常规的方法、视角去思考问题，提出与众不同的解决方案，从而产生新颖的、独到的、有意义的思维成果。创新思维的本质在于将创新意识的感性愿望提升到理性的探索上，实现创新活动由感性认识到理性思考的飞跃。

在客观需要的推动下，创新思维以新获得的信息和已储存的知识为基础，综合运用各种思维形态或思维方式，经过对各种信息、知识的匹配、组合，或者从中选出解决问题的最优方案，或者系统地加以综合，或者借助于类比、直觉等创造出新办法、新概念、新形象、新观点，从而使认识或实践取得突破性进展的思维活动。创新思维具有新颖性、灵活性、探索性、能动性和综合性等特点，是创新过程中最基本的手段。创造性思维方式就是从创新思维活动中总结、提炼、概括出来的具有方向性、程序性的思维模式。

对创新思维的内在规律加以总结归纳，形成有助于方案产生或问题解决的策略，即为创造性思维技法。在具体的问题解决和方案生成中，对创造性思维技法的系统化应用以及辅助工具的支持也是非常关键的。创造性思维技法是有效、成熟的思维的规律化总结与结构化表达。常用的创造性思维技法有整体思考法、多屏幕法、金鱼法、小人法等。

一、发散思维与收敛思维

思想家托马斯•库恩认为，科学革命时期发散思维占优势，常规科学时期收敛思维占优势，一个好的探索者要在发散思维和收敛思维之间保持必要的张力。

（1）发散思维。它由美国心理学家 J.P. 吉尔福特提出，是对同一问题从不同层次、不同角度、不同方向进行探索，从而提供新结构、新点子、新思路或新发现的思维过程。

发散思维具有流畅性、灵活性和独特性的特点。

流畅性是思想的自由发挥，指在尽可能短的时间内生成并表达出尽可能多的思维观念以及较快地适应、消化新的思想概念，是发散思维量的指标。例如，在思考“取暖”有哪些方法时，可以从取暖方法的各个方向发散，有晒太阳、烤火、开空调、电暖气、电热毯、剧烈运动、多穿衣等，这些都是同一方向上数量的扩大，方向较为单一。

灵活性是指克服人们头脑中僵化的思维框架，按照某一新的方向来思索问题的特点。常常借助横向类比、跨域转化、触类旁通等方法，使发散思维沿着不同的方面和方向扩散，以呈现多样性和多面性。

独特性表现为发散的“新异”“奇特”和“独到”，即从前所未有的新角度认识事物，提出超乎寻常的新想法，使人们获得创造性成果。

例 9-2 发散思维的应用——“孔”（见图 9-11）。

“孔”结构在工程实例中广泛应用，利用发散思维，可用“孔”结构解决很多问题，例如：

① 钢笔尖上有一条导墨水的缝，缝的一端是笔尖，另一端是一个小孔，最早生产的笔尖是没有这个小孔的，既不利于存储墨水，也不利于在生产过程中开缝隙。

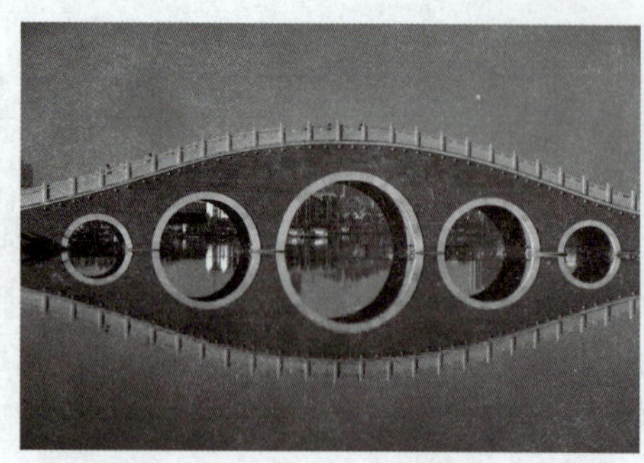

图 9-11　桥孔

② 钢笔、圆珠笔之类的商品常常是成打（12 支）平放在纸盒里的，批发时不便一盒一盒拆封点数和查看笔杆颜色，有人想出在每盒盒底对应每一支笔的下面开一个较大的孔，查验时只要翻过来一看，就可知道够不够数，是什么颜色，省时又省力。

③ 弹子锁最怕钥匙断在里面或被人塞纸屑、火柴梗进去，很难钩取出来。如果在制造锁时在钥匙口对面预留一个小孔，再出现上述情况，用细铁丝一捅就出来了。

④ 防盗门上有小孔，装上“猫眼”能观察门外来人。

（2）收敛思维。它是将各种信息从不同的角度和层面聚集在一起，尽可能利用已有的知识和经验，将各种信息重新进行组织、整合，实现从开放的自由状态向封闭的点进行思考，从不同的角度和层面，把众多的信息和解题的可能性逐步引导到条理化的逻辑序列中，以产生新的想法，寻求相同目标和结果的思维方法，形成一个合理的方案。

在收敛思维过程中，要想准确地发现最佳的方法或方案，必须综合考察各种发散思维成果，并对其进行归纳、分析比较。收敛式综合并不是简单的排列组合，而是具有创新性的整合，即以目标为核心，对原有的知识从内容到结构上进行有目的的评价、选择和重组。

发散思维所产生的设想或方案，通常多数都是不成熟或者不切实际的。因此，必须借助收敛思维对发散思维的结果进行筛选，得出最终合理可行的方案或结果。

例 9-3　隐形飞机。

隐形飞机（见图 9-12）的制造是一种多目标聚焦的结果。要制造一种使敌方的雷达探测不到，红外及热辐射仪等追踪不到的飞机，需要分别实现雷达隐身、红外隐身、可见光隐身、声波隐身四个目标，每个目标中还有许多具体的小目标，通过具体地解决一个个小目标，最终制造出了隐形飞机。

图 9-12　隐形飞机

二、横向思维与纵向思维

横向思维是截取历史的某一横断面，研究同一事物在不同环境中的发展状况，并通过同周围事物的相互联系和相互比较中，找出该事物在不同环境中的异同。纵向思维是从事物自身的过去、现在和未来的分析对比中，发现事物在不同时期的特点及前后联系而把握事物本质的思维过程。横向思维与纵向思维的综合应用能够对事物有更全面的了解和判断，是重要的创造性思维技巧之一。

（1）横向思维。它是由爱德华·德·波诺于 1967 年在其《水平思维的运用》中提出的。横向思维从多个角度入手，改变解决问题的常规思路，拓宽解决问题的视野，从而使难题得到解决，在创造活动中发挥着巨大作用。

在横向思维的过程中，首先把时间概念上的范围确定下来，然后在这个范围内研究各方面的相互关系，使横向比较和研究具有更强的针对性。横向思维对事物进行横向比较，即把研究的客体放到事物的相互联系中去考察，可以充分考虑事物各方面的相互关系，从而揭示出不易觉察的问题。

例 9-4 彼特·尤伯罗斯组织 1984 年洛杉矶奥运会。

彼特·尤伯罗斯（1937—）因成功组织了 1984 年的洛杉矶奥运会，被世界著名的《时代周刊》评选为 1984 年度的“世界名人”。在尤伯罗斯之前，举办现代奥运会简直是一场经济灾难，1976 年蒙特利尔奥运会亏损 10 亿美元，1980 年莫斯科奥运会用去资金 90 亿美元，第 23 届奥运会洛杉矶政府没有提供任何资金，居然获利 2.25 亿美元，令全世界为之惊叹。这个创举要归功于尤伯罗斯在奥运经费问题上采用了横向思维（见图 9-13）。

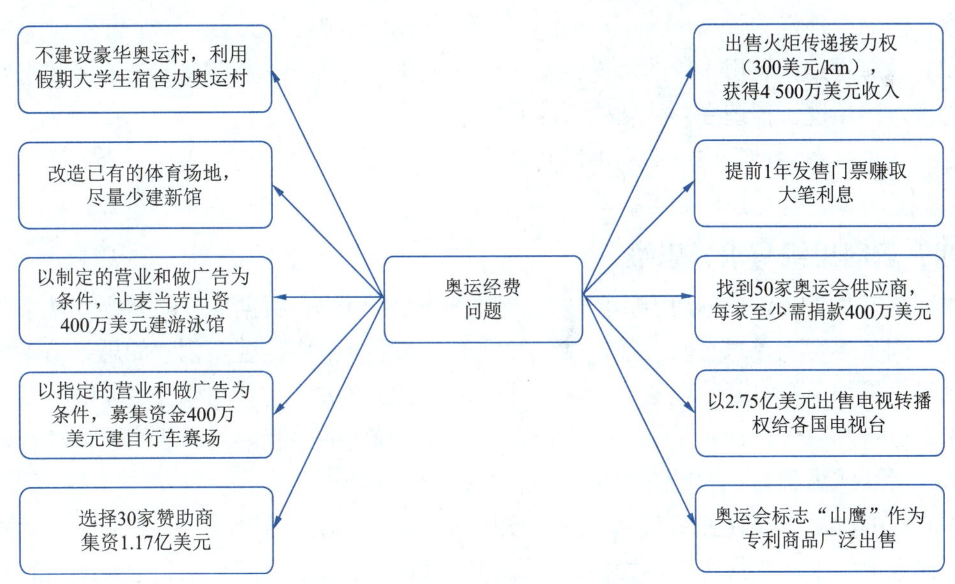

图 9-13　奥运会经费的横向思维

尤伯罗斯运用横向思维，通过拍卖奥运会的电视转播权、出售火炬传递接力权、引入新的赞助营销机制等方式，扩大了收入来源。在开源的同时，尤伯罗斯全力压缩开支，充分利用已有设施，不盖新的奥林匹克村，招募志愿人员为大会义务工作。凭借着天才的商业头脑和运作手段，尤伯罗斯使不依赖政府拨款的洛杉矶奥运会盈利2.25亿美元，成为近代奥运会恢复以来真正盈利的第一届奥运会，尤伯罗斯也因此被誉为奥运会的“商业之父”。

(2) 纵向思维。它被广泛应用于科学和实践之中。事物发展的过程性是纵向思维得以形成的客观基础，任何一个事物都要经历一个萌芽、成长、壮大、发展、衰老和死亡的过程，并且在这个发展过程中可捕捉到事物发展的规律性，纵向思维就是对事物发展过程的反映。纵向思维按照由过去到现在，由现在到将来的时间先后顺序来考察事物。

纵向思维对未来的推断具有预测性，纵向思维的预测结果可能符合事物发展的趋势。在现实社会中，通过对事物现有规律的分析预测未知的情况相当普遍，纵向思维方法在气象预测、地质灾害预测等领域广泛应用，对于指导人们的行为、决策和规划起着较大作用。

三、正向思维与逆向思维

正向思维是按常规思路，以时间发展的自然过程、事物的常见特征、一般趋势为标准的思维方式，是一种从已知到未知来揭示事物本质的思维方法。与正向思维相反，逆向思维在思考问题时，为了实现创造过程中设定的目标，跳出常规，改变思考对象的空间排列顺序，从反方向寻找解决办法的一种思维方法。正向思维与逆向思维相互补充、相互转化。

(1) 正向思维。是人们最常用到的思维方式。正向思维法是在对事物的过去、现在充分分析的基础上，推知事物的未知部分，提出解决方案。

正向思维具有如下特点：在时间维度上是与时间的方向一致的，随着时间的推进进行，符合事物的自然发展过程和人类认识的过程；认识具有统计规律的现象，能够发现和认识符合正态分布规律的新事物及其本质；面对生产生活中的常规问题时，正向思维具有较高的处理效率，能取得很好的效果。

(2) 逆向思维。利用事物的可逆性，从反方向进行推断，寻找常规的岔道，并沿着岔道继续思考，运用逻辑推理去寻找新的方法和方案。

逆向性思维在各种领域、活动中都有适用性。不论哪种方式，只要从一个方面想到与之对立的另一方面，都是逆向思维。

四、求同思维与求异思维

求同思维是指在创造活动中，把两个或两个以上的事物，根据实际的需要，联系在一起进行“求同”思考，寻求它们的结合点，然后从这些结合点中产生新创意的思维活动。

求异思维法是指对某一现象或问题，进行多起点、多方向、多角度、多原则、多层次、多结果的分析和思考，捕捉事物内部的矛盾，揭示表象下的事物本质，从而选择富有创造性的观点、看法或思想的一种思维方法。

(1)求同思维。是从已知的事实或者已知的命题出发，通过沿着单一的方向一步步推导，来获得满意的答案。获得客观事物共同本质和规律的基本方法是归纳法，把归纳出的共同本质和规律进行推广的方法是演绎法。这些过程中，肯定性的推断是正面求同，否定性的推断是反面求同。

求同思维是沿着单一的思维方向，追求秩序和思维缜密性，能够以严谨的逻辑性环环相扣，以实事求是的态度，从客观实际出发，来揭示事物内部存在的规律和联系，并且要通过大量的实验或实践来对结论进行验证和检验。

求同思维进行的是异中求同，只要能在事物间找出它们的结合点，基本就能产生意想不到的结果。组合后的事物所产生的功能和效益，并不等于原先几种事物的简单相加，而是整个事物出现了新的性质和功能。

(2) 求异思维。在遇到重大难题时，采用求异思维，常常能突破思维定势，打破传统规则，寻找到与原来不同的方法和途径。求异思维在经济、军事、创造发明、生产生活等领域广泛应用。求异思维的客观依据是任何事物都有的特殊本质和规律，即特殊矛盾表现出的差异性。要进行求异思维，必须积极思考和调动长期积累的社会感受，给人们带来新颖的、独创的、具有社会价值的思维成果。

例 9-5 松下无绳电熨斗。

在日本，松下电器的熨斗事业部很有权威性，因为它在 20 世纪 40 年代发明了日本第一台电熨斗。虽然该部门不断创新，但到了 20 世纪 80 年代，电熨斗进入了滞销行列，如何开发新品，使电熨斗再现生机，是当时该部门很头痛的一件事。

一天，被称为“熨斗博士”的事业部部长召集了几十名年龄不同的家庭主妇，请她们从使用者的角度来提要求。一位家庭主妇说：“熨斗要是没有电线就方便多了。”“妙，无线熨斗！”部长兴奋地叫起来，马上成立了攻关小组研究该项目。

攻关小组首先想到用蓄电池，但研制出来的熨斗很笨重，不方便使用，于是研发人员又观察、研究妇女的熨衣过程，发现妇女熨衣并非总拿着熨斗一直熨，整理衣物时，就把熨斗竖立一边。经过统计发现，一次熨烫最长时间为 23.7 秒，平均为 15 秒，竖立的时间为 8 秒。于是根据实际操作情况对蓄电熨斗进行了改进，设计了一个充电槽，每次熨后将熨斗放进充电槽充电，8 秒钟即可充足，这样使得熨斗重量大大减轻。新型无线熨斗终于诞生了（见图 9-14），成为当年最畅销的产品。这个简单的例子告诉我们，求异思维经常会产生意想不到的收获。

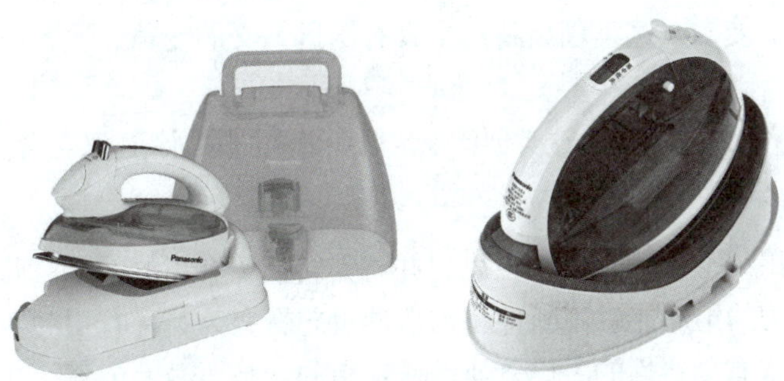

图 9-14 无绳电熨斗

第四节 创新方法的推广与应用

2008 年，国家科技部、发展改革委、教育部、中国科协联合发布了《关于加强创新方法工作的若干意见》，明确了创新方法工作的指导思想、工作思路、重点任务及其保障措施等。截止目前，全国分批在几乎所有省（区、市）开展了多轮以 TRIZ 理论体系为主的创新方法的推广应用工作，已经持续了十多年。

一、技术创新

技术创新是指生产技术的创新，是以创造新技术为目的创新或以科学技术知识及其创造的资源为基础的创新。前者如创造一种新的激光技术，后者如以现有的激光技术为基础开发一种新产品或新服务，是企业竞争优势的重要来源，企业可持续发展的重要保障。认识技术创新本质、特点和规律，是技术创新有效管理的重要前提。

在技术创新中，以现有的知识和物质，在特定的环境中，改进或创造新的事物（包括但不限于各种方法、元素、路径、环境等），并能获得一定有益效果的行为。重大的技术创新会导致社会经济系统的根本性转变。技术创新包括新产品和新工艺，以及原有产品和工艺的显著技术变化。

技术创新和产品创新有密切关系，又有所区别。技术的创新可能带来但未必带来产品的创新，产品的创新可能需要但未必需要技术的创新。一般来说，运用同样的技术可以生产不同的产品，生产同样的产品可以采用不同的技术。产品创新侧重于商业和设计行为，具有成果的特征，因而具有更外在的表现；技术创新具有过程的特征，往往表现得更加内在。产品创新可能包含技术创新的成分，还可能包含商业创新和设计创新的成分。技术创新可能并不带来产品的改变，而仅仅带来成本的降低、效率的提高，例如改善生产工艺、优化作业过程从而减少资源消费、能源消耗、人工耗费或者提高作业速度。另一方面，新技术的诞生，往往可以带来全新的产品，技术研发往往对应于产品或者着眼于产品创新；而新的产品构想，往往需要新的技术才能实现。

苏塞克斯大学的科学政策研究所根据创新的重要性，将技术创新分为以下几类。

（1）渐进性创新：渐进性的、连续的小创新。

（2）根本性创新：开拓全新领域、有重大技术突破的创新。

（3）技术系统的变革：这类创新将产生具有深远意义的变革，通常出现技术上有关联的创新群的出现。

（4）技术—经济范式的变更：这类创新包含很多根本性的创新，又包含很多技术系统变更。

二、管理创新

管理创新是指组织形成一种创造性思想并将其转换为有用的产品、服务或作业方法的过程，也即富有创造力的组织能够不断地将创造性思想转变为某种有用的结果。当管理者说到要将组织变革成更富有创造性的时候，他们通常指的就是要激发创新。在管理创新活动中，企业把新的管理要素（如新的管理方法、新的管理手段、新的管理模式等）或要素组合引入企业管理系统以更有效地实现组织目标的活动。

管理创新包括管理思想、管理理论、管理知识、管理方法、管理工具等的创新。何道谊按功能将管理创新分解为目标、计划、实行、检查反馈、控制、调整、领导、组织、人力九项管理职能的创新。按业务组织的系统将创新分为战略创新、模式创新、流程创新、标准创新、观念创新、风气创新、结构创新、制度创新。以企业职能部门的管理而言，企业管理创新包括研发管理创新、生产管理创新、市场营销和销售管理创新、采购和供应链管理创新、人力资源管理创新、财务管理创新、信息管理创新等。

管理创新的内容也可以分为三个方面，三者从低到高，相互联系、相互作用。

（1）管理思想理论上的创新。

（2）管理制度上的创新。

（3）管理具体技术方法上的创新。

有三类因素将有利于组织的管理创新，它们是组织的结构、文化和人力资源实践。

（1）从组织结构因素看，有机式结构对创新有正面影响，拥有富足的资源能为创新提供重要保证，单位间密切的沟通有利于克服创新的潜在障碍。

（2）从文化因素看，充满创新精神的组织文化通常有如下特征：接受模棱两可，容忍不切实际，外部控制少，接受风险，容忍冲突，注重结果甚于手段，强调开放系统。

（3）在人力资源这一类因素中，有创造力的组织积极地对其员工开展培训和发展，以使其保持知识的更新；同时，它们还给员工提供高工作保障，以减少他们担心因犯错误而遭解雇的顾虑；组织也鼓励员工成为革新能手；一旦产生新思想，革新能手们会主动而热情地将思想予以深化、提供支持并克服阻力。

三、TRIZ 创新方法

1946 年，作为苏联里海舰队专利部的一名专利审查员，发明家根里奇·阿奇舒勒（见图 9-15）有机会接触并对大量的专利进行分析研究。在研究了来自于世界各国的上百万个专利（其中包含 20 多万个高水平发明专利）的基础上，阿奇舒勒发现，发明是有一定规律的，掌握这种规律有助于做出更多、更高级别的发明。从此，阿奇舒勒共花费了将近 50 年的时间，揭示出隐藏在专利背后的规律，创立并完善了一套体系相对完整的“发明问题解决理论（TRIZ）”，为 TRIZ 创新理论的问世和发展奠定了基础。

阿奇舒勒从不同角度利用不同的分析方法对专利进行分析，总结出了多种规律。如果按照抽象程度由高到低进行划分，可以将经典 TRIZ 中的这些规律表示为一个金字塔结构（见图 9-16）。随着 TRIZ 的不断发展和完善，TRIZ 不仅增加了很多新发现的规律和方法，还从其他学科和领域中引入了很多新的内容，从而极大地丰富和完善了 TRIZ 的理论体系（见图 9-17）。

图 9-15　发明家阿奇舒勒

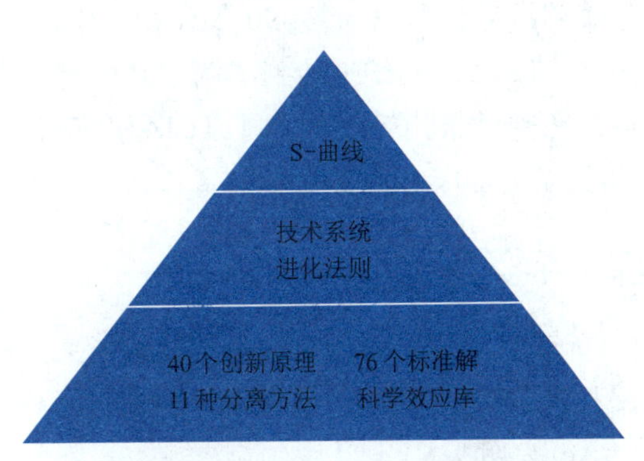

图 9-16　经典 TRIZ 中的规律

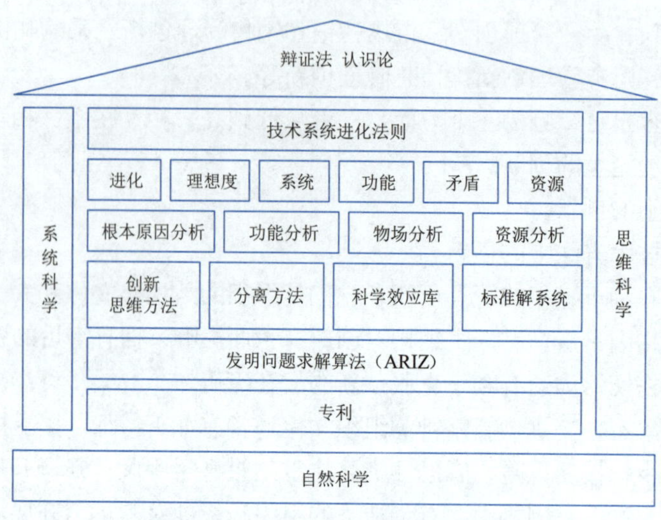

图 9-17　经典 TRIZ 的理论体系结构

（1）TRIZ 的理论基础是自然科学、系统科学和思维科学。

（2）TRIZ 的哲学范畴是辩证法和认识论。

（3）TRIZ 来源于对海量专利的分析和总结。

（4）TRIZ 的理论核心是技术系统进化法则。

（5）TRIZ 的基本概念——进化、理想度、系统、功能、矛盾和资源。

（6）TRIZ 的创新问题分析工具包括：根本原因分析、功能分析、物场分析、资源分析和创新思维方法。

（7）TRIZ 的创新问题求解工具包括：创新思维方法、分离方法、科学效应库和标准解系统。

（8）TRIZ 的创新问题通用求解算法是发明问题求解算法（ARIZ）。

在阿奇舒勒看来，人们在解决发明问题过程中所遵循的科学原理和技术进化法则是一种客观存在。大量发明所面临的基本问题是相同的，其所需要解决的矛盾（在 TRIZ 中称为技术矛盾和物理矛盾）从本质上说也是相同的。同样的技术创新原理和相应的解决问题的方案，会在后来的一次次发明中被反复应用，只是被使用的技术领域不同而已。因此，将那些已有的知识进行整理和重组，形成一套系统化的理论，就可以用来指导后来者的发明和创造。

苏联解体后，在 20 世纪 90 年代初、中期，随着部分 TRIZ 研究人员移居到欧、美等西方国家，TRIZ 才系统地传到了西方并引起学术界和企业界的关注。特别是在 TRIZ 传入美国后，在密歇根州等地成立了 TRIZ 研究咨询机构，继续对 TRIZ 进行深入的研究，使 TRIZ 得到了更加广泛的应用和发展。

◎ 练　习

1. 所谓（　　），是对客观世界中前所未知的事物、现象及其规律的一种认识活动，它的结果本身是客观存在的，是不以人的意志为转移的。

A. 发明　　B. 发现　　C. 发展　　D. 发达

2.（　　）是指具有独创性、新颖性、实用性和时间性的技术成果，通常指前所未有的成果。

A. 发明　　B. 发现　　C. 发展　　D. 发达

3.（　　）是人们应用已知信息，产生某种新颖而独特的、具有社会价值或个人价值的产品的过程，是“破旧立新”，打破世界上已有的，创立世界上尚未有的精神和物质的活动。

A. 研究　　B. 创新　　C. 创造　　D. 开发

4.（　　）的含义为：引进新概念、新东西和革新。

A. 研究　　B. 创新　　C. 创造　　D. 开发

5. 创新理论最早是由奥地利经济学家熊彼特于 1912 年提出来的。按照熊彼特的观点，创新包括五个方面的内容。下列（　　）不属于其中。

A. 找到一种过去未知的化学元素

B. 采用一种新的产品或产品的一种新的特性

C. 开辟新的市场

D. 获得一种原料或半成品的新的供给来源

6.（　　）是指可以通过专业教育学到的处理问题的常规方法，但它无法解决非典型问题。

A. 非典型解决方法　　B. 万能解决问题工具

C. 典型解决方法　　D. 问题的自动解决方法

7. 能够解决（　　）问题，具有创造性、创新性的解决方法对于该问题就是一种非典型方法。

A. 研究　　B. 创新　　C. 创造　　D. 开发

8. 根里奇·阿奇舒勒通过对大量（　　）的研究、分析和总结，发现了隐藏在其背后的规律，提出了发明问题解决理论（TRIZ）。

A. 产品　　B. 文献　　C. 工具　　D. 专利

9. 理论和实践都证明，（　　）是人人都具有的一种潜在的能力，而且这种能力可以通过一定的学习和训练得到激发和提升。

A. 创新　　B. 创造　　C. 制造　　D. 赚钱

10. 科技创新可以被分成三种类型，但下列（　　）不属于其中。

A. 知识创新　　B. 技术创新　　C. 方法创新　　D. 管理创新

11. 技术创新是指（　　）的创新，是以创造新技术为目的创新或以科学技术知识及其创造的资源为基础的创新。

A. 知识积累　　B. 生产技术　　C. 培育技术　　D. 研究方法

12. 管理创新是指组织形成一种（　　）并将其转换为有用的产品、服务或作业方法的过程。

A. 创造性思想　　B. 技术措施　　C. 管理制度　　D. 工具方法

13. 思维定势（　　）日常对普通问题的思考和处理，（　　）创造性思维。

A. 有益于，不利于　　B. 不利于，有益于

C. 有益于，有益于　　　　　　　　D. 不利于，不利于

14.（　　）是指人们通过反复尝试运用各式各样的方法或理论，使错误（或不可行的方案）逐渐减少，最终获得能够正确解决问题的方法的一种创新方法。

A. 和田十二法　　B. 形态分析法　　C. 头脑风暴法　　D. 试错法

15.（　　）是指一群人开动脑筋，进行自由地创造性地思考与联想，各抒己见，在短时间内提出解决问题的大量构想的一种集体创造性地解决问题的方法。

A. 和田十二法　　B. 形态分析法　　C. 头脑风暴法　　D. 试错法

16. 运用创新思维的目的，是让我们具有“新的眼光”，（　　），打破技术系统旧有的阻碍模式。

A. 克服思维定势　　　　　　　　B. 弃用传统思维

C. 只用全新方法　　　　　　　　D. 跟着感觉努力

17. 创新思维具有新颖性、灵活性等特点，但下列（　　）不属于其中。

A. 探索性　　B. 能动性　　C. 稳定性　　D. 综合性

18. 发散思维是对同一问题从不同层次、不同角度、不同方向进行探索，从而提供新结构等的思维过程。但下列（　　）不属于其中。

A. 新点子　　B. 新思路　　C. 新发现　　D. 新资源

19. 收敛思维是将各种信息从不同的角度和层面（　　），尽可能利用已有的知识和经验，以产生新的想法，寻求相同目标和结果的思维方法，形成一个合理的方案。

A. 提炼　　B. 聚集　　C. 发散　　D. 推广

20. 任何一个事物都要经历一个生命周期过程，在这个过程中捕捉事物发展的规律。（　　）就是对事物发展过程的反映。

A. 横向思维　　B. 深度思维　　C. 纵向思维　　D. 广度思维

21. 正向思维是按（　　），以时间发展的自然过程、事物的常见特征、一般趋势为标准的思维方式，是一种从已知到未知来揭示事物本质的思维方法。

A. 重要节点　　B. 常规思路　　C. 创新方法　　D. 特殊状态

22.（　　）是指在创造活动中，把多个事物根据实际需要联系在一起进行思考，寻求它们的结合点，然后从这些结合点中产生新创意的思维活动。

A. 求异思维　　B. 常规思维　　C. 独特思维　　D. 求同思维

23.（　　）法是指对某一现象或问题，进行多起点、多方向、多角度、多原则、多层次、多结果的分析和思考，捕捉事物内部的矛盾，揭示表象下事物本质的一种思维方法。

A. 求异思维　　B. 常规思维　　C. 独特思维　　D. 求同思维

◎ 实践与思考　头脑风暴：践行劳动教育，我们该有何作为？

头脑风暴会议的讨论议题是：____

____

头脑风暴会议的与会者分别是：

①____________________，专业背景：______________________________

② ____________，专业背景：____________

③ ____________，专业背景：____________

④ ____________，专业背景：____________

⑤ ____________，专业背景：____________

⑥ ____________，专业背景：____________

⑦ ____________，专业背景：____________

其中，主持人是：____________。

头脑风暴会议上，收集的创意数量是：____________个。

请具体描述本次头脑风暴会议的情况：

____

请评价：你认为此次头脑风暴会议成功吗？

☐很成功 ☐成功 ☐一般 ☐不成功

实训总结

____

实训评价（教师）：____________

第十章
劳动者的权益

学习目标

知识目标

（1）熟悉劳动者，熟悉劳动者的相关权益，懂得保护劳动者的权益。

（2）熟悉大学生在兼职、实习、就业中的劳动权益及其保护。

（3）了解劳动的法律知识，注重合法劳动的意识培养。

素质目标

（1）熟悉劳动权益的相关知识，懂得关心、爱护劳动者的基本理念。

（2）了解劳动的法律知识，具有合法劳动的意识素养。

能力目标

熟悉劳动权益的内涵，在兼职、实习和就业中，能维护合法权益，具有合法劳动的基本意识素养。

重点难点

（1）熟悉劳动者和大学生的劳动权益。

（2）了解劳动的法律知识，注重合法劳动的意识培养。

◎ 导读案例　白求恩制造“卢沟桥”

白求恩（1890 年 3 月 3 日—1939 年 11 月 12 日，见图 10-1）是一个非常注意观察事物的人。

1939 年 2 月，白求恩应贺龙师长之邀，率东征医疗队到冀中。他经常看到老乡们出门都要在肩膀上搭上一个褡裢装东西。这种褡裢子是用比较厚实的布缝制的，前后是两个大口袋，分别装各种东西，出门办事买东西非常方便。白求恩反复观察和琢磨，他想，把老乡的褡裢子改造一下，搭在马背上不就可以装医疗器械了吗？

图 10-1　国际主义战士，加拿大人白求恩

白求恩说干就干，很快做了一个搭在马背上的褡裢子。这一天，白求恩在打谷场上做实验；他把制作的褡裢子里装上医疗器械搭在马背上，让马在打谷场上跑了几圈。然后打

开褡裢子一看，不行，那些医疗器械都混在了一起不说，有的东西互相一撞击，都没法用了。

实验失败了，白求恩不甘心，他继续琢磨。

一次，白求恩又看见老乡赶着驴往地里送粪，驴背上驮着一个驮子。这种驮子很简单，两边是用荆条编的筐，中间用两根木棍连接起来，搭在驴背上，使用起来很方便。白求恩又琢磨起来了，把这粪驮子改造改造能不能装医疗器械呢？这天晚上，白求恩一夜没睡觉。他翻来覆去琢磨，要设计一个药驮子。他在纸上画了一遍又一遍，经过多次修改，天快亮的时候，终于设计出了一个药驮子。

白求恩设计的药驮子外形很像一座单孔桥，“桥”顶是没有盖的箱子，可以存放各种夹板，“桥”的两边是各有三个抽屉的木制箱子，抽屉里用木板隔成几个小格子，可以放置各种手术器械和药品。在两个驮子上搭一块门板就成了一个简易的手术台。这种药驮子可以盛100次手术和500次换药用的器械和药品，实际上是一个手术室，一个换药室，一个小药房。而且它携带方便，行动迅速，半小时就可以展开，15分钟就可以收起，放在牲口背上就是可以驮走。这种药驮子的发明，在战场抢救中非常有用。有人开玩笑对白求恩说，这项发明又可以申请专利了。

药驮子经过实验成功了，白求恩给他起了一个名字叫“卢沟桥”，一方面它像一座桥，一方面也是抗日战争的一个纪念。“卢沟桥”的发明创造体现了白求恩对工作极端的负责任，在抗日战争中发挥了重要的作用。

阅读上文，请思考、分析并简单记录。

（1）通过网络搜索，了解更多关于国际主义战士白求恩的故事。请记录你对他的印象。

答：________________________________

（2）毛泽东主席曾经专门为白求恩医生写了一篇文章《纪念白求恩》，请阅读这篇文章，记下其中你认为最经典的段落，简单记录你的学习体会。

答：________________________________

（3）本文从一个侧面记录了白求恩大夫的点滴事迹，这些事迹表现了白求恩的什么精神呢？请简单分析并记录。

答：________________________________

（4）请简单记述你所知道的上一周发生的国际、国内或者身边的大事。

答：________________________________

第一节 关心和爱护劳动者

2014 年 4 月 30 日，习近平在乌鲁木齐接见劳动模范和先进工作者、先进人物代表，向全国广大劳动者致以“五一”节问候，指出：当前，因为加快转变经济发展方式、促进经济结构战略性调整、化解过剩产能等原因，一些企业和职工遇到了种种困难。越是这样，越要发挥职工群众主人翁作用，越要关心职工群众生产生活和职业发展，把全心全意依靠工人阶级的方针落实好（见图 10-2）。

对劳动模范和先进工作者、先进人物，各条战线广大职工和各族人民群众要向他们学习，各级党委和政府要热情关心他们的工作、学习、生活，为他们的健康和幸福、为他们更好发挥作用创造良好环境和条件。

2015 年 4 月 28 日，习近平在庆祝“五一”国际劳动节暨表彰全国劳动模范和先进工作者大会上的讲话，指出：党和国家要实施积极的就业政策，创造更多就业岗位，改善就业环境，提高就业质量，不断增加劳动者特别是一线劳动者劳动报酬。要建立健全党和政府主导的维护群众权益机制，抓住劳动就业、技能培训、收入分配、社会保障、安全卫生等问题，关注一线职工、农民工、困难职工等群体，完善制度，排除阻碍劳动者参与发展、分享发展成果的障碍，努力让劳动者实现体面劳动、全面发展。

图 10-2　关心劳动者

2016 年 4 月 26 日，习近平在知识分子、劳动模范、青年代表座谈会上的讲话，指出：各级党委和政府要关心和爱护广大劳动群众，切实把党和国家相关政策措施落实到位，不断推进相关领域改革创新，坚决扫除制约广大劳动群众就业创业的体制机制和政策障碍，不断完善就业创业扶持政策、降低就业创业成本，支持广大劳动群众积极就业、大胆创业。要切实维护广大劳动群众合法权益，帮助广大劳动群众排忧解难，积极构建和谐劳动关系。

第二节　劳动权益的内容

维护劳动者合法权益既能够保护劳动者合法劳动行为，形成尊重劳动的文化氛围，也有助于企业人力资源的积累，保障企业可持续发展，是我国构建和谐社会、实现中华民族伟大复兴的中国梦不可或缺的重要组成部分（见图 10-3）。在党的十九大报告中，“更高质量和更充分就业”“人人都有通过辛勤劳动实现自身发展的机会”“构建和谐劳动关系”“鼓励勤劳守法致富”等重要表述无不展现出国家保护劳动权益和着力改善民生的决心。

图 10-3　保护劳动者合法权益

一、劳动权益的基本内涵

劳动权益是劳动者享有的权利与利益的简称，指的是劳动者作为人力资源的所有者，在劳动关系中，凭借从事劳动或从事过劳动这一客观存在而获得的应享有的权益。

（1）平等就业和选择职业的权益。凡是有劳动能力的公民，均应当获得参加社会劳动的权利，并能够不受歧视地自主选择相应的职业。

（2）获得劳动报酬的权益。劳动者在合法履行劳动义务之后，有权获得与其劳动力价值对等的报酬。

（3）依法休息休假的权益。过度劳动或透支式劳动都不利于劳动者身心健康，对于可持续劳动过程会带来负面影响，因而依照法律相关规定，劳动者享有休息的权利，包括法定节假日、病假、产假等。

（4）获得劳动安全卫生保护的权益。劳动者在劳动的过程中有权获得安全的工作环境以及必要的劳动保护用品，以保障本人的安全和健康的权利，对于一些特殊的工种还应当配备专门的保护设施设备。

（5）获得社会保险和福利的权益。用人单位和劳动者必须依法参加社会保险并缴纳社会保险费，劳动者在满足对应条件时有获得社会福利的权利。

（6）接受职业技能培训的权益。从事技术工种的劳动者在上岗前必须经过培训，这既是技能提升和工作效率改进的需要，也是保护劳动者身心健康的需要。

二、大学生劳动权益的特殊性

当前，大学生在校兼职及入职前实习的现象已非常普遍，在完成课业的同时他们主动且自愿地为他人或机构提供脑力劳动或体力劳动，既能够在一定程度上增加自身的收入，同时也有助于提升其综合素质、增强就业竞争力。然而，大学生兼职或实习毕竟不同于正规的劳动就业，这导致对大学生劳动者身份的不同认识，进而增加了大学生在兼职与实习过程中劳动权益界定的难度。

要客观考察大学生劳动权益的特殊内涵，需要从其兼职与实习过程中的“劳动者”身份说起。从就业年龄来看，我国法律规定的劳动者最低就业年龄为16周岁。除特殊情况外（如大学少年班学生），大学生群体一般在18周岁以上，均已达到法律对劳动者起始年龄的要求。由于通常大学生兼职、实习阶段多从事低附加值的劳动，其所学的知识与技能足以支撑兼职或实习任务。

可见，大学生的确从事了与普通劳动者类似的劳动过程，理应享有相应的劳动权益。但大学生劳动者身份的特殊性，又使得其在劳动方式、劳动时长、劳动合同签订等方面无法与一般劳动者完全等同，特别是兼职劳动在法律意义上很难确切界定，时常出现劳动报酬被压低、休息保障不充分、其他福利待遇难以兑现等合法权益被侵害现象，从而造成大学生劳动权益保护的困难。

三、大学生劳动权益保护

据国家统计局2019年末的统计数据显示，我国目前16~59周岁的劳动年龄人口占全国总人口的64%。一般情况下，现实劳动关系中的主体地位是不平衡的，劳动者往往处于弱势，用人单位则处于相对强势。为保障广大劳动者的合法权益，各国劳动法律体系中对劳动者的就业年龄、劳动者应享有的权利、劳动者最低工资标准以及特殊群体的劳动权益保障都会做出明确规定。

（一）大学生劳动权益保护的特殊性

与一般意义上的劳动者相比，从事兼职或实习活动的大学生身兼“在校学生”与“劳动者”双重身份，很难与用人单位形成持久而稳固的劳动关系，这既成为一些用人单位逃避相关责任的借口，也是大学生自身维权意识不足的重要原因。

首先，大学生“特殊劳动者”的身份增加了将其充分纳入法律保护的难度。大多数情况下，大学生需要边完成学业边参加劳动，这就使得他们很难提供连续且稳定的劳动，这种非持续性或非全日制劳动的形式为劳动合同签订带来了困难，即使签订劳动合同，其条款往往也只是一些原则性说明，进而成为其劳动权益维护的重要障碍。

其次，用人单位对于大学生兼职劳动的预期不稳定，用对待普通劳动者的方式为大学生提供必要劳动培训或保障的动力不足。在校大学生能否顺利毕业、毕业后是否会继续留下来工作、正式录用后是否会安心上班等，都是用人单位雇佣大学生时所担心的问题。因而，大多数大学生在兼职或实习中只能从事一些可替代性强的简单劳动，用人单位出于节约成本考虑，不太可能对其进行必要的技能培训，在法律层面也较少为其缴纳相关劳动保险。

最后，大学生与用人单位双方合同缔约能力不对等。在兼职或实习劳动关系中，大学生明显处于弱势地位，使得他们在兼职与实习过程中不敢主张自己的合法权益，当自身合法权益受到侵害时也不会像普通劳动者那样主动寻求法律保护。此外，部分大学生法律意识淡薄，对自身劳动义务认知不到位，认为与用人单位签订的就业协议不具备法律效力而肆意违约。对自身权益、应尽法律义务的不明晰既不利于大学生维护自身合法权益，同时也损害了用人方的利益，不利于维护社会公共秩序。因此，培养大学生合法劳动意识，既要积极履行自身劳动义务，又要善于运用法治思维保护自身的合法权益。

（二）大学生劳动权益的保护

目前，我国劳动权益保障体系中虽然尚未形成针对大学生群体的劳动权益保障条款，但在已有法律法规中已体现出对大学生群体合法劳动权益的重视。

《中华人民共和国劳动合同法实施条例（2008 年 9 月颁布）》、2016 年教育部等五部门联合印发的《职业学校学生实习管理规定》以及 2019 年教育部印发的《关于加强和规范普通本科高校实习管理工作的意见》对职业院校、普通高校学生实习期间工作时间和休息休假权、获得实习报酬权以及对实习过程中发生疾病、伤亡等情况的处理等都做了规定与说明，如“接收学生顶岗实习的实习单位，应参考本单位相同岗位的报酬标准和顶岗实习学生的工作量、工作强度、工作时间等因素，合理确定顶岗实习报酬，原则上不低于本单位相同岗位试用期工资标准的 80%，并按照实习协议约定，以货币形式及时、足额支付给学生”。

第三节 大学生的劳动权益

大学生具有“劳动者”身份，理应合法享有相应的劳动权益，但作为兼有“在校学生”与“劳动者”双重身份的大学生，其劳动权益主要体现在劳动过程中，兼职打工、实习见习、毕业择业等不同劳动参与方式下的劳动权益内容也会有所差别，“分门别类”予以了解有助于针对性地维护自身合法劳动权益。

一、兼职中的劳动权益

大学生兼职是指大学生利用业余时间自愿为企业等用人单位提供体力或脑力的劳动支出。大学生兼职活动形式多样，在时间上也有很强的自由性，大多发生在寒暑假或节假日期间。对部分高校学生的调查结果显示，许多大学生在兼职过程中遭遇权益侵害，如被故意延长工作时长、故意拖欠或克扣工资、被安排高强度工作等，甚至出现用人单位无视兼职大学生劳动期间受伤的情况，大学生兼职中的合法劳动权益保护不甚乐观（见图 10-4）。

根据大学生兼职的法律性质可将大学生兼职种类划分为非全日制用工与劳务关系用工两种。非全日制用工形式与企业正式员工的全日制工作形式相对应，一般为大学生到企业兼职；劳务关系用工相比于非全日制用工形式更加灵活，劳动具有短时性的特点，如发传单、促销或家教等兼职活动。在两种用工关系的兼职中，兼职大学生都享有自愿订立劳动合同、约定工时限制、获得工资保障以及享受特殊工伤赔偿的权益。

图 10-4　保护大学生劳动权益

第一，大学生与用人单位双方在平等协商的基础上应自愿订立劳动合同。劳动合同是劳动者与用人单位之间确立劳动关系、明确双方权利和义务的协议，具有法律约束力。合同订立后，大学生本人应依照合同要求接受用人方的管理，根据相应工作安排付出劳动，同时享有合同规定内容的合法权益。

第二，大学生在兼职时有权与用人方约定兼职期间工时限制。按照相关法律规定，非全日制用工的劳动者在同一用人单位一般平均日工作时间不得超过 4 小时；劳务关系性质的用工，单次工作时间虽然较长但对于劳动双方的权利、义务关系有明确的规定，用人方也应依劳动合同的规定足额支付劳动报酬。

第三，大学生兼职有获得工资保障的权利。基于对劳动的尊重，同时为避免用人方将大学生作为廉价劳动力甚至免费劳动力使用，我国劳动合同法规定非全日制用工小时计酬标准不得低于用人单位所在地政府规定的最低小时工资标准。

第四，大学生兼职期间有权享有与工伤保险对等的工伤赔偿。由于兼职大学生身份的特殊性，兼职期间的社会保险不能简单套用一般劳动者社会保险管理规定，但大学生兼职仍有受工伤的风险，一旦发生，用人方应按照工伤事故处理并给予兼职大学生一定的赔偿，保证因劳动关系产生的利益得到落实。

二、实习中的劳动权益

大学生就业实习，是指已修完学校规定学分即将毕业但尚未拿到毕业证和学位证的大三或大四学生，以就业为目的提前进入工作岗位工作。与兼职的情况不同，大学生就业实习的特点在于利用学籍时间，着眼于提升自身的实践能力与就业能力，而不是单纯地利用课余时间赚取劳动报酬。一般而言，大学生就业实习是基于学校的实践安排，而兼职则属于个人行为。随着劳动力市场就业压力增大，“实习”已成为大学生择业就业的重要途径，通过实习既能够提升大学生的实践能力，帮助其提前适应职场，同时有助于促进产教融合。然而由于实习生身份与人事关系的特殊性，许多企业为降低用工成本，在规章制度、岗位职责等方面往往按照本单位正式员工的要求管理实习生，而在享有对等的劳动权益方面却尽显苛刻。

大学生在就业实习过程中除享有基本的签订劳动合同、获得劳动报酬等权益外，还应享有职业伤害保障权。这里的职业伤害保障权与兼职活动中的“特殊工伤赔偿”有所不同，属于社会保险的范畴，它是实习生在遭受职业伤害或疾病风险后获得救助的重要保障。对江苏高校实习生的大范围调查结果显示，仅有16%的实习生在实习中购买了工伤保险，其中实习单位提供的职业伤害保护仅占有保险人数的44%。大学生实习过程中因职业伤害诉讼用人方赔偿的情况时有发生。

案例：大四实习生王某毕业前夕与某用人单位签订了《实习协议书》，协议书对实习时间和实习期月薪做了明确规定。实习于6月15日完成，同时双方口头达成协议："实习期满后签订正式劳动合同，期间用人单位依法为王某购买工伤保险。"6月16日王某取得高校毕业证，6月20日王某因公事外出期间受伤，住院一个月，同时相关司法鉴定王某为八级伤残。就在王某住院治疗阶段，用人方单方面解除了劳动关系，期间发放的工资也未达到当地政府规定的最低工资标准。无奈，王某向当地法院提起诉讼。法院最终判定用人方侵害了实习生王某的权益，判决用人方：① 足额支付王某实习期间的应得报酬；② 支付王某解除劳动合同经济赔偿金3 000元；③ 根据工伤鉴定结果予以赔偿；④ 案件受理费由用人方承担。最终双方自愿达成和解，用人方赔偿王某近八万元。

实习生在实习过程中通常发挥"顶岗"的作用，能够胜任一般工作的要求，但"实习工资"通常低于正式员工。鉴于实习生身份的特殊性，企业可以不为实习生缴纳养老保险、失业保险，但应强制、足额缴纳实习期间的工伤保险，切实保障实习生的劳动权益，在实习中免受职业伤害。

三、就业中的劳动权益

大学生在毕业求职过程中一般更加重视简历的设计或求职技巧的提升，而对就业过程中个人合法权益保护的关注明显不足。毕业生法律维权意识的缺乏致使其在就业过程中经常使自身权益受到不同程度的侵害，而当前毕业生招聘条款中侵权性质的内容普遍存在。大学生就业中的劳动权益保障问题已逐渐成为一个广受关注的社会性问题。

《劳动合同法》是保障大学生就业权益的基本法律条文，大学生就业中的劳动权益主要包括劳动合同的签订、依法明确试用期限以及订立清晰的合同条款。

第一，劳动合同的签订。为降低用工成本，逃避雇佣法律责任，一些不良企业规避与劳动者签订劳动合同，特别对于刚毕业步入职场的大学生，由于他们本身社会经验不足、法律意识淡薄，这一现象更加普遍。《劳动合同法》明确规定"用人单位自用工之日起即与劳动者建立劳动关系"，并且"建立劳动关系，应当订立书面劳动合同"。一旦毕业生在就业阶段发生侵权纠纷，除劳动合同纸质证明外，任何口头协议都不利于大学生维护自身的合法劳动权益。

第二，依法明确试用期限。试用期是大学生入职之初与用人单位相互了解的过渡期。《劳动合同法》依据劳动合同的期限对试用期的期限有明确规定："劳动合同期限三个月以上不满一年的，试用期不得超过一个月；劳动合同期限一年以上不满三年的，试用期不得超过二个月；三年以上固定期限和无固定期限的劳动合同，试用期不得超过六个月。"由于大学生对试用期相关法律条款了解不够，一些用人单位随意延长试用期限，或者为降低用人成本，试用期满后随意解除已签订的劳动合同，致使大学生劳动权益严重受损。

第三，订立清晰的合同条款。一般在签订劳动合同的过程中用人单位处于主导地位，即由用人单位提前依照相关法律规定拟好合同文本，双方在达成一致后签订。有些用人单位在拟定合同条款时倾向于过多规定“劳动者的义务”和“用人单位的权利”，而很少在合同条款中涉及“劳动者的权利”和“用人单位的义务”。由于大学生初出校门，法律意识淡薄，他们对劳动合同中的不公平条款不够敏锐，甚至有些大学生即使意识到条款中的问题，为了“保住工作”也会选择被动签约。用人单位对合同条款的不平等规定及其在签约过程中与大学生地位的不平等为大学生就业后劳动权益的保障埋下隐患，一旦发生权益纠纷，很多大学生将处于被动状态。

第四节 合法劳动意识培养

《劳动法》《劳动合同法》规定了劳动者合法权益的基本内容，是大学生在兼职、实习活动中维护自身合法权益的重要法律保障，因此大学生应主动学习法律条文中劳动权益的有关内容，重视相关法律课程的学习。

一、学好相关法律法规知识

为培养大学生的法律意识，多数高校在大一年级都开设了必修课程“思想道德与法律修养”，然而由于该课程并非专业课程，学生的学习热情不高，个别学生甚至将考试不挂科作为该课程学习的目标。大学生在校期间应扭转自身认识，重视法律法规基础课程，明确课程的学习目标和培养方案，有的放矢进行学习，而不能只为获得学分应付学习。另外，除专业课和法律基础必修课外还应当有意识地多方位摄取其他相关知识，如选择法规类选修课程，主动参加学校组织的普法教育活动等，要从认识上重视法律法规对自身的实际意义，注重相关知识摄取的实效，掌握基本劳动相关法律法规知识。

学好劳动法规知识是前提，用好劳动法规知识才是目的。大学生在全面了解与兼职、实习、就业相关的法律条文，掌握基本的劳动法规知识后，当自身合法权益受到侵害时要主动寻求法律保护，而不能抱着“多一事不如少一事”的消极心态保持沉默，更不可在放弃使用法律武器的同时，选择采用“报复性”手段向用人单位“讨回公道”，这样既无法保护自己的劳动权益，还有可能因违法而导致更大的损失。正确的做法是运用劳动法规相关知识，自主辨别自身权益受侵害的情况，并理智对待和处理常见的侵权问题，如怎样获得兼职与实习工资保障、兼职或实习期间遇到工伤情况应如何处理、就业试用期应该多长以及期间可以获得哪些待遇等。

二、规避兼职实习前的风险

兼职是大学生在校期间最早接触社会的活动之一。大学生在兼职、实习与就业的过程中与用人方形成劳动关系，并受到《劳动法》和《劳动合同法》的保护，包括兼职中的劳动权益保护、实习中的双方责权，以及和毕业就业直接相关、关乎毕业生切身利益的有关劳动合同签订、试用期的确定以及试用期结束后转正的相关规定。为最大程度规避风险，大学生在兼职前应首先对相关法律条文进行全面了解，掌握与自身相关的、常用的法律法规知识。此外，有必要多询问高年级同学或者通过网络了解“过来人”的兼职经历，这样一方面能够对兼职工作的种类有所了解，更重要的是可以通过他人的经历提前认识到兼职中可能存在的侵权行为，为个人实际兼职活动中的权益保护提前做好准备。确定兼职工作后，大学生应当主动要求与用人方签订包含兼职时间、工作内容、工作时长、兼职待遇、兼职期间意外情况处理等内容的书面协议。

与兼职有所不同，大学生在实习与就业的过程中应当对劳动合同的签订、试用期的确定以及转正手续办理的相关法律法规有更深刻的理解。要深刻地认识到实习或寻找工作是正式迈向劳动力市场的前奏，要用一个合格劳动者的标准要求自己，既要注重自身劳动权益的合法保护，也要清楚地认识自己在兼职与实习活动中应履行的义务，诚实劳动，辛勤劳动，用实际行动为自己争取更多权益。

三、维护合法权益

在兼职、实习与就业的过程中，当自身合法权益受到侵害后，大学生应勇于面对被侵权的情况，运用已有的法律法规知识主动尝试与用人方进行沟通，明确双方的权责，尝试协调解决问题。当个人努力协调无果，大学生还应积极寻求外在帮助。高校是大学生进入社会前法律意识形成和培养的重要场所，也是大学生合法权益受到侵害后的第一道保护阵地。高校大多设有法律指导援助机制，能及时为大学生提供就业指导与维权服务。当自身合法权益受到侵害后，大学生应积极求助于学校的法律援助中心，听取专业指导老师的意见，在学校的帮助下与用人方进行沟通协调。除学校外，社会媒体的报道、劳动权益部门的保护等都是大学生在遭受侵权伤害后寻求权益保护的有效途径。

总之，大学生在正式步入社会前可能会面临各种形式的劳动权益威胁，当自身合法权益受到侵害后，大学生作为“弱势方”要做到既不一味退让，也不鲁莽冲动，要发挥自身内在作用，同时积极寻求学校与社会的外在帮助，借助多方力量共同维护自身的合法权益。

第五节 劳动的法律基础

与劳动相关的法律包括：中华人民共和国劳动法；中华人民共和国劳动合同法；中华人民共和国劳动争议调解仲裁法；中华人民共和国公务员法；中华人民共和国社会保险法；劳动保障监察条例；中华人民共和国民事诉讼法；劳动人事争议仲裁办案规则；劳动人事争议仲裁组织规则；人事争议处理规定、企业职工劳动争议协商调解规定等。

一、劳动法与劳动合同法

案例：公司发出录用通知后是否可以反悔?

张某是北京某公司的财务科长。北京另一家公司招聘财务总监，张某经过慎重考虑后参加了该公司的笔试、面试，随后这家公司向张某发出了录用通知，通知其在“五一”节后来公司上班。张某为此很高兴，辞去了原来的工作。但是五一后张某就收到该公司撤回录用的通知，原因是该职位已经有更合适的人员。张某大为气愤，向劳动仲裁委员会提起仲裁，要求该公司履行与自己的劳动合同。公司发出录用通知后可以反悔吗?

（一）劳动法

劳动法是我国社会主义法律体系中一个重要的法律文件。

劳动法是调整劳动关系以及与劳动关系有密切联系的其他社会关系的法律规范的总和。广义上的劳动法不仅包括狭义上的劳动法，还包括宪法、其他法律法规中涉及劳动关系的法律规范。

1. 劳动法的调整对象

劳动法的调整对象为劳动关系和与劳动关系有密切联系的其他社会关系。

我国劳动法调整的劳动关系的范围包括：企业、个体经济组织、民办非企业单位等组织的劳动关系；国家机关、事业单位、社会团体的劳动合同关系。国家机关、事业单位、社会团体的非劳动合同关系不由劳动法调整，而是由公务员法以及其他相关法律调整。

2. 劳动法的适用范围

《劳动法》第二条明确规定："在中华人民共和国境内的企业、个体经济组织和与之形成劳动关系的劳动者，适用本法。国家机关、事业组织、社会团体和与之建立劳动合同关系的劳动者，依照本法执行。"具体的适用范围包括以下几个方面。

（1）中国境内的企业、个体经济组织和与之形成劳动关系的劳动者。

（2）国家机关、事业组织、社会团体内实行劳动合同制度的以及按规定实行劳动合同制度的工勤人员，其他通过劳动合同与国家机关、事业组织、社会团体建立劳动关系的劳动者。

（3）实行企业化管理的事业组织的人员。

3. 劳动法律关系

劳动法律关系是指劳动者与用人单位在劳动过程中基于劳动法律规范而形成的劳动权利和劳动义务关系。

（1）劳动法律关系的主体。劳动法律关系的主体是指在实现社会劳动过程中依照劳动法律规范享有权利并承担义务的当事人，包括劳动者、用人单位。

（2）劳动法律关系的内容。劳动法律关系的内容是指劳动法律关系主体双方依法享有的权利和承担的义务。

（3）劳动法律关系的客体。劳动法律关系的客体是指劳动者和用人单位的权利义务所共同指向的对象。劳动法律关系的基本客体是劳动行为，即劳动者为完成用人单位安排的任务而支出劳动力的活动。劳动法律关系的辅助客体主要是劳动条件。

（二）劳动合同法

劳动合同法是为了完善劳动合同制度，明确劳动合同双方当事人的权利和义务，保护劳动者的合法权益，构建和发展和谐稳定的劳动关系而制定的法律。

劳动合同是劳动者与用人单位确立劳动关系、明确双方权利和义务的协议。劳动合同是合同的一种，它除具有合同的一般特征外，还有其自身的基本特征。

（1）劳动合同的主体是特定的。必须一方是用人单位，另一方是劳动者。

（2）劳动者和用人单位在履行劳动合同的过程中，存在着管理关系。

（3）劳动合同的性质决定了劳动合同的内容以法定为多、为主，以商定为少、为辅。

（4）在特定条件下，劳动合同往往涉及第三人的物质利益，如劳动者死亡后遗属待遇等。

1. 劳动合同的订立

劳动合同订立是指劳动者和用人单位经过相互选择和平等协商，就劳动合同条款达成协议，从而确立劳动关系和明确相互权利义务的法律行为。订立和变更劳动合同，应遵循平等自愿、协商一致的原则，不得违反法律、行政法规的规定。

依法订立劳动合同，必须符合以下几项要求。

(1) 订立劳动合同的目的必须合法。当事人不得以订立劳动合同的合法形式掩盖非法意图和违法行为，以达到不良企图的目的。

(2) 订立劳动合同的主体必须合法。作为用人单位，应是依法成立的企业、个体经济组织、国家机关、事业组织、社会团体等用人单位。作为劳动者必须年满 16 周岁，具有劳动行为能力。

(3) 订立劳动合同的内容必须合法。双方当事人在劳动合同中所设定的权利、义务条款必须符合国家法律、法规和有关政策的规定。如有的劳动合同规定："发生工伤事故，单位概不负责。""旷工 3 天予以除名。""不享受星期天休假。"等，均属于内容违法而无效的条款。对此，用人单位应承担由此而产生的法律责任。

(4) 订立劳动合同的程序必须合法。

(5) 订立劳动合同的行为必须合法。

2. 无效劳动合同

无效劳动合同是指当事人所订立的不符合法定条件，不能发生预期的法律后果的劳动合同。违反法律、行政法规的劳动合同和采取欺诈、威胁等手段订立的劳动合同无效。

3. 劳动合同的内容与条款

《劳动合同法》第十七条规定：劳动合同应当具备以下条款。

(1) 用人单位的名称、住所和法定代表人或者主要负责人。

(2) 劳动者的姓名、住址和居民身份证或者其他有效身份证件号码。

(3) 劳动合同期限。

(4) 工作内容和工作地点。

(5) 工作时间和休息休假。

(6) 劳动报酬。

(7) 社会保险。

(8) 劳动保护、劳动条件和职业危害防护。

(9) 法律、法规规定应当纳入劳动合同的其他事项。

劳动合同除上述必备条款外，用人单位与劳动者还可以约定试用期、培训、保守秘密、补充保险和福利待遇等其他事项。

4. 劳动合同的履行、变更与终止

用人单位与劳动者应当按照劳动合同的约定，全面履行各自的义务。无论是用人单位还是劳动者，如果不履行自己的义务，按照《劳动合同法》的规定，都将受到相应的惩罚。

劳动合同变更的原因一般有以下三个方面。

(1) 用人单位的变更。用人单位的生产经营方式发生变化，或者是单位内部结构的调整

导致工作岗位需求发生变化，而这种岗位是劳动合同里约定的一个条款，这就需要变更相应的条款。

（2）劳动力价值的变更。随着时间的推移，员工的劳动力价值可能会提升，也可能会降低，那么用人单位就会根据劳动者劳动力价值的变化对其工资条款进行调整，双方协商后变更工资条款。

（3）社会经济的变更。受通货膨胀等社会经济因素的影响，劳动者薪酬福利水平也要相应地调整。这就涉及员工薪酬福利条款的变化，也要变更劳动合同。

无论是何种原因变更合同，用人单位与劳动者必须协商一致，单方面变更劳动合同是无效的。

《劳动合同法》第四十四条规定，有下列情形之一的，劳动合同终止。

（1）劳动合同期满的。

（2）劳动者开始依法享受基本养老保险待遇的。

（3）劳动者死亡，或者被人民法院宣告死亡或者宣告失踪的。

（4）用人单位被依法宣告破产的。

（5）用人单位被吊销营业执照、责令关闭、撤销或者用人单位决定提前解散的。

（6）法律、行政法规规定的其他情形。

但是，在劳动合同期满时，有《劳动合同法》第四十二条规定的情形之一的，劳动合同应当延续至相应的情形消失时才能终止。

5. 劳动合同的解除

劳动合同的解除是指劳动合同订立生效后，履行完毕之前，一方或双方当事人提前消灭劳动法律关系的行为。劳动合同的解除分为双方协商解除、劳动者单方解除和用人单位单方解除。

（1）双方协商解除劳动合同。用人单位与劳动者协商一致，可以解除劳动合同。

（2）劳动者单方解除劳动合同。具备法律规定的条件时，劳动者享有单方解除权，无须双方协商达成一致意见，也无须征得用人单位的同意。

用人单位以暴力、威胁或者非法限制人身自由的手段强迫劳动者劳动的，或者用人单位违章指挥、强令冒险作业甚至危及劳动者人身安全的，劳动者可以立刻解除劳动合同，不需事先告知用人单位。这种属于即时解除中可以立即解除且不用事先告知用人单位的情形。

对于劳动者可即时解除劳动合同的上述情形，劳动者无须支付违约金，用人单位应当支付经济补偿。

（3）用人单位单方解除劳动合同。具备法律规定的条件时，用人单位享有单方解除权，无须双方协商达成一致意见，主要包括过错性辞退、非过错性辞退、经济性裁员三种情形。

6. 违反劳动合同的法律责任

（1）用人单位的法律责任。包括：用人单位“订立劳动合同”违法的法律责任、“履行劳动合同”违法的法律责任、“违法解除和终止劳动合同”的法律责任以及其他法律责任。

（2）劳动者的法律责任。劳动者违反劳动合同中约定的保密义务或者竞业限制；劳动者违反培训协议，未满服务期解除或者终止劳动合同的，或者因劳动者严重违纪，用人单位与劳动者解除约定服务期的劳动合同的，劳动者应当按照劳动合同的约定，向用人单位支付违约金，给用人单位造成损失的，应当承担赔偿责任。

（三）学生在劳动实践中要注意的问题

大学生即将走向社会，与用人单位建立劳动关系。在这过程中，需正确地维护自己的合法的劳动权益,认真地履行自身的劳动义务。大学生应重点关注以下几个与《劳动法》《劳交合同法》有关的问题。

1. 注意区分劳动关系和劳务关系

劳务关系与劳动关系针对的都是劳动，关系主体一方为劳动者、另一方为用人单位时，非常容易混淆。劳动关系与劳务关系主要有四方面的不同。

(1) 主体不同。劳动关系双方分别是用人单位与作为自然人的劳动者；劳务关系则不仅可以是单位与自然人之间，还可以是单位之间、自然人之间，并且可能是两个以上的主体。

(2) 关系不同。劳务关系只有财产关系，劳动关系当事人双方之间有隶属关系，即提供劳动者是劳动需求者的单位成员。

(3) 劳动主体的待遇不同。劳务关系中劳动者只有劳动报酬，劳动关系则还涉及保险、福利待遇。劳动合同的内容一般包括合同期限、工作内容、劳动保护和劳动条件、劳动报酬、社会保险、劳动纪律、劳动合同终止的条件、违反劳动合同的责任及试用期、培训、保守商业秘密、补充保险和福利待遇等内容。劳务合同则没有社会保险内容，一般也没有劳动保护和劳动条件、福利待遇，劳动报酬也不包括津贴、补贴。

(4) 适用领域有所不同。对常年性的岗位，用人单位应与劳动者建立劳动关系。一次性或临时性的工作，或可发包的劳务事项，用人单位可与劳动者建立劳务关系。

2. 关于工作时间、休息休假

(1) 工作时间。指法律规定的劳动者在一昼夜和一周内从事劳动的时间：包括每日工作的小时数、每周工作的小时数。劳动工时制度是每日工作八小时，每周工作四十小时，一周内工作五天。符合劳动法中每日工作不超过八小时，每周工作不超过四十四小时的规定。

(2) 休息休假。对劳动者的休息时间，一般为每周两天休息日，不能实行国家标准工时制度的企事业组织，可以根据情况统筹安排，保证劳动者每周至少休息一天。《劳动法》第四十条规定，用人单位在下列节日期间应当依法安排劳动者休假:元旦、春节、国际劳动节、国庆节、法律法规规定的其他休假节日。第四十五条规定，国家实行带薪年休假制度。劳动者连续工作一年以上的，享受带薪年休假。第六十二条规定，女职工生育享受不少于九十天的产假。另外劳动法和相关的法律法规还有婚假、丧假和探亲假的规定。

3. 关于非全日制用工

非全日制用工是指以小时计酬为主，劳动者在同一用人单位，一般平均每日工作时间不超过四小时，一周累计工作时间不超过二十四小时的一种用工方式。

非全日制劳动合同允许员工同时和两个及以上的用人单位建立劳动合同关系，而全日制劳动合同则只允许员工同一家用人单位建立劳动合同关系。非全日制用工双方当事人可以订立口头协议。也就是说，非全日制劳动合同可以是书面形式的，也可以不是书面形式的。

另外，《劳动合同法》还规定：

(1) 非全日制用工的双方当事人不得约定试用期。

(2) 非全日制用工小时计酬标准不得低于用人单位所在地人民政府规定的最低小时工资标准。非全日制用工劳动报酬结算支付周期最长不得超过十五日。

二、合同法

合同是指作为平等主体的自然人、法人、其他组织之间设立、变更、终止民事权利义务关系的协议。

合同按照不同的标准，可以分为不同种类。常见的合同种类有：双务合同与单务合同、有偿合同与无偿合同、诺成合同与实践合同、要式合同与不要式合同、有名合同与无名合同、主合同与从合同、束己合同与涉他合同。

合同法是指调整平等当事人之间合同关系的法律规范的总称，它调整的主要内容包括合同的订立、效力、履行、担保、变更、解除、终止、违约责任等。我国于1999年颁布的《中华人民共和国合同法》确立了平等原则、自愿原则、公平原则、诚实信用原则、遵守法律和社会公共秩序原则。合同的订立是指两方以上当事人通过协商在互相之间建立合同关系的行为。它包括要约邀请、要约、反要约、承诺和合同生效等。

学生在合同实践中要注意的问题如下。

(1) 关于合同法的适用范围的问题。我国合同法上的合同仅指当事人设立、变更和终止财产权的双方法律行为，就身份关系而达成的协议不适用合同法的规定。婚姻、收养、监护等有关身份关系的协议，适用其他法律的规定。

(2) 关于定金与订金的问题。定金是一种担保形式。给付定金的一方不履行约定的债务的，无权要求返还定金；收受定金的一方不履行约定的债务的，应当双倍返还定金。

订金在法律上没有明文规定，只是一个习惯性用语，仅具有预付款性质，不具有担保合同签订和合同履行的功能。如果合同当事人一方不想履行合同义务时，作为预付款的订金应当是要做退还处理的。

(3) 关于赠与合同的问题。赠与合同也是日常生活中常见的一种合同类型。赠与合同是赠与人将自己的财产无偿给予受赠人，受赠人表示接受赠与的合同。

赠与合同自受赠人表示接受赠与时成立。同时允许赠与人在赠与财产的权利转移之前可以撤销赠与，以给赠与人一个反悔的机会。但是，对于救灾、扶贫等社会公益、道德义务性质的赠与合同或者经过公证的赠与合同，赠与人在赠与财产的权利转移之前不得撤销赠与。

三、税法

税法即税收法律制度，是调整税收关系的法律、法规的总称。它是调整国家与社会成员在征纳税上的权利与义务关系、维护社会经济秩序和税收秩序、保障国家利益和纳税人合法权益的一种法律规范，是国家税务机关及一切纳税单位和个人依法征纳税的行为规则（见图 10-5）。

图 10-5 纳税与信用

学生在实践活动中要注意的税务问题如下。

（1）学生兼职需要纳税吗？我国法律规定公民有纳税的义务。兼职是按个人所得税的劳务报酬来缴纳的，劳务报酬个人所得税的起征点是 800 元。

（2）劳务报酬所得包括哪些？劳务报酬所得包括个人从事设计、装潢、安装、制图、化验、测试、医疗、法律、会计、咨询、讲学、新闻、广播、翻译、审稿、书画、雕刻、影视、录音、录像、演出、表演、广告、展览、技术服务、介绍服务、经纪服务、代办服务以及其他劳务取得的所得。

（3）逃税有什么后果？逃税行为达不到刑事立案标准的，按照税法予以行政处罚；达到刑事立案标准的，依法追究刑事责任。

《刑法》第二百零一条规定：纳税人采取欺骗、隐瞒手段进行虚假纳税申报或者不申报，逃避缴纳税款数额较大，并且占应纳税额百分之十以上的，处三年以下有期徒刑或者拘役，并处罚金；数额巨大并且占应纳税额百分之三十以上的，处三年以上七年以下有期徒刑，并处罚金。

◎ 练　　习

1.（　　）年 4 月 28 日，习近平在庆祝“五一”国际劳动节的讲话中指出：党和国家要实施积极的就业政策，创造更多就业岗位，改善就业环境，提高就业质量，不断增加劳动者特别是一线劳动者劳动报酬。

A. 2017　　B. 2018　　C. 2015　　D. 2020

2. 习近平总书记指出：要建立健全党和政府主导的维护（　　）机制，抓住劳动就业、技能培训、收入分配、社会保障、安全卫生等问题。

A. 群众权益　　B. 合法权益　　C. 五险一金　　D. 政府收入

3. 维护劳动者（　　）既能够保护劳动者合法劳动行为，形成尊重劳动的文化氛围，也有助于企业人力资源的积累，保障企业可持续发展。

A. 群众权益　B. 合法权益　C. 五险一金　D. 政府收入

4.（　）指的是劳动者作为人力资源的所有者，在劳动关系中凭借从事劳动或从事过劳动这一客观存在而获得的应享有的权益。

A. 群众利益　B. 合法权利　C. 合法利益　D. 劳动权益

5.（　）的权益，是指：凡是有劳动能力的公民，均应当获得参加社会劳动的权利，并能够不受歧视地自主选择相应的职业。

A. 获得劳动报酬　B. 依法休息休假

C. 平等就业和选择职业　D. 劳动权益

6.（　）的权益，是指：劳动者在合法履行劳动义务后，有权获得与其劳动力价值对等的报酬。

A. 获得劳动报酬　B. 依法休息休假

C. 平等就业和选择职业　D. 获得劳动安全卫生保护

7.（　）的权益，过度劳动或透支式劳动都不利于劳动者身心健康，对于可持续劳动过程会带来负面影响，因而依照法律相关规定劳动者享有的权利，包括法定节假日、病假、产假等。

A. 获得劳动报酬　B. 依法休息休假

C. 平等就业和选择职业　D. 获得劳动安全卫生保护

8.（　）的权益，是指：劳动者在劳动的过程中有权获得安全的工作环境以及必要的劳动保护用品，以保障本人的安全和健康的权利。

A. 获得劳动报酬　B. 依法休息休假

C. 平等就业和选择职业　D. 获得劳动安全卫生保护

9.（　）的权益，是指：用人单位和劳动者必须依法参加社会保险并缴纳社会保险费，劳动者在满足对应条件时有获得福利的权利。

A. 获得劳动报酬　B. 接受职业技能培训

C. 平等就业和选择职业　D. 获得社会保险和福利

10.（　）的权益，是指：从事技术工种的劳动者在上岗前必须经过培训，这既是技能提升和工作效率改进的需要，也是保护劳动者身心健康的需要。

A. 接受职业技能培训　B. 获得劳动报酬

C. 平等就业和选择职业　D. 获得社会保险和福利

11. 据国家统计局2019年末的统计数据显示，我国目前16~59周岁劳动年龄人口占全国总人口的（　）%。

A. 30　B. 46　C. 50　D. 64

12. 一般情况下，劳动关系中的主体地位是不平衡的，与用人单位比，劳动者往往处于（　）。

A. 30　B. 弱势　C. 50　D. 64

13. 与一般意义上的劳动者相比，大学生的劳动关系最大特点是（ ）。

A. 兼职 B. 强势 C. 专职 D. 能力

14. 大学生“特殊劳动者”的身份使得他们很难提供（ ）的劳动，为劳动合同签订带来了困难。

A. 充足 B. 不稳定 C. 不连续 D. 连续且稳定

15. 用人单位对于大学生兼职劳动的（ ），用对待普通劳动者的方式为大学生提供必要劳动培训或保障的动力不足。

A. 组织不够 B. 预期不稳定 C. 准备不充分 D. 资金匮乏

16. 培养大学生（ ）意识，既要积极履行自身劳动义务，又要善于运用法治思维保护自身的合法权益。

A. 合法劳动 B. 财富积累

C. 强化学习 D. 身体强健

17. 目前，我国在已有法律法规中（ ）对大学生群体合法劳动权益的重视。

A. 亟待重视 B. 没有顾及

C. 已体现出 D. 尚未体现

18. （ ）是劳动者与用人单位之间确立劳动关系、明确双方权利和义务的协议，具有法律约束力。

A. 银行契约 B. 知识保护

C. 经济合同 D. 劳动合同

19. （ ）是指已修完学校规定学分即将毕业但尚未拿到毕业证和学位证的大三或大四学生，以就业为目的提前进入工作岗位工作。

A. 就业实习 B. 劳务派遣

C. 驻场服务 D. 签约劳动

20. 大学生在就业实习过程中除享有基本的签订劳动合同、获得劳动报酬等权益外，还应享有（ ）保障权。

A. 年休假期 B. 职业伤害

C. 工伤赔偿 D. 养老保险

◎ 实践与思考　诵读：纪念白求恩

劳动实践小组集体诵读。《纪念白求恩》是毛泽东同志为纪念来自加拿大的国际主义战士白求恩大夫，于 1939 年 12 月 21 日写的悼念文章，出自于《毛泽东选集》。该文章概述了白求恩同志来华帮助中国人民进行抗日战争的经历，表达了对白求恩逝世的深切悼念，高度赞扬了他的国际主义精神、毫不利己专门利人的精神和对技术精益求精的精神。

请在网络上搜索《纪念白求恩》（见图 10-6）一文，以劳动实践小组集体诵读的方式来认真学习毛泽东同志的这篇经典短文，之后请大家分别撰写短文，谈谈学习这篇文章，学习白求恩精神的体会。

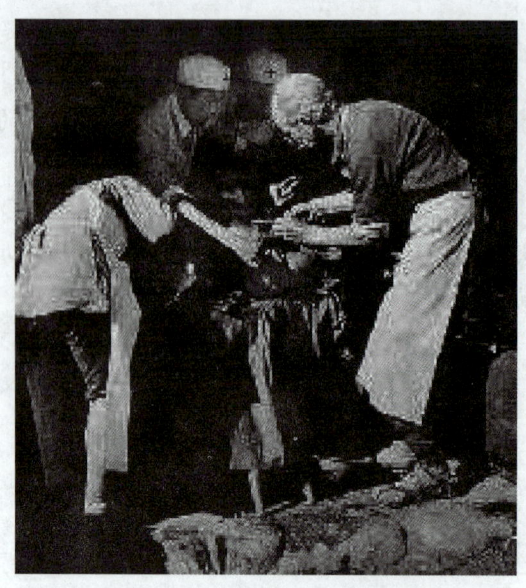

图 10-6 白求恩大夫在抢救伤员

-------------------- 请将你的一页 A4 纸学习体会粘贴于此 --------------------

实训评价（教师）：____

____

第十一章 劳动教育的评价

学习目标

知识目标

（1）熟悉劳动素养的评价载体，了解劳动评价的主体。

（2）掌握劳动评价的原则，熟悉劳动评价的内容及标准。

（3）掌握劳动评价方法，能灵活运用并获得劳动评价结果。

素质目标

自觉运用劳动评价方法，审视自身劳动活动，提高劳动参与水平。

能力目标

运用劳动评价方法和尺度，提高劳动组织能力，提高劳动活动参与水平。

重点难点

（1）熟悉劳动素养评价的载体。

（2）掌握劳动评价的内容及标准。

（3）掌握劳动评价的原则与方法。

◎ 导读案例　关于劳动的古诗

劳动是人类共同的主题，我国很早就有记载劳动的诗句。

《吴越春秋》中的《弹歌》有云："断竹，续竹，飞土，逐肉"，仅八个字便概括了我国远古渔猎时代劳动人民的狩猎场面（见图 11-1）。

图 11-1　弹歌

《诗经》中的《伐檀》是一首关于劳动的不朽诗篇（见图 11-2）。“坎坎伐檀兮，置之河之干兮，河水清且涟猗。不稼不穑，胡取禾三百廛兮？不狩不猎，胡瞻尔庭有县貆兮？彼君子兮，不素餐兮！”写出了奴隶伐檀造车的劳动场景，同时也痛斥了奴隶主的不稼不穑和坐享其成。《七月》:“七月流火，九月授衣。一之日觱发，二之日栗烈。无衣无褐，何以卒岁？三之日于耜，四之日举趾。同我妇子，馌彼南亩，田畯至喜！”描写了农夫一年四季的劳动生活，是一幅场面热烈的农耕图。一首首劳动诗在厚重的历史中体现了远古人类的辛劳、快乐和渴盼。

图 11-2　伐檀

《击壤歌》（见图 11-3）“凿井而饮，耕田而食。日出而作，日落而息。”这首脍炙人口的佳句，说出了古代劳动人民早出晚归的劳动场面。

图 11-3　击壤歌

白居易《卖炭翁》（见图 11-4）：“卖炭翁，伐薪烧炭南山中。满面尘灰烟火色，两鬓苍苍十指黑……半匹红绡一丈绫，系向牛头充炭直。”则反映了一个烧炭老人劳动的艰辛。

唐代诗人李绅的《悯农》，更是家喻户晓（见图 11-5）。“锄禾日当午，汗滴禾下土。谁知盘中餐，粒粒皆辛苦。”这首诗具体生动，对后人有深远的教育意义：一粒米、一口粥，都是通过艰辛劳动得来，千万不要浪费粮食。

图 11-4 卖炭翁

图 11-5 悯农

陶渊明《归园田居》(见图 11-6),“种豆南山下,草盛豆苗稀。晨兴理荒秽,带月荷锄归。道狭草木长，夕露沾我衣。衣沾不足惜，但使愿无违。”描摹出诗人的劳作之趣和对田园生活的热爱。

图 11-6 归园田居

宋代诗人范成大《四时田园杂兴》（见图 11-7）："新筑场泥镜面平，家家打稻趁霜晴。笑歌声里轻雷动，一夜连枷响到明。"写出了农民通宵打谷的繁忙景象，同时也描述了他们通过劳动收获五谷的喜悦心情。

图 11-7 四时田园杂兴

阅读上文，请思考、分析并简单记录。

（1）请大声诵读本文所收集的关于劳动场景的古诗，体会古人古韵。

（2）劳动是人类共同的主题，我国很早就有记载劳动的诗句，体现了中华劳动文明的源远流长。请简单说说你对此的感受。

答：

（3）除了本文所介绍的，你还知道其他的劳动古诗吗？请简述之。

答：

（4）请简单记述你所知道的上一周发生的国际、国内或者身边的大事。

答：

第一节 劳动素养评价载体

作为人的内在素质，劳动素养具有充分的内生性、内在性、自主性的特点，必须在外化形态下才能得到准确评价与衡量。构建科学合理的劳动素养评价体系，要重视在评价载体上下功夫，给予劳动素养充分的外在表达空间与形式，这既是加强劳动教育的必然要求，也是实现劳动素养科学评价的重要方面。

依据大学生管理的特点，结合劳动教育中对“服务”“创造”“躬行”等劳动价值的重点弘扬，劳动素养的评价载体与呈现形式应涵盖以下三个方面。

一、日常劳动行为

劳动是人类社会各项活动的基本形态之一，劳动素养的生成、塑造与展现都在日常行为中充分存在。大学生学习、生活等各个方面都与劳动意识、劳动观念、劳动能力有着千丝万缕的联系：如在校内外各个公共场所中能否自觉维护环境卫生、充分尊重他人的劳动成果，在学生宿舍能否具备“一屋不扫，何以扫天下”的劳动意识和行动，在参与考试测验、学术研究和科研探索时能否自觉诚实守信、遵纪守法，严格遵从学术规范，能否从劳动成果的角度更加深刻和自觉地维护学术秩序。劳动素养在日常行为上的表现还可以外化为服务他人、奉献集体的意识与行动。对高校学生来讲，积极参与学生社团组织、为集体举办的文体活动贡献力量，都是以个人劳动与付出去服务他人的形式之一，在构建劳动素养评价体系中，应从劳动成果的维度予以适当体现。

二、志愿服务

志愿服务是劳动教育的重要载体之一，志愿服务的过程是学生实践能力、劳动精神、劳动素质全面锻炼与提升的过程。高等院校将劳动教育融入志愿服务中，让学生有意识、有目的地参与其中，在志愿服务过程中实践劳动精神、弘扬劳动精神。大量的学生志愿服务活动能够培养学生勇于实践、无私奉献的勤劳奋进精神，增强学生的劳动意识和劳动素质。

三、实习实训

实习实训（见图 11-8）是高等院校课堂教学的巩固和提升，是学生将理论应用于实践的必要途径，是培养学生吃苦耐劳、知行合一、乐于奉献等优秀品德及责任担当意识的重要基地。高等院校应结合自身专业特色，不断完善实习实训项目，为学生提供更多的劳动实践机会，加强校内外实习实训基地对学生劳动素养的引导与教育作用。一方面，深化校企合作，提升人才培养质量，通过校内外指导老师合力，使学生在实习实训中树立热爱劳动、劳动光荣的意识；另一方面，学生能够在实际工作岗位的实践锻炼中立足本职，强化自己的劳动意识和劳动能力，形成个人的责任感和使命感，深刻体悟劳动的价值与意义。

图 11-8 实习实训

四、社会实践

社会实践活动给学生提供了与社会的全方位体验与交流的真实场景，学生可以通过社会实践将知识转化为劳动成果，能够更加直观地感受到通过劳动实现目标、通过劳动创造价值的意义。同时，社会实践活动能够促进学生劳动能力的提高，塑造职业素养和道德品质，通过亲身实践理解劳动价值的内涵，形成尊重劳动、热爱劳动的真挚情感。

第二节 劳动评价主体

教育评价对于教育活动具有很强的导向作用。因此，全面加强高校劳动教育，需要建立一套完善的、标准化、可执行的劳动教育评价机制，需要明确劳动评价的主体、明确劳动评价的主要内容、明确劳动评价的原则和方法，需要将劳动评价结果纳入学生综合素质评价中，制定评价标准，建立激励机制，组织开展劳动技能和劳动成果展示、劳动竞赛等活动，全面客观记录课内外劳动过程和结果，加强劳动技能的考核，并将评价结果作用于学生各项评优评先中。

劳动教育既是“五育”融合的起始点和凝结点，也是连通教育世界、生活世界和职业世界的桥梁。我们要开展劳动情况考核、评价和督导，发挥劳动教育的独特作用及功能，促进以劳树德、增智、强体、育美的“五育”并举的育人体系的完善，全面提升育人质量。劳动教育应建构多元主体的开放性的劳动评价系统，全方位、全过程对学生劳动效果进行评价，使劳动教育评价更加全面、客观、公平。

一、学校

学校是劳动教育评价的首要主体，在学生劳动评价中占据核心位置（见图 11-9）。学校进行劳动评价时应建立学生、教师、学工部门“三位一体”的评价体系，使劳动课程评价与劳动实践评价相结合，使劳动成果评价与劳动观念提升考核相结合，使劳动效果自我评估与他人考核相结合，从而使劳动教育评价更为全面、真实。

图 11-9 劳动评价主体：学校

（一）教师

教师须有明确的教育意图，理解其在劳动教育中所肩负的促进个体发展和社会发展的使命。在劳动教育评价中，教师是重要评价者，其必要性主要体现在以下两个方面。

第一，教师对课程有直接感知的优势，能够提出切实可行的改革建议。在高校中，教师既是专业教育课程的开发者和实施者，又是课程实践的主体。教师作为课程研制者有以下几点特征：教师是知识的拥有者、使用者与生产者；教师是将课程具体化的自由个体；教师处于主动地位，他可以与学生协商课程，以满足学生需要，并达到课程标准规定的要求。教师拥有自我诠释、自我审视、自我修正、自我完善的责任与权力，对劳动实践课程有直接感知，对其优劣有最真切的体验，最清楚课程方案在实施过程中所出现的偏差。同时，教师对学生的学习状态及存在问题最为了解，熟知学生的个性差异和个体感受，在与学生互动的过程中扮演着重要角色。因此，教师通过获得课程实践的第一手资料，能突出劳动实践课程评价的真实性与情境性。在课程专家指导下，教师能够对课堂进行有效评价，因此也最有资格对课程改革提出建议。

第二，教师对课程的理解是影响课程实施质量的关键因素。课程评价是一种理解方式，是对课程价值的理解。教师只有对高校专业实践课程目标、课程内容有准确的理解，才能在实际教学过程中予以落实。教师对课程的理解程度会直接影响课程的实施质量。教师只有将劳动教育中所提倡的价值观内化为自己的价值观，才能以完全自觉的行为去执行课程的各组成要素。

要使教师成为合格的劳动教育评价主体，至少应具备以下三个条件。

(1) 教师要树立正确的劳动评价理念。教师首先要明确劳动教育评价不是简单的课程评价，劳动教育评价是综合性评价，包括学生的劳动知识、劳动情感、劳动意志、劳动行为和劳动技能等方面。这就需要教师树立正确的劳动评价理念，不能单纯地依靠劳动成果或劳动成绩对学生进行评价，应注重对学生劳动过程的跟踪与评价，注重对学生劳动意识、劳动情感认识程度的量化与评价，注重评估学生劳动实践行为的转变程度。

在实际的课程评价过程中，教师应提高参与课程、创新课程乃至领导课程的能力，提升课程实践的理性化程度，从而实现自身的专业发展。总之，课程评价应成为教师课程实践的一种存在状态，并不断内化为其行为习惯，成为其对待课程实践的惯性思维。当教师能够将这种惯性思维融入课程实践中时，他将会以专业理性的标准重新审视课程的实施过程，并进行有效选择和具体行动，最终实现课程评价的一个重要功能——回归教师专业自主、追求教师专业自由、促进教师专业发展。

（2）教师要掌握与劳动教育基本特征相适应的评价方法和程序。能否在劳动评价中主动且有效地采取适当的方法是影响劳动实践课程改革成败的关键，也将影响“以评价为基础”的课程决策。高校教师应将课程评价方法与技术的掌握相结合，既要熟悉教学，又要熟悉课程评价，并能在教学实践中使二者互为依据、相互促进。国外研究表明，有效评价学生学业成就应成为教师新的教学任务，这将促使教师开发自己新的竞争力。

（3）教师应成为课程研究者。在劳动教育实施过程中，教师对其所处的情境和面临的问题具有深切感受和潜在认识，教师不仅处于最佳的研究位置，而且具有最佳的研究机会，他们完全可能成为研究者。教师成为研究者，将不再承担技术人员的角色，不再是手段与目的之间的中介人，而是应该对劳动教育实施情况和整体情境进行思考，能够利用来自多种渠道的信息连接理论与实践，能够从多重视角分析问题并进行反思，有意识地改变课程的实施方式，达到预期目的。

（二）学生

劳动教育的主体是学生，劳动实践的主体也是学生，因此学生也应该成为劳动评价的主体。我们应深刻认识到学生作为劳动评价主体的重要性：劳动教育的根本目的就是使学生能够理解和形成马克思主义劳动观，牢固树立劳动最光荣、劳动最崇高、劳动最伟大、劳动最美丽的观念；体会劳动创造美好生活，认知劳动不分贵贱，热爱劳动，尊重普通劳动者，培养勤俭、奋斗、创新、奉献的劳动精神；具备满足生存发展所需要的基本劳动能力，形成良好劳动习惯。学习的实质即为学生参与实践活动，与他人、环境等相互作用的过程，是形成参与实践活动能力、提高社会化水平的过程。学生作为评价主体，参与对其自身、对他人、对团队等有意义的评价过程，可以培养其判断力与责任感，提高其为团队做贡献的意识。

学生成为劳动评价主体，可以激活主体意识，增强学习动力。学生是自己学习责任和结果的最终承担者，学生参与评价可以获得自我调节的技能，有助于提高其终身学习的意识和能力。研究表明，学生参与评价能够促进其学习，降低甚至消除标准化考试使许多低分数学生放弃学习的负面效应，有效促进考试成绩低的学生提高学习水平，缩小他们与成绩优秀学生的差距。事实上，在主体性教育中，学生自我评价这一行为要素本身即构成了教育目标的重要组成部分，此评价能力发展直接推动了学生主体性的发展。在评价过程中，学生一方面可以认识到自己在学习中遇到的困难，并很快获得解决方法；另一方面，他们能够领会到作为学生必须做出关于学习水平和学习意义的评价和判断，这可以增强其学习的主观能动性。

学生成为劳动评价主体可以增强他们对自己行为的反省意识和反思能力，并接受评价结果。首先，学生参与课程评价，对自己的意识与行为不断进行元认知，即反思，其反思意识和能力得以不断发展。这种反思并非纯粹的意识活动，是指向具体行动的反思。其次，学生参与课程评价，可以使其发现自我，最大程度地接受他人的评价结果，实现对评价结果的认同，并在反思中变“结果”为新的起点，在更高水平上实现发展。事实上，外界评价只有被学生接受，才能成为学生自我评价的依据和参考，才能真正成为促进其发展的有效因素。

学生成为劳动评价主体可以提高学生自身的创造品质。参与劳动实践课程评价是学生能动获得价值的过程，评价将涉及观察、归纳、推理等多种思维过程。学生依据个体已有的经验，采用崭新的视角去重新体验专业实践课程并予以评判，在此过程中学生的问题敏感性、洞察力等多项品质得以提升。学生在劳动实践课程评价中，一方面可以发现个体已有经验的价值；另一方面可以表达基于个体已有经验的价值诉求，改造及完善个体已有经验，并在建构新经验的基础上创造新的价值。

（三）学工部门

构建学生劳动评价体系中，不可忽视教学管理者的作用。高校教学管理者代表学校的利益诉求，关注教学效益的最大化。高校提供的是具有公共产品性质的教育服务，完成的是一项全社会的公益事业，具有公益性质。高校提供的教育功能具体体现在以下两个方面：一是在经济方面，高校培养经济社会所需要的高素质技术技能人才，提高人力资本，提升生产效率，推动社会经济的持续发展。二是在社会方面，高校发挥教育补偿功能，促进每个学生以职业角色为核心的社会化进程，提高个体生存能力及其生存质量，实现对每个公民的关照，进而维持整个社会的稳定。

教学管理者作为课程实施成效的间接受益者，代表学校对劳动实践课程进行整体掌控，对课程的各个运行环节进行指导、监督和协调，包括对课程生成系统的管理、课程实施系统的管理以及课程评价系统的管理。其角色定位体现在以下四点：一是发挥资源提供功能，为劳动实践课程的运行提供所需的软硬件条件；二是协调和管理劳动实践课程建设过程中的课程设计、组织安排和具体运行；三是接受社会和家长的委托，对劳动实践课程负有监管职责；四是为劳动实践课程评价的正常开展搭建活动平台，组织制定科学、合理、全面的专业实践课程评价指标体系，建立对话机制，营造平等、和谐的评价氛围，组织课程评价团队实施评价。基于此角色定位，教学管理者应对师资队伍建设、实践教学条件配备、教学资源建设以及教学质量监控等方面进行全方位考量，以保证劳动实践课程评价质量。

二、家庭

家庭是每个人学习的终身学校，是立德树人的重要阵地，也是劳动教育的重要场所（见图 11-10）。所以，家庭也应参与到劳动教育评价中，家校互动、家校协同，构建更为全面的劳动教育评价机制。

图 11-10　劳动评价主体：家庭

家庭在劳动教育中发挥着基础性的作用，家庭要注重学生在衣食住行等日常生活中的劳动实践；注重在日常生活中言传身教，使学生形成正确的劳动态度，养成良好的劳动习惯；注重在培养良好家风中引导学生树立尊重劳动、崇尚劳动的劳动价值观。家庭在做好学生劳动教育的同时，还应与学校协同做好学生劳动评价工作。做好学生劳动评价，家长应该做到以下三点。

（一）正确认识劳动教育的价值

家长首先要正确认识劳动教育的重要价值。劳动教育是中国特色社会主义教育制度的重要内容，新时代劳动教育承载着建设新时代中国特色社会主义的重要使命。建设富强民主文明和谐的社会主义现代化国家，从根本上说要靠一代又一代劳动者的创造；劳动教育直接决定着社会主义建设者和接班人的精神面貌、劳动价值取向和劳动技能水平。家长要充分认识到劳动教育在学生综合素质培养中的重要作用，支持和配合学校开展劳动教育活动。

（二）劳动教育措施实施到位

近些年来，随着社会进步和物质生活条件的不断改善，在一些青少年中出现了不珍惜劳动成果、不想劳动、不会劳动的现象，劳动的独特育人价值在一定程度上被忽视，劳动教育正被淡化、弱化。在家庭中，也存在着家长因为一味地追求成绩、追求分数而代替孩子包办应有家务劳动的现象。因而剥夺了孩子参与日常劳动实践的机会，使其错过了劳动能力形成的最佳时机。所以，家庭要从人的成长规律的角度制定出哪个年龄段适合哪些劳动内容，哪些劳动可以承载劳动教育的功能，从而形成一个科学系统完整的体系。

（三）客观理性地进行劳动评价

家长进行劳动教育评价，需要客观记录学生居家期间所表现出的劳动态度、劳动观念和劳动实践情况，并对其进行评价，填写学生居家劳动评价记录表。评价应客观公正，本着提升学生劳动观，提高学生劳动能力的目的进行打分，不应加入个人感情，不应主观臆断，评定结果应真实反映学生在家的劳动情况，这有助于学校全方位、全过程地对学生进行劳动教育评价。

三、社会机构

大学生应利用周末、寒暑假等时间，开展校外劳动实践、研学活动、党团活动、志愿服务活动等社会实践活动。这些活动是大学生提升劳动意识、提高劳动能力的关键环节和重要步骤，因此社会实践活动也要纳入学生劳动教育环节，为学生提供社会实践活动载体和平台的各类社会机构也应参与学生的劳动评价，对学生社会实践活动进行全面、综合的考核，并把劳动意识、劳动观念、劳动能力提升与转变作为重要指标进行考量与评估。例如，承接学生“三下乡”社会实践活动的社区或乡镇，就应该在活动结束时对学生的劳动意识、劳动能力等方面表现给予客观合理的评价，协助学校负责劳动教育考核的部门更加全面地考核学生在参加校外活动时的表现情况，从而使学校更加合理、客观地对学生进行评价。

第三节 劳动评价内容及标准

为使劳动教育更好地贯彻落实，防范学生劳动积极性不高、内在动力不足的问题，还需要健全劳动素养评价制度。将劳动素养纳入学生综合素质评价体系，制定一整套劳动素养评价标准，充分发挥评价的激励和导向作用；组织开展劳动技能和劳动成果展示、劳动竞赛等活动，全面客观记录课内外劳动过程和结果，加强实际劳动技能和价值体认情况的考核；建立公示、审核制度，确保记录真实可靠。把劳动素养评价结果作为衡量学生全面发展情况的重要内容，作为评优评先的重要参考和毕业依据，作为高一级学校录取的重要参考或依据，使新时代劳动教育体系变得更加完善。

一、劳动评价的四个方面

劳动素养是指经过生活或教育活动形成的与劳动有关的人的素养，包括劳动价值观、知识、能力等具体指向。苏联教育实践家和教育理论家瓦·阿·苏霍姆林斯基（见图 11-11）认为，劳动素养还包括“劳动活动在一个人精神生活中的作用和地位，以及劳动创造中的充实的智力内容、丰富的道德意义和明确的公民目的性”。

图 11-11　苏联最有名的教育家苏霍姆林斯基

从大学生的特点、评价指标的可操作性以及社会认知程度等综合角度来看，劳动素养的内涵与指向主要体现为以下四个方面。

（1）劳动意识的评价维度。人类的劳动活动是有意识的，在活动之前就存在着一定的思考和安排。培养正确的劳动意识就是让学生具有正确的劳动动机和劳动态度。劳动动机体现为劳动者在劳动过程中所追求的目的，劳动态度体现为劳动者劳动过程中的心理感受。学校通过劳动教育，使学生明确劳动动机、端正劳动态度，进而加强劳动意识。

（2）劳动观念的评价维度。劳动可以锻炼人的吃苦精神，劳动会让人有坚定的意志。劳动观念是人们对劳动的看法和态度。新时代的劳动观念要以热爱劳动为荣、以不劳而获为耻，尊重努力劳动、贡献社会的不同阶层的劳动者，愿意以自己的体力和脑力劳动建设祖国、贡献社会、服务人民，树立正确的劳动观念，是提高学生劳动素养的基本要求。

（3）劳动能力的评价维度。劳动能力是人们进行劳动工作的能力，包括体力劳动和脑力劳动两个方面。劳动能力让学生懂劳动、会劳动，是人们通过劳动创造价值的必要手段。

（4）劳动成果的评价维度。劳动是人与社会、人与自然的互动过程，强调结果评价是在探讨人作为劳动主体对生活和工作的影响。劳动能使学生学会生活、学会生存、学会交往、学会发展，劳动使人身心健康，通过劳动实践活动培养学生热爱劳动的思想、吃苦耐劳的精神和对工作的责任心。

二、劳动评价内容

对劳动的评价应包含以下四个方面的内容：对劳动常识的知晓度，对劳动的情感认同度，对劳动价值的内化度，劳动行为的外在表现。

（1）对劳动常识的知晓度。劳动教育首先要让大学生对劳动常识有一定的认知，这是正向劳动观和良好劳动习惯形成的基础，也是劳动教育的基本目标。知晓度反映的是学生获得劳动常识信息的刺激程度。知晓和理解是行动的前提，因此测试学生对劳动常识的知晓度是评价教育成效的一个必要指标。我们需要了解学生是否能够自觉认识到劳动的重要意义与价值，如对于劳动的本质、历史地位、体力劳动和脑力劳动的关系、劳动与幸福的关系等方面的认识。

（2）对劳动的情感认同度。大学生劳动教育的成效如果仅仅停留在认知层面是不够的，促进他们形成良好的劳动习惯，让其勤于劳动、自觉劳动、勇于进行劳动创造，为其终身发展和人生幸福奠基，是劳动教育的终极目标。而由认知到行为，离不开情感认同这个中介。劳动教育不只是要让大学生知道、理解什么是劳动，还是一个以劳动事实、知识为载体，传播劳动观念、情感、态度、价值的过程，高校劳动教育的主要目标是要引起大学生对教育者所主张和传授的劳动思想予以赞同、信服并内化为自身的信念和态度。为此，评价劳动教育的成效还要衡量大学生对劳动的情感认同度。

（3）对劳动价值的内化度。这是指大学生将劳动教育的要求转化为内在信念、态度、品质的程度。它是以对正向的劳动观念知晓和认同为前提的，是大学生对教育者所传递的劳动观念、情感、态度、价值的进一步认同和接受。有成效的劳动教育活动应该能够促进大学生劳动思想观念的内化。当然，要认识到这不可能靠一两次教育活动就能实现，但内化度必须要作为劳动教育成效评价的一个指标提出来。这是劳动教育取得成效的一个关键性环节，也是大学生劳动品质和行为形成的起点。内化度可以通过劳动认知、情感、态度表现出来，还表现为能够克服劳动困难、努力磨炼劳动意志，以及对劳动的信念和信仰。对内化度的测试一方面可以依据大学生的自我评价和自我陈述，另外一方面还要靠对大学生劳动态度和劳动行为选择倾向的观察。

（4）劳动行为的外在表现。劳动行为是外显的，也是教育成效的外化阶段，劳动教育评价更多地依赖对劳动行为的观察与分析。教师和家长可以通过观察学生在学校活动、家庭生活、社会公益活动中的态度和行为表现进行评价。一个养成良好劳动习惯的学生，不仅能在学校和家里积极劳动、勤勉学习，还会热心参与社会公益劳动。这样的行为表现一般能反映教育的成效，说明该学生具有劳动行为的稳定性和一贯性。

三、劳动教育评价标准

评价标准集中体现了评价活动所依据的价值准则。依据大学生劳动教育的目标，劳动教育成效最基本的标准应该是看其是否能自觉自愿、尽心尽力地做心力相符的劳动之事。这个行为不是偶然的、被迫的，而是应当自觉并尽力为之。不同年龄阶段的大学生劳动的频率、行为水平和成果会有显著差异，即便是同一年龄阶段学生也可能存在个体差异。因此不能简单地依据参加劳动次数多少、劳动行为水平高低、劳动成果大小来评价劳动教育的成效，还要看个体是否愿意投入恰当的劳动活动中。不能对学生提出超过他们年龄水平的劳动要求，否则就违背了教育目标，不利于学生的健康成长。所谓的自觉自愿、尽心尽力，可视为学生劳动热情的激发、劳动自觉程度的提升和劳动行为稳定一贯的体现。具体可从以下三方面进行评价。

（1）是否使学生形成系统、自觉的劳动观念。

有成效的劳动教育不但可以使学生养成良好的劳动习惯，更重要的是形成正确的劳动观念，使学生在对劳动的认知上能够达到理性的高度，从而更理解教师和家长要求自己从小培养劳动习惯的价值之所在。简而言之，有了这样理性的认知，学生对待劳动的态度和观念就会系统、自觉而自洽，这也是评价劳动教育成效的重要标准之一。

（2）是否使学生获得积极、愉悦的劳动情感体验。

劳动教育的成效不仅要关注外在行为表现、参加劳动的频率、劳动成果等看得见的方面，还要关注学生内在情感体验。这关乎他们对待劳动和劳动人民的态度以及自身的劳动热情、劳动主动性和自觉性能否提升。学生良好劳动习惯的形成，需要经历从他律到自律的过程，有了自律才有日后的习惯成自然，这其中积极、愉悦的劳动情感体验是行为可持续发展的关键因素。

（3）是否突出适应学生终身发展和社会发展需要的必备品格和关键能力的培养。

这是发展性的标准，主要是对学生的纵向比较。劳动教育的终极目标是为学生的终身发展和人生幸福奠定基础，而不仅仅是为了满足其生存的需要。因此，劳动教育还要培养他们未来成长发展的品行和能力，比如与人协作的意识、自力更生的精神、顽强的意志、创新能力等，这将为他们综合能力的提升和未来发展打下良好的基础。

第四节 劳动评价的原则

要将劳动教育纳入督导考核体系，加强督导督查。杜绝劳动课只反映在课表上，平时劳动课被语文、数学课或自由活动代替的现象发生，杜绝口头上重视，行动上忽视的现象发生，克服场地紧张、工具不齐的难题。通过学校自身建设、拓展社会资源共建等方式，建立劳动基地、劳技教育中心、素质教育基地、实践教育基地等，使劳动教育逐渐走上常态化发展的轨道。

确定劳动评价原则，应注意以下三个方面。

一、重视综合评价

劳动教育应进行综合评价，包括评价学生劳动教育的学习情况、评价劳动知识的掌握情况、评价劳动技能的形成情况，还应包括对学生劳动思想、劳动观念、劳动价值观等方面的考查。进行劳动教育评价要站在发展的角度，对学生劳动内容的各个方面进行整体性的评价，特别要加强对学生劳动态度、劳动价值观方面的记录与评估，从而促使学生在劳动教育中形成正确的劳动价值观，做到尊重劳动、崇尚劳动、辛勤劳动、诚实劳动、创造性劳动。

二、定性评价与定量评价结合

在进行劳动评价时，如果简单地用量化的方式来呈现，并不能准确地表现出学生在劳动教育中的收获与成长，但是这不影响将量化评价作为对定性评价的必要补充，因为定性评价具有一定的笼统性和模糊性，容易得出千篇一律的结论。坚持将定性评价作为基础，定量评价作为补充，二者相结合，能够使劳动评价具有更高的参考价值。因此，在评价劳动成效的过程中，既要重视定量评价，通过建立“学生劳动档案”等方式，加强学生劳动过程、劳动技能提升的量化记录；也要通过定性评价对学生劳动教育情况进行综合考量。

三、静态评价与动态评价结合

静态评价是在一定时间、空间、情境里对学生的劳动观进行评价；动态评价是在一定时间、空间、情境序列上对学生劳动观的变化过程进行评价。静态评价是暂时的稳定状态，动态评价要以静态评价为基础和依据。对劳动教育成效的把握既要有即时的静态评价，也不能缺少动态评价。要把当下学生劳动观、劳动行为的现状放在学生思想发展变化的过程中去考查，了解前后变化以及未来发展的趋势，这样更能对劳动教育成效做出客观、准确的评价。

总之，在评价学生劳动成效的过程中，若要克服评价的主观性、随意性，使评价结果相对客观、准确，首先就是要用辩证的、合理的方式去看待劳动教育的成效。其次，在评价中要坚持多主体评价相结合、定性评价与定量评价相结合、静态评价与动态评价相结合，这是保证评价结果客观、公正、准确、真实的必要路径。

第五节 劳动评价的方法

劳动是人类的本质活动，劳动教育是培育和践行社会主义核心价值观的有效途径，是实施素质教育的重要内容。高校应当把劳动教育评价纳入学校整体教育评价体系，以此达到以劳树德、以劳增智、以劳健体、以劳益美的教育作用。因此，正确的劳动评价方法就显得十分重要。

一、评价贯穿于劳动教育全过程

劳动教育有助于锻炼学生健康体魄，保持良好作风，培养学生创新精神，塑造学生热爱劳动、爱岗敬业的劳动观和职业观。它能够让学生在劳动过程中获得愉悦的心情，树立正确的人生观、世界观和价值观。因此，劳动教育是一个学校参与实施和个体体验相结合的过程。它不仅需要教师的“传道”“授业”，以身作则、行为示范，还需要学生积极参与整个过程。而劳动评价同样是一个通过不同主体对劳动教育进行评价的完整过程，这样才能够使评价信息来源更为丰富、评价结果更加全面与真实。在这个过程中，特别要重视对学生进行发展性评价，以动态、发展的眼光去看待和评价学生，注重对学生劳动过程的跟踪，注重对学生劳动意识、劳动情感认识程度进行定量与定性评价。在劳动教育的全过程中，既要关注学生在劳动过程中技能、习惯的获得，又要注意学生在劳动教育中态度和情感的发展变化。在此基础上提出具体的、有针对性的改进建议，促进学生在原有思想基础上不断提高，帮助学生不断认识自我，从而实现劳动教育课程的目标和要求。

二、注重评价的时代性与多元性

随着科学技术的发展，我们正经历由工业化时代向信息化、智能化时代的过渡，社会劳动形态也逐渐从简单化向复杂化、多样化转变。特别是在“微媒体”时代，新型信息传播工具正全面地影响着我们的社会生产、生活，数字技术、网络技术、移动技术的应用使信息服务的传播形态和媒体形态呈现出互动性、广泛性、快速性、跨越时空与多元性的特点。这些使社会生产与劳动实践都有了新的特点。因此，在进行劳动教育评价时，学校要根据新时代的特色不断改进评价方法。

劳动教育既要注重积极的劳动实践与劳动体验，也要注意在不同的劳动实践中加强对劳动教育的科学评价。在当前，高校要进一步更新劳动教育观念、改变单一的评价方式、抛弃以体力劳动程度强弱为标准的简单性劳动评价。应该充分认识到劳动技术教育是现代科学教育的一个重要特征。劳动教育不仅促进学生在丰富的劳动体验中形成的正确观念与积极情感，而且还是培养学生的动手能力、创新精神、创新潜力、合作与竞争能力、独立工作能力等现代社会应具备的能力的重要途径。因此劳动评价中除了要注意学生的劳动实践与劳动体验（例如工厂、田间劳动、校园内外的清洁卫生、家务劳动）外，还要注重学生在现代社会应具备的能力、技能的培育。如果学生不参加社会实践与实际劳动过程，就感受不到劳动的艰辛，无法获得劳动的喜悦和奉献的快乐。但是如果劳动教育仅仅是采取简单劳动、单一劳动的方式，就不能使学生在劳动教育中训练现代社会必要的基本技能，也无法让学生实现全面发展。因此，劳动评价既要注重学生的劳动实践与劳动体验，也要注意劳动过程的时代性、多元性，应将学生的动手能力、创新精神、创新潜力、合作与竞争能力、独立工作能力等作为劳动评价的重要指标。

三、制定好劳动评价方案

劳动评价是一个复杂的过程，要想针对不同层次、不同目的、不同能力、不同类型的学生进行有效的劳动评价，必须在事前拟好评价方案。劳动评价方案包括“评什么”“如何评”和“评价情境”“评价目的”等方面。在制定方案时，要遵守学习性评价、发展性评价的原则，评价指标应该从培养目标出发，提供具体、明确、适宜的分段计划和阶段目标，要特别关注学生的个体差异及能力发展，注重劳动过程中学生的外在行为及内在心理、情绪的变化，使评估方式更加科学、有序，也使评价对象能够树立自强、自信、自立的意识，在劳动实践中有所收获和成长。

四、注重多元主体评价

在高校中，劳动教育课往往由教师、学生等不同主体构成，因此在劳动评价中要注重评价主体的多元性。即除了教师的评价外，也要将学生的自我评价与相互评价作为劳动评价的重要依据，这是由劳动教育的本质所决定的。从本质上看，劳动教育是社会实践和个体体验的相互结合，以此达到以劳树德、以劳增智、以劳健体、以劳益美的教育目的，因此它是一个群体互动的社会实践过程。因而在劳动评价中，除了需要教师的参与、指导外，也需要采取学生自评和同学互评相结合的评价方法。即由若干名同学组成劳动小组，在劳动教育的整个过程中，每个人以别人对自己劳动行为的评价为依据，相对客观地评价出自己的劳动学习情况，同时对其他同学的劳动学习提出自己的看法。这种自评和互评相结合的办法，既有利于在劳动教育中及时开展劳动成效评价，也有利于学生在平等的氛围中互相学习、互相督促，便于教师全面掌握学生的劳动教育情况，及时提出改进意见。

在劳动评价中，还可以采取网络分析的评价方法：学校通过网络在一定范围内收集学生的劳动信息，使学生的劳动可视化，这可以进一步帮助被评价的学生进行自我反思与改进，也可以帮助教师和同学们准确、全面地对被评价人进行公正评价，使评价结果更加真实。不同的主体使评价结果更具有可信度，由此发挥劳动评价的导向与激励作用。

五、注重劳动成效与学生潜能评价

劳动评价要与劳动成效和学生潜能相结合，尤其要把学生的职业能力、社会认可度和用人单位的要求作为重要的参考值。职业教育的最大特征是企业认可和社会认可。企业与社会对毕业生的满意度常常是衡量高校教育质量的客观依据。因此，高校在劳动教育中不仅要通过劳动实践促进学生形成热爱劳动、尊重劳动的观念和情感，也要通过劳动实践进一步达到专业要求，更好地了解学生在发展中的需求，以利于发挥学生的潜能与特长，提升学校的教学质量。劳动教育有时呈现为一种个体的行为及体验，有时则是由同学们共同组织完成一个具有劳动实践性质的科研协作项目。因此，高校的劳动教育评价要注重劳动成效和劳动内容、能力培养相结合。在评价过程中，如果需要完成的是劳动任务或劳动项目，除了要观察学生的劳动态度及劳动情感，还需要看任务的完成度和完成质量，包括制订劳动方案、实施劳动过程与目标达成等方面，这样才能达到劳动评价的目的。

第六节 评价结果的运用

构建劳动素养评价体系要充分借鉴和吸收综合素质评价的有益成果，真正做到评价设计科学合理、评价过程公开公正、评价结果导向正确和社会信服。劳动素养评价体系应当与当前高校普遍实行的学生综合素质评价体系相一致、相融合，把劳动素养纳入综合素质评价的“五育”目标之一，从加强劳动教育的视角，优化学生综合素质评价的各项指标设计，实现劳动教育在综合素质体系中的独立占比，提升劳动教育各项内容的重要性。

劳动素养评价结果的运用应当注重以下三个方面。

一、探索评价的独立表彰机制

劳动教育作为五育并举的重要指标之一，与德智体美相比，尚未建立起有效的表彰或惩戒机制。学生的思想状态、学习成绩、体格检测、文体评比等都有相对独立的考评办法和表彰机制，但对于“劳育”而言，探索劳动素养评价体系的目标之一，就是要在形成劳动素养评价的定量或定性结果基础上，对劳动素养优秀的学生予以表彰，对相对落后的学生进行敦促，通过正面奖励和反向引导的方式，强化劳动教育的具体实施。因此，要从劳动素养评价体系的结果认定上，建立“劳育”表彰的物质性或荣誉性奖励机制，设立“劳动光荣奖”“劳动之星”“劳动先进奖”“劳动创造奖”等项目，并辅以适当的物质奖励，还要举办劳动技能大赛、劳动表彰大会等活动，扩大劳动素养的教育教学成果，巩固劳动教育的长期效应。

二、建立劳动评价与综合素质测评融合机制

劳动教育是“德智体美劳”全面培养教育体系的重要组成部分，将劳动素养纳入学生综合素质评价体系中，能够充分发挥劳动教育的激励和导向功能。制定涵盖劳动观念、劳动意识、劳动能力的评价制度和评价标准，通过学生综合测评结果将劳动教育与学生评奖评优挂钩，能够促进学生增强劳动意识，更加注重自身劳动素质的培养。目前，在学生综合素质评价体系中，劳动教育方面的体现不多甚至缺失，这种情况亟待改变。劳动素养评价融入综合素质评价体系，要充分考虑劳动素养评价的四项维度，既要设计好劳动意识、劳动观念等非客观维度的测量方法，也要为劳动能力、劳动结果等适宜定量考察的指标进行合理赋值，从而达到充分肯定学生劳动素养的成长与进步的测评目的。

三、建立劳动评价结果的长期记录机制

劳动素养评价体系要能够体现出学生的综合劳动素质，促进学生崇尚劳动、尊重劳动，让学生争做辛勤劳动、诚实劳动、创造性劳动的积极践行者。劳动素养评价为挖掘学生的专业能力潜质提供了基本素质保障，学生们在专业知识的学习中发扬吃苦耐劳的精神，形成比学赶超、奋勇争先的浓厚学习氛围，更加有助于挖掘专业能力潜质，为未来成为本专业、本行业的卓越劳动者打下基础。建立劳动素养评价结果的长期记录，能够客观反映学生的成长过程，体现出学生劳动能力、劳动态度的发展变化，这对其未来求职升学、择业就业、创新创业等方面都是有益的参考。学生个体的劳动素养评价结果是检验学生个人成长的重要记录，以建立劳动素养评价评分卡、记录表等方式综合反映学生的基本素质，为开展就业推荐、择业指导等提供背景材料和基础信息。另外，对学生劳动素养评价做群体性的长期记录分析，是检验和考察劳动教育成果、效率的重要方面。因此，要尝试通过网络化、系统化、平台化的方式采集学生劳动素养评价信息，构建科学合理的劳动素养评价体系，形成劳动素养评价结果的长期记录机制，推动劳动教育在高校的具体落实落地。

四、以评促劳动教育高质量开展

劳动教育是“五育”的重要组成部分，但实践中劳动教育是教育体系中的短板。劳动教育评价影响着新时代的劳动教育改革和劳动教育质量提升。2020 年 10 月，中共中央、国务院印发的《深化新时代教育评价改革总体方案》（以下简称《总体方案》）提出加强劳动教育评价，深入贯彻落实《总体方案》，有利于全面系统地落实新时代劳动教育政策，切实保证劳动教育提质增效。

（一）以诊断性评价规范劳动教育课程体系、教学体系和管理体系建设

劳动教育课程体系、教学体系和管理体系既是这一教育体系的重要组成部分，也是开展劳动教育的基础和前提。诊断性评价是指在实施劳动教育之前，对学校开展劳动教育的课程体系、教学体系和管理体系等条件进行评估，以判断学校是否具备开展劳动教育的各项工作条件。《关于深化教育教学改革全面提高义务教育质量的意见》提出，加强劳动教育，充分发挥劳动综合育人功能。长期以来，我国劳动教育在学校教育体系中处于“说说重要，做起来次要”的尴尬境遇，存在地位被弱化、实施被简化等问题，无法充分发挥劳动教育的育人功能。因此，诊断性评价有利于规范劳动教育课程体系、教学体系、管理体系，以保障

劳动教育的基础和前提。

课程是落实劳动教育目标任务的核心载体。课程体系评价是对劳动教育课程的地位、劳动教育的教材建设，综合实践活动课程、通用技术课程等劳动教育国家课程的开设情况，以及学科教学与劳动教育的融合情况等进行评价。上海市委、市政府印发的《关于全面加强新时代大中小学劳动教育的实施意见》明确规定，中小学劳动教育是必修课程，每周不少于1课时；要求将劳动教育贯穿学校教育教学全过程，构建综合性、实践性、开放性、针对性的劳动教育课程教材体系。以此为参照开展课程体系评价，有利于夯实劳动教育的课程地位，构建规范化的课程体系，为劳动教育的实施奠定基础。

教学体系是劳动教育有效实施的重要保证。教学体系评价是依据劳动教育的目标和要求，对劳动教育的教学内容、教学手段、教学过程和结果进行评判。长沙市构建了“中小学校劳动教育状况评价指标体系”，其中，教学体系方面包括教学内容、教学形式、教学资源和教学评价等指标。基于此，通过对劳动教育的教学体系开展评价，有利于保障劳动教育的规范实施。

管理体系是实施劳动教育的制度保障。实践中，有的学校把劳动当作惩戒学生的手段，有“劳”无“育”，忽视对劳动观念和劳动习惯的教育。为改变这一现状，教育部门要加强劳动教育的督导评价，将学校劳动教育的实施情况纳入中小学责任督学挂牌督导内容。为完善管理体系，构建督导评价制度，各地进行了有益的探索，湖北省把劳动教育纳入教育督导体系，纳入中小学责任督学挂牌督导内容，定期组织对全省各级政府和有关部门保障劳动教育情况以及学校组织实施劳动教育情况进行督导，以保障劳动教育的实施。

（二）以过程性评价激发劳动开展的持久动力

马克思认为，劳动是人类的本质存在，对人类具有不可估量的意义。他提出，“劳动是整个人类生活的第一个基本条件，而且达到这样的程度，以致我们在某种意义上不得不说：劳动创造了人本身。”而且，“社会生产劳动是人类必不可少的活动，并且至少是人类可能通向自我发展和完善的主要途径。”同时，劳动是人类物质财富的来源，人通过劳动改变自然，创造属于人自己的物质生活条件。马克思认为，“每个人必须从事一定的劳动，这是理所当然的。人类必须生活，这就要去工作，提供生活的资源。”虽然劳动对人类本身和社会发展具有重要的价值，但是，长期受到“唯考试”“唯分数”“唯文凭”的社会风气影响，近年来一些青少年不想劳动、不爱劳动、不会劳动甚至鄙视劳动的现象时有发生。为了改变这一现状，提升学生劳动的主动性和积极性，让学生人人“想劳动、愿劳动、爱劳动”，要加强过程性评价。过程性评价不仅有利于发挥激励功能，还有利于引导学生对劳动过程开展积极的反思，从而更好地把握劳动技能，增进劳动情感。

实践中，静态、量化的评价是劳动教育的主要评价方式。比如，“劳动之星”是当前中小学校通常采用的劳动教育评价方式，通常以劳动的次数和时间等显性标准为依据，进行客观化、标准化评价。劳动是需要个体持续不断努力的实践过程。因此，静态的、量化的、客观化的评价往往不能反映劳动过程的全貌，而且也无法起到完整有效的激励作用。因此，《总体方案》提出，加强过程性评价，将参与劳动教育课程学习和实践情况纳入学生综合素质档案。过程性评价拓宽了劳动教育评价的领域，它并非只注重过程而不注重结果，它是对劳动过程中的劳动动机、劳动实施和劳动产品三位一体的评价。换言之，过程性评价不仅关注劳动产品，还关注劳动认知、劳动技能、劳动意志、劳动态度、劳动习惯和劳动价值观等过程性的表现性要素。开展劳动过程性评价要充分利用互联网、大数据、云计算等现代信息技术手段，如新出现的劳动评价系统就是充分利用信息技术手段开展劳动教育过程性评价的有益探索。这一系统采用平板、手机、个人电脑、机器人等工具把学生在家庭、学校、社区（基地）等场所的劳动开展情况进行全面、客观、真实记录，同时通过问卷访谈、测评等方式对学生劳动观念、劳动能力、劳动习惯、劳动精神等劳动素养进行科学评价，并动态生成劳动质量监测报告。对学生的劳动过程开展监测与纪实评价，有利于发挥评价的激励和导向功能。

（三）以终结性评价监测学生劳动素养发展状况

劳动素养包含两层含义：一是能力，也称功能性素养，即开展劳动的能力，具体包括劳动知识和劳动技能等；二是修养，也称目的性素养，即力量，表现为在劳动过程中所散发出的影响力或感染力，如劳动情感和劳动价值观等。劳动素养是衡量劳动教育成效的重要指标，也是一个人劳动品质的重要体现。因此，《关于全面加强新时代大中小学劳动教育的意见》提出，健全劳动素养评价制度，将劳动素养纳入学生综合素质评价体系，把劳动素养评价结果作为衡量学生全面发展情况的重要内容。

终结性评价是根据劳动教育的目标对劳动教育的达成度进行恰当的评价，是对劳动教育的效果进行价值评断。当然，采用终结性评价对劳动素养进行监测并不意味着以标准化测试的形式来衡量学生劳动素养的发展状况，而是坚持定性评价与定量评价相结合，以定性评价为基础，以定量评价为补充，全面客观地反映劳动教育实效；坚持自我评价和他人评价相结合，吸纳学生自身、教师、同伴、家长和服务对象等主体参与评价，以客观系统全面地反映学生劳动素养发展状况。

◎ 练　习

1. 构建科学合理的劳动素养评价体系，要重视在（　　）上下功夫，给予劳动素养充分的外在表达空间与形式。

A. 处理方式　　B. 评价能力　　C. 评价载体　　D. 新闻媒体

2. 依据大学生管理的特点，劳动素养的评价载体与呈现形式有日常劳动行为以及另外三个方面，即下列除（　　）之外。

A. 课堂理论　　B. 志愿服务　　C. 实习实训　　D. 社会实践

3. 全面加强高校劳动教育，需要建立一套完善的、标准化、可执行的劳动教育评价机制，需要（　　）。

A. 明确劳动评价的主体　　B. 明确劳动评价的主要内容

C. 明确劳动评价的原则和方法　　D. A+B+C

4. 全面加强高校劳动教育，需要将（　　）结果纳入学生综合素质评价中。

A. 职业规划　　B. 劳动评价　　C. 期末成绩　　D. 专业成绩

5. 劳动教育应建构（　　）的开放性的劳动评价系统，全方位、全过程对学生劳动效果进行评价，使劳动教育评价更加全面、客观、公平。

A. 单元整合　　B. 多元分散　　C. 多元主体　　D. 专项独立

6. 劳动教育的评价主体不包括（　　）。

A. 学校　　B. 家庭　　C. 社会机构　　D. 网络聊天室

7. 劳动教育评价是（　　）评价，包括学生的劳动知识、劳动情感、劳动意志、劳动行为和劳动技能等方面。

A. 单一性　　B. 综合性　　C. 法理性　　D. 选择性

8. 树立正确的劳动评价理念，不能单纯地依靠劳动成果或劳动成绩对学生进行评价，应（　　）。

A. 注重对学生劳动过程的跟踪与评价

B. 注重对学生劳动意识、劳动情感认识程度的量化与评价

C. 注重评估学生劳动实践行为的转变程度

D. A+B+C

9. 课程评价应成为教师劳动教育课程实践的一种存在状态，并不断内化为其行为习惯，成为其对待课程实践的（　　）。

A. 处理个案　　B. 特殊方法　　C. 职业负担　　D. 惯性思维

10. 能否在劳动评价中主动且有效地采取适当的方法是影响劳动实践课程改革成败的关键，也将影响“以（　　）”的课程决策。

A. 活动配套　　B. 成绩为原则　　C. 评价为基础　　D. 理论为先

11. 在劳动教育实施过程中，教师对其所处的情境和面临的问题具有深切感受和潜在认识，他们应该成为（　　）。

A. 课程参与者　　B. 课程研究者　　C. 成果鉴赏者　　D. 学习先行者

12. 劳动教育的主体是学生，劳动实践的主体也是学生，因此学生也应该成为劳动评价的（　　）。

A. 主体　　B. 客体　　C. 被试　　D. 首要主体

13. 在劳动教育评价体系中，学生成为劳动评价主体，则下面概念中不正确的是（　　）。

A. 可以激活主体意识，增强学习动力

B. 可以增强他们对自己行为的反省意识和反思能力，并接受评价结果

C. 可以提高他们专业课成绩，获得更多的奖学、助学金

D. 可以提高学生自身的创造品质

14.（　　）是每个人学习的终身学校，是立德树人的重要阵地，在劳动教育中发挥着基础性的作用。

A. 学校　　B. 家庭　　C. 社会　　D. 企业

15. 从大学生的特点、评价指标的可操作性以及社会认知程度等综合角度来看，劳动评价指向主要体现为四个方面，即（　　）、劳动观念、劳动能力和劳动成果。

A. 劳动意识　　B. 劳动仪式　　C. 劳动质量　　D. 劳动利益

16. 对劳动的评价应包含以下四个方面的内容：对劳动常识的知晓度，对劳动的(　　)，对劳动价值的内化度，劳动行为的外在表现。

A. 质量敏感度　　B. 水平掌握度　　C. 情感认同度　　D. 强度忍受度

17. 依据大学生劳动教育的目标，劳动教育成效最基本的标准应该是看其是否能(　　)、尽心尽力地做心力相符的劳动之事。

A. 同手同脚　　B. 自觉自愿　　C. 积极服从　　D. 简单认可

18. 学生对待劳动是否自觉自愿、尽心尽力，可视为学生劳动热情的激发、劳动自觉程度的提升和劳动行为稳定一贯的体现。具体可从（　　）方面进行评价。

A. 是否使学生形成系统、自觉的劳动观念

B. 是否使学生获得积极、愉悦的劳动情感体验

C. 是否突出适应学生终身发展和社会发展需要的必备品格和关键能力的培养

D. A+B+C

19. 确定劳动评价原则，应注意（　　）方面。

A. 重视综合评价　　B. 定性评价与定量评价结合

C. 静态评价与动态评价结合　　D. A+B+C

20. 劳动评价的具体方法包括：评价贯穿于劳动教育全过程、注重评价的时代性与多元性，以及（　　）。

A. 制定好劳动评价方案　　B. 注重多元主体评价

C. 注重劳动成效与学生潜能评价　　D. A+B+C

◎ 实践与思考　讨论："劳动的综合评价"

小组活动：请组织小组讨论以下问题。

(1) 你怎样认识"劳动教育评价体系是一个主体多元的开放体系"？

(2) 请结合实际谈谈怎样做好劳动教育的综合评价。

请记录并整理讨论结果，推选代表，在班级活动中报告你们的学习讨论成果。

实训评价（教师）：______________________________

____

第十二章 创新劳动与愿景

知识目标

（1）通过分析信息时代下劳动认知的变化，认清劳动价值观异化的本质，重塑正确的劳动情感和劳动品德，适应符合现代生活方式的劳动技能传播途径，培养符合社会科技发展的劳动习惯。

（2）学习科技革命背景下创新劳动的新内涵、新特征，以及对劳动者提出的新要求。

（3）了解人工智能与人类劳动的区别，明确劳动教育的发展方向，关注自身软技能、数字信息技能、人文技能和可迁移技能的培养与提升。

素质目标

（1）审视自身劳动情感、态度和劳动价值观，塑造良好的劳动品德。

（2）反思自身劳动习惯的不足之处，培养积极进取的劳动习惯。

能力目标

（1）分析个人特点，明确自身劳动知识、劳动技能的提升目标及具体任务。

（2）结合所学专业或个人专长，重视创新劳动，制定切实可行的学习生涯规划和职业生涯规划。

重点难点

（1）理解信息技术对社会劳动的影响。

（2）掌握科技革命背景下创新劳动的新内涵、新特征、新要求。

（3）理清人工智能与人类劳动的发展关系及人类劳动活动的一般分类。

（4）关注未来劳动教育新焦点。

◎ 导读案例　一场特殊演唱会：不收门票只收药品

2021 年 5 月 21 日，吉木乃县的草原石头城已经刮了两天的大风，树挂不住叶子，人戴不住帽子。有人担心，假如明天天气依然如此，音乐会怕办不了了。相比组织者的担忧，即将登场的痛仰乐队却难掩兴奋，“绝无仅有的机会！”主唱高虎说。在广阔的草原上、粗粝的大风中演出，这很摇滚。这是一场特殊的演唱会，献给一群特殊的人（见图 12-1）。

图 12-1 痛仰乐队的牧场公益音乐会现场

1

作为国内老牌摇滚乐队，痛仰曾举办过多次公益演唱会，他们去过贵州六盘水的山村小学，去过中缅边境云南澜沧县的大山……而在西北边疆献唱，还是第一次。

吉木乃县位于新疆维吾尔自治区阿勒泰地区，西侧 141 千米的边境线，与哈萨克斯坦接壤。在这里，多数哈萨克族牧民依旧过着逐草而居的游牧生活。每年 5 月，他们从冬牧场向北转至夏牧场，10 月，再从夏牧场转回冬牧场。草原苦寒，旅途奔波，突发状况时有发生，守护在他们身边的是跟队随行的乡村医生。在吉木乃县有 41 位这样的医生，他们被称为“骑马村医”（见图 12-2）。

图 12-2 痛仰乐队成员与“骑马村医”前往牧民家中

2017 年 12 月，中国人口福利基金会、中国光彩事业基金会和上海复星公益基金会共同发起健康暖心 - 乡村医生健康项目（以下简称“项目”），项目开展 3 年半来共派出 158 名驻点队员，覆盖全国 16 个省、市、自治区，72 个国家重点帮扶县，帮扶 12 545 个行政村卫生室，守护 22 192 名乡村医生，惠及 300 万户基层家庭。吉木乃县是项目扶持点之一。

痛仰乐队于 2019 年成为该项目的“乡村医生守护者”。这次，他们选择用公益演唱会的方式引起外界对“骑马村医”境遇的关注。“我相信音乐有一种深广的、超越语言的、温暖的力量”，主唱高虎说，“我们能做的就是用我们的一些‘虚名’，去告诉大家村医的伟大。”

2

在去吉木乃县之前，痛仰乐队对当地牧民的生活状况知之甚少，即使是出生在新疆的高虎，对此也感到陌生。“一年 365 天，有 300 天都是凛冽的大风，冰雹、大雪也很常见，冬天里，雪常下到齐腰深”，吉木乃县乌拉斯特镇卫生院副院长叶尔哈里木说。

叶尔哈里木今年34岁，牧民看病难，他自小就有体会。八九岁时，有一天奶奶突然肚子疼，爸爸骑了一天的马，辗转多处才找到医生，把他请到家里。医生诊断奶奶得了阑尾炎，却又没办法做手术。爸爸又骑马去镇上找车，把奶奶送去了县城医院。

乌拉斯特村中医馆馆长喀毕拉从小跟奶奶在草原长大，奶奶是萨吾尔草原远近闻名的医生，接生过无数婴儿——包括在牧民转场的路上，“没有任何专业设施，唯一的器械就是一把剪刀”。“1 000多千米的转场路基本靠走，没有交通工具、没有电源，没有信号、没有蔬菜水果，牧民长期受心脑血管疾病、肠胃病困扰，因为气候湿寒，有很多人得了关节炎、痛风”（见图12-3）。受奶奶影响，喀毕拉从阿勒泰地区卫生学校毕业，在县医院做了两年外科医生后回到草原做了村医。喀毕拉想得很清楚：县医院不一定缺医生，但草原上一定有更多人需要医生。喀毕拉记得，一次在冬牧场有位老人高血压发作、人事不省。在零下二十多度的大雪天，喀毕拉为她做了心肺复苏，用马把她驮到30千米以外的山下，找了一台破旧的皮卡车，载着老人开了十几个小时，将其送到医院，抢救了回来。

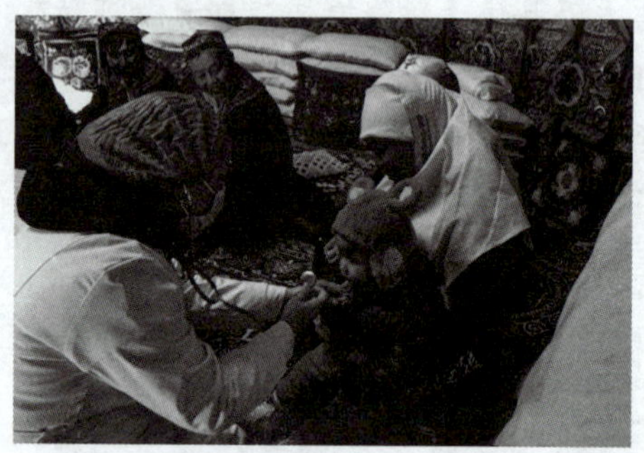

图12-3　痛仰乐队成员带着药品与村医前往牧民家探望

“如果你和我们一起转过一次场，就知道牧民们是把健康和生命托付给了我们”。

3

到达吉木乃县后，痛仰乐队最先去的就是喀毕拉所在的乌拉斯特村中医馆。去年99公益日期间，乡村医生项目曾推出乡村中医馆修建计划，这家医馆位列其中。修缮之前，医馆破烂不堪，“雨季、雪天，一年四季总是漏水，严重时需要拿脸盆接水”。经过修缮，虽然仍比不上城里医院，但至少门诊、病房干净整洁，不再受雨水侵扰（见图12-4）。

图12-4　牧民收到医药箱

村医的工作琐碎而沉重，除了给病人打针开药，还要负责慢性病管理、孕产妇监护和卫生知识宣传等工作，每月基本工资只有 2 000 元，加上绩效，至多也就 4 000 ～ 5 000 元。遇到更穷苦的牧民，他们还会自掏腰包替他们付药钱。古力娜尔是阔衣塔斯村的村医，村里有位患高血压的老人，儿子是哑巴，孙子是脑瘫，古力娜尔每个月都会花几十元帮他家支付医保报销以外的药费。

这让高虎很是感动，“这里的乡村医生很辛苦，但他们有一种勇于付出、不求回报的精神”。

4

“送药路途远，天气恶劣，缺医少药时，很难兼顾所有家庭”，有时牧民半夜打电话来求助，村医们冒着风雪都要赶去，路上到处是野狼嚎叫，走得胆战心惊。村医大多有过出诊路上遇险的经历。有位村医曾在零下二十多度、雪厚到大腿根的冬季出诊，因看不清道路，从坡上摔了下去，膝盖骨粉碎性骨折，爬了二三十千米，幸亏遇到几位牧民把他送去医院（见图 12-5）。

图 12-5 村医为牧民的流动义诊

“也许你从未曾了解过他们，也许你们是两条永不相交的平行线，但，也许这一次你可以和我们一起走近他们，走近那个看似如尘埃般渺小，却孕育着平凡伟大的群体乡村医生”——5 月 8 日，痛仰乐队就在自己的微信公众号上发布了牧场公益音乐会的消息。音乐会免票，但痛仰号召每个乐迷带上身边的一种常用药送给牧民，并列出了药品捐赠清单。

5

5 月 22 日音乐会当天，草原上的风奇迹般地止息了。音乐会在吉木乃石头城举行，毗邻国境线仅 24 千米，裸露的石块崖壁在草原上围成一个小盆地，舞台坐落其中（见图 12-6）。

图 12-6 草原石头城的音乐会现场

下午 4 点，距演出还有四个小时，北疆的太阳还高高挂着，来自全国各地的 117 名乐迷已到了现场。他们一半来自新疆，一半来自新疆之外，内蒙、辽宁、河南、湖北，最远的来自广东。有人拿着吉他围成一圈，唱起痛仰的代表作，有人坐在毡房外吃羊肉串、喝奶茶。其中几位从阿勒泰过来的乐迷，初中开始便是痛仰的忠实拥趸，身处偏远边疆，能在家乡看痛仰现场演出，可能一生也只有一次（见图 12-7）。

图 12-7　音乐会开始前，乐迷扎着标志性的哪吒头，自发唱起痛仰的歌

他们的脚下放着一塑料袋的药盒，因为装得太满，塑料袋的边缘都快被撑破了。女孩说，痛仰乐队热心公益，作为粉丝也应当如此。来自湖北的乐迷范宁，曾因车祸伤腿，只能拄拐行走，乐迷称他“拐哥”，带着近 200 盒、20 多斤重的常用药来到现场。“痛仰曾经给了我力量，现在我也可以回报了”，他说。

晚上 8 点多，音乐会即将开始，乐迷们把自己带的药品都放进捐赠箱（见图 12-8）。“原本只希望大家每人带一小盒药，但是所有人都带了很多，远远超出了我们的预估”，复星基金会荣誉理事长、本次活动主办者王津元说，“这个画面最真实，也最难忘”。

图 12-8　音乐会以药代票，乐迷们捐赠的药品

演出开始，如同每一场痛仰的演出，现场依旧热烈。听众中有乐迷、村医、牧民。每当痛仰唱起成名曲《西湖》《公路之歌》《再见杰克》，观众便像接上了暗号，开始全场大合唱。工作人员划出的几个观众区早已没有了界限。

北疆黑得晚，10 点，月亮挂上去，天色才极不情愿地暗下来。《思疆调》的口哨在草原上悠扬。炫彩的舞台灯光如同草原上的火种，在巨石间显得格外明亮。痛仰在台上唱，台下鲜红的哪吒旗挥舞（见图 12-9）。

图 12-9 音乐会现场

“这首歌献给吉木乃的村医们”，演唱会快要结束时，高虎唱了一首所有乐迷都没听过的歌：

“当远方是故乡，道阻且漫长
天使收起翅膀，留在了村庄
一晃青春模样已白发苍苍
沉甸甸的药箱是全部行囊
穿过草原和山岗，人们世代在奔忙
为了他们的晴朗，你带来光芒”

1 个多小时的演出结束，在回城路上，鼓手大伟感慨，“这样的经历太棒了，无数次的 livehouse（音乐展演空间），真正能记住的并不多，但这一场真的永生难忘。”“其实做公益不一定要轰轰烈烈，有时捡起身边的垃圾就是一件好事”，高虎说，“我们身体力行做些事情，能让更多人去了解、关注，哪怕多一个人，也是值得的”。就像乐迷在快递来的药箱上写的：就让我们一起唱，世界会变好。

（资料来源：徐雯撰文，Gerry 摄影，腾讯新闻 · 复星基金会）

阅读上文，请思考、分析并简单记录。

（1）这篇文章中，描写了哪些特殊的“劳动者”群体？

答：________________________________

（2）演唱会为什么“不收门票，只收药品”？痛仰乐队音乐人表现出了什么精神？

答：________________________________

（3）在吉木乃县，有 41 位服务于牧民的“骑马村医”，他们表现出了什么精神？

答：________________________________

（4）请简单记述你所知道的上一周发生的国际、国内或者身边的大事。

答：

第一节 信息时代对劳动的影响

新媒体（见图 12-10）是信息时代科技发展的产物，已经融入现代人生活的方方面面，它不只影响人们的生活方式，也影响现代劳动的生产方式。因此，人们对劳动的认知、劳动价值观、劳动情感和劳动品德、劳动习惯养成方式和劳动知识与技能的传播途径都发生了一系列变化。

图 12-10 新媒体

一、劳动认知的变化

现代劳动与马克思时代的劳动相比，在劳动主体、劳动形式、劳动领域等方面都发生了很大的变化。信息时代，劳动不再局限于体力劳动、简单劳动或物质生产劳动，而要把脑力劳动与体力劳动、群体劳动与个体劳动、有偿劳动与公益劳动、简单劳动与复杂劳动、创新劳动与重复劳动、物质生产劳动与非物质生产劳动、实体劳动与虚拟劳动、生产劳动与科技劳动等，都看成劳动。

现代劳动要回到全面、本原的劳动观上，把劳动看成包括人类完善自我、提升自我、创造世界、改造世界的一切实践活动，是学习、工作、生活、人际交往等的统称。各行各业、所有岗位的工作都是劳动，都需要发扬劳模精神、劳动精神、工匠精神。劳动教育不能只强调劳动习惯、劳动态度、劳动品德的培养，还要重视劳动认知、劳动价值观、劳动科学知识与技能的培养，使学生形成全面、系统的劳动素养。

二、劳动价值观的异化

在信息时代，网络上充斥着大量消极的价值观。最典型的案例就是，过去“演员”作为一种职业，需要练就扎实的演艺基本功、需要厚重的人文知识积淀、需要吃苦耐劳的工作作风，也因此诞生出了一批批职业道德崇高、职业素养过硬的“人民艺术家”。而现在，一些徒有外表的“流量明星”经过包装、炒作以及网络传播，就可为本人或相关企业赚取高额利润，制造“粉丝经济”“网红经济”，无形中向身处信息时代的年轻人灌输了“不劳而获”的思想。

1942 年，毛泽东在延安文艺座谈会上发表讲话，“某种作品，只为少数人所偏爱，而为多数人所不需要，甚至对多数人有害，硬要拿来上市，拿来向群众宣传，以求其个人的或狭隘集团的功利，还要责备群众的功利主义，这就不但侮辱群众，也太无自知之明了。任何一种东西，必须能使人民群众得到真实的利益，才是好的东西”。从中我们可以感受到，即使放在今天，国家和人民依旧需要的是兢兢业业、依靠劳动换取成果的艺术家。

三、劳动情感和劳动品德的重塑

新时代劳动教育主要面向的是“90 后”“00 后”，这一代人是伴随着互联网长大的“网络原住民”。他们对劳动的认识与上一代、上两代有很大差异，他们中大多数人没有受过生活艰辛的磨砺，缺乏吃苦耐劳精神的锻炼，一些人“不珍惜劳动成果、不想劳动、不会劳动”，在辛勤劳动方面急需补课。他们大多鄙视不劳而获，但更害怕劳而无获，希望付出多少、收获多少。一旦劳而无获或劳而少获，就会认为是社会不公，怨天尤人，甚至转向不劳而获，做事走捷径，投机取巧。针对这一特点，当代的劳动教育必须正面回答“信息时代是否还需要劳动情感和劳动品德”这个问题。大学生应该认识到，工作的数字化、网络化只不过使人类的劳动方式、劳动领域、劳动岗位发生了新的变化，但人的劳动精神和很多劳动技能仍是人机协同、智慧劳动、创造性劳动的重要基础，仍然十分宝贵。

从前，劳动习惯的养成主要依靠家长督促、学校督促，随着信息技术的发展，学生可以突破地域限制，组成各种各样的互联网社群，通过预先设定好的规则和程序，促使劳动者自发地养成劳动习惯，更加强调自己学、主动学、灵活学，而不是监管学、灌输学。

第二节 创新劳动的发展

在人类社会发展历程中，当石器被青铜器所替代，又被工业机械所替代；当木版印术被铅字印术所取代，又被计算机胶印术所替代等，进步现象表明了创新劳动在人类社会发展中的价值和意义。倡导创新劳动，是因为创新劳动能够创造满足人们需要的新的使用价值，在于它能带来劳动者自我素质的提高。换言之，劳动者素质提高的标志，应该就在于具有自我劳动素质的创造。

一、创新劳动的定义

所谓“创新劳动”，是指突破劳动的惯性思维，突破原有的生产方式、组织方式，创造和运用全新的思维观念、科技知识、工艺设计及方式方法所进行的创造性劳动，即通过人的脑力劳动萌发出技术、知识、思维的革新，从而提升劳动效率、产生出超值社会财富或成果的劳动。

社会的发展表明，创新劳动在不同领域为人类进步发挥着作用。创新的社会化促进了整体社会生产力的进步。社会各阶层的劳动者都有能力从事创新劳动，他们的创新劳动对社会的经济发展产生着重要影响。人类社会是在劳动中积累经验，提供物质准备以创造剩余劳动财富，又是在创新劳动中获取更多的剩余价值，在创新劳动中得到发展，走向未来。

创新劳动是社会进步、社会文明的标志。只有倡导创新劳动，才能使我们民族更加具有文明智慧，才能促使人类社会为美好的明天而奋斗。一个社会，只有弘扬创新劳动光荣的良好风气，才能实现体面劳动的愉悦，才能实现社会财富的不断增长。社会在发展，劳动方式在变，创新劳动所体现出的社会价值及内涵会更加深刻。

社会学家艾君 2011 年 5 月 20 日在接受南方日报记者采访时认为，“新时代劳动价值的体现标准，正在从传统‘出大力，流大汗’‘苦干加实干’，向‘知识型、技术型、创新型’，并能为国家创造‘社会效益、经济效益’方向转变。这种变化是与新中国初期的农业社会、封闭自足，向工业化、现代化，并逐步向世界开放的转变过程相适应的”。

2011 年 5 月 1 日，人民日报发表社论《勤奋劳动、诚实劳动、创新劳动》。社论说，光荣属于伟大的劳动者。社论指出，“在我国内外环境、增长机制发生重大变化的条件下，以创新劳动加快转变经济发展方式、建设创新型国家。这是时代赋予中国工人阶级的崇高使命，具有光荣传统的中国工人阶级一定能够与时俱进、锐意进取，更好地发挥改革主力、发展动力、稳定基石的作用。”由此，“创新劳动”引起社会重视。

二、创新劳动的特点

创新劳动具有阶段性发展，对于同质劳动的超越等特点。创新劳动生产的是知识商品，这些知识商品表现为新理论、新观点、新创意、新技能等，它们大多是无形产品，可能看不见摸不着，但这些知识商品的出现意味着新的发现、新的变革，这种变革从根本上影响着社会前进的步伐和速度。

创新劳动创造价值的能力更强。探索新知识的劳动是一种非常艰苦的创造性劳动，掌握了科技知识的劳动者进行的劳动是高级或超高级的复杂劳动。创新劳动是生产劳动，它也具有二重性：具体劳动和抽象劳动。具体劳动创造出商品（知识）的使用价值，研究、创新形成有益于人类进步的各种知识，推动人类社会知识的进展；或运用各种知识生产出产品和劳务，能够满足人类的物质、文化生活需要。抽象劳动形成商品的价值，这种劳动创造的价值远远高于一般人类劳动。

创新劳动是以脑力为主的劳动，所形成的知识商品的价值构成主要包括以下一些方面。

（1）生产知识的各种费用；各项科研费用，各类器材及实验设备的费用。这些费用是过去价值的投入，比较容易计量。

（2）劳动者的脑力和体力的支出新创造的价值，是人的创造性劳动的凝结，其价值较难度量，但通过其价格也可以相对地反映出其价值量的大小。比如，一项专利值多少钱，一项技术值多少钱。通过价格比较可以看出，知识产权的价格可以数倍、数十倍、数百倍甚至数千倍、数万倍于一般产品，也就可以大致推断知识产品的价值远远高于一般产品。创新劳动之所以能创造出较高的价值，主要原因是创新劳动是一种极其复杂的劳动，它等于许多倍简单劳动。

(3) 在知识经济时代之前的简单商品经济中，知识对经济发展的贡献不很明显，创新劳动蕴涵在其他劳动之中。在资本主义大生产中，创新劳动对经济的贡献日渐突出，创新劳动逐渐从其他劳动中分离出来。马克思说："有的人多用手工作，有的人多用脑工作，有的人当经理、工程师、工艺师等，有的人当监工，有的人当直接体力劳动者或做十分简单的粗工，于是劳动能力的越来越多的职能被列在生产劳动的直接概念下。"

在社会主义的社会化大生产中，创新劳动对经济发展的促进作用就更为明显。随着社会生产力的迅猛发展，创新劳动在社会生产中越来越重要，并且正在占据主导地位，它具有了作为一种专门的劳动被独立出来的条件。创新劳动的独立化使其可以在更大的时空中发挥作用。在知识经济时代，创意、策划、咨询、信息等新兴行业层出不穷，有一些就是由于创新劳动的独立化而产生的新行业。

(4) 创新劳动对社会生产力发展有更大的推动作用。知识经济时代，知识成了生产力发展的主要的、直接的推动力，新知识的涌现及其在经济上的运用，加速了经济发展的进程。生产知识、运用知识的创新劳动对经济发展有更大的促进作用。在工业经济时代，社会财富以算术级数增加；在知识经济时代，社会财富以几何级数增加。其增加的动力源泉在于创新劳动推动了知识的加速更新，新知识的运用又推动了生产力的巨大发展，使社会财富在创新劳动的催化下大量涌现，满足了人们物质文化生活需要，提高了人们的生活质量，增强了国家经济实力。

三、创新劳动的形式

创新劳动的表现形式是：技术、知识、思维的革新，也就是进行有目的的创造性劳动。通常我们所讲的，人们的自主劳动、高科技含量劳动和成果回归等劳动，都应该属于创新劳动的范畴。一些劳动形式和内容的进步与变化，表明了创新劳动在时代发展中的进步价值。社会在发展，劳动方式在变，创新劳动所体现出的社会价值及内涵会更加深刻。

创新劳动包含两种形式，即原生性创新劳动和继发性创新劳动。

（一）科研劳动

科学研究人员不直接参与企业生产、经营过程，但他们的劳动成果——创新性的知识，能极大地改进企业的生产经营状况，提高企业的生产劳动效率（见图 12-11)。马克思说："随着大工业的发展，现实财富的创造较少地取决于劳动时间和已耗费的劳动量，较多地取决于在劳动时间内所运用的动因自身——它们的巨大效率——又和生产它们所花费的直接劳动时间不成比例，相反地却取决于一般科学水平和技术进步，或者说取决于科学在生产上的应用。"

科学技术是第一生产力，而且是先进生产力的集中体现和主要标志，科学技术的突飞猛进，给世界生产力和人类经济、社会的发展带来了极大的推动。未来的科技发展还将产生新的重大飞跃。我们必须敏锐地把握这个客观趋势，始终注意把发挥我们社会主义制度的优越性，同掌握、运用和发展先进的科学技术紧密地结合起来，大力推动科技进步和创新，不断用先进科技改造和提高国民经济，努力实现生产力发展的跨越。重视科研人员在社会经济中的作用，也是马克思主义的一贯观点。

图 12-11 科研劳动

科研劳动作为具体劳动主要表现在提出新思想、发明出新产品、研制出新技术等。他们能使已有的生产更加富有效率或产生新的生产效率。科研劳动作为抽象劳动将科研工作者的智慧物化在知识商品中，使知识商品成为价值不菲的商品。现代各国的生产力水平都直接取决于科学技术水平的高低和创新能力的强弱，而科技水平和创新能力又直接取决于科研劳动者的科研劳动的质量和水平。以知识为基础的高科技的创新、传播和应用，成为经济发展的主要动力，教育和科研部门成为促进经济发展的主要部门。如今，以计算机、网络、数码、光纤、多媒体、大数据、人工智能为主要标志的信息产业成为经济中最具有活力的产业。

（二）经营管理劳动

企业管理人员的劳动是运用经营管理知识和技术，把生产中所需要的各种生产要素组织、配置、协调起来，发挥总体功能。它是构成企业总体劳动的有机组成部分，是创造使用价值的联合劳动的重要内容之一，是社会化大生产所要求的劳动形式。

企业的管理劳动能激发各方面的积极性和能动性，为实现企业的整体目标而协同努力。管理劳动作为具体劳动是管理者组织、协调、指挥和监督生产的活动，作为抽象劳动是管理者作为全体生产者的一员，与直接生产工人的劳动一起形成新价值，将自身的劳动凝结于新商品之中。管理活动是一种复杂劳动，它要求管理者具有较高的智商和较丰富的知识，要有预见能力，承担风险能力，要懂技术，要有实践经验和经营决策能力。管理者的经营决策能力对企业的生产经营有着至关重要的作用。管理者的决策正确与否，能否承担风险和把握机遇是决定企业经营成败的关键。

四、创新劳动的分类

创新劳动可以包括以下几种。

第一，是为进一步认识客观事物而获得新知识的创造性劳动。这类劳动也可称为科学创新劳动。比如，实验科学先驱伽利略（见图 12-12）、经典力学始祖牛顿、第一个发现镭的女科学家居里夫人、对电磁学做出巨大贡献的法拉第、创立相对论的爱因斯坦以及首创化学元素周期表的门捷列夫等科学家，就是从事科学创新劳动的典范。

图 12-12　科学创新劳动：实验科学先驱伽利略

第二类是为节约时间和空间，节约体力和精力，节约资源和能源而探索更简便的思想、方法和手段的创造性劳动。这种劳动也可称为技术创新劳动。比如集装箱的发明就是一个明显的例子。这里面并没有发现新知识的科学创新，但却是一个能给社会带来巨大效益的技术创新。从产业发展的历史来看，在许多重要产业，包括高新技术产业，关键的不是科学创新劳动，却是技术创新劳动。比如要做出 0.5 微米的集成电路技术产品，其科学原理并不复杂，也早已为人们掌握，所以并不需要科学创新劳动，但却需要复杂的技术创新劳动才能完成（见图 12-13）。

图 12-13　光刻机

第三类是为满足社会与个人的新需要而设计与创造新的使用价值的创造性劳动，这类劳动又可称为产品创新劳动。

第四类是发展人自身的劳动，又称人力创新劳动，它包括学习劳动和部分教育劳动。学习劳动和教育劳动都是塑造和培养劳动者新的能力和素质的劳动。由于人具有思想和个性，所以教育劳动并没有一个统一的模式，往往要因人而异，因材施教，处处实现创新。

五、创新劳动的主体

创新劳动归根结底是一种创造性的工作，是知识的创新及知识的创造性应用，因而我们把知识的创新者及知识的创造性应用者作为创新劳动的主体。创新劳动的主体主要包括以下几类。

（一）大学和研究机构

大学和研究机构是知识、技术和造就人才的主要阵地，是创造知识和人才的主要力量。研究开发活动的制度化，大学和研究机构的迅猛发展使它们在产业技术进步中的作用日益增强。美国、英国、法国和德国等发达国家的大学和研究机构的力量最强，尤其是美国，已拥有大学 3 800 多所，其中 1/3 兼职从事研究开发活动；在数以万计的研究实验室中，较大型的研究机构有 600 多个。相比较，1997 年我国拥有的高校是 1 020 所，县级以上国有科研机构有 5 819 个。

大学和研究机构在研究开发活动方面的优势在于：它们集中有最优秀的科技人才，拥有最先进的科研仪器和设备，良好的学术环境有利于进行创造性的思维。由于政府的资助，它们可以从事本学科处于前沿阵地领域的研究开发工作，不断开拓新的领域和取得新的研究成果。

在发达国家，大学和研究机构的研究开发占有相当的比例。1990 年，美国的大学和研究机构支出的研究开发经费占国家全部研究开发经费支出的比例约为 25%，日本的比例约为 20%，英国的比例约为 30%。在某些发展中国家，大学和研究机构的研究开发经费占有更高的比例。1988 年，印度的大学和研究机构的研究开发经费支出占全部研究开发经费支出的比例高达 75% 以上。我国的比例约为 60%。

（二）企业

企业往往被认为是创新知识的创造性应用者。企业的研究开发活动越来越被认为是企业技术创新活动最直接最重要的源泉，这是因为，同大学和研究机构相比，企业的研究开发机构更了解企业的实际情况，也更了解市场的需求，研究开发活动易于与生产、销售活动联系在一起并形成整体，其科技成果一般也与市场结合比较紧密。本企业的科技成果产业化也不存在着组织上和经济上的障碍，因而科技成果也能够较为容易地变成创新。同时，企业的研究开发活动在改善企业的生产技术，培养和锻炼企业所需要的技术人才，提高企业的整体技术水平方面有着重要的作用。按照经济学家的看法，企业 R&D 的发展，有着一定的经济必然性，因为它减少了技术市场交易的费用。日益激烈的竞争是企业研究开发越来越受到重视的另一个重要原因。人们对企业研究开发的收益及其未来的影响抱有较高的期望。许多企业开始把加强研究开发看作是维持企业生存的条件。“现在不搞研究的企业迟早要陷入破产的境地”，已经成为大多数企业领导人的共识。

（三）创新家和企业家

熊彼特把创新家和企业家都定义为是实现生产要素新组合的人，因而把企业家与创新家等同起来。但是，创新家和企业家实际上是有一定区别的。创新家可能是企业家，但不是所有的创新家都是企业家，企业家是最重要的创新家，但不是唯一的创新家。

创新家是指直接从事创新活动的人，主要指把新设想变成商品化的创新者。但是，如果按照创新过程的整体化概念，对创新过程做过重要贡献的人都应看作创新者，这样，发明家、企业家、研制开发者、销售者都是创新家。事实上，由于发明家大多参与了把发明变成创新的过程，有的甚至自己就是主要的创新者，因此发明家和创新家在很多情况下是同样的人。由于创新家在推动创新成功时有着大量的组织和创业工作，创新成功后，使事业得到发展，他又变成了企业家。发明家—创新家—企业家这种三位一体的人物历史上不少，今天更是频繁出现。

发明家的贡献早已为人们所熟知，企业家也广为人们所钦佩、敬仰，然而，对创新做出最大直接贡献的创新家，其功绩却鲜为人知，除非他们就是发明家或企业家。我们可以列出一大批发明家，也可以说出一些企业家，然而我们却难以列出许多创新家的名单。这是因为创新者常常不是一个人，而是一群人、一支队伍，甚至整个企业或整个机构。其中虽然有起主要作用的，然而这种主要作用仍然不足以把创新仅仅和他个人的名字联系起来。

企业家是最重要的创新家，这是因为他们在把发明转变为创新的过程中所起的卓越的组织和管理作用。企业家在技术创新中主要担任创新的推动和启动者、风险承担者和协调管理者的角色，首先是企业家认识到技术和市场方面的机会，做出推动技术创新的决策，然后企业家寻求资源，启动创新项目。而创新的成功与失败与企业家的利益直接相关。所以没有敢于创新和敢于冒险的素质和精神是不可能有创新活动的。另外，企业家还要保证创新过程中各种活动之间的联系与协调，保证各个阶段资源和信息投入。要采用必要的激励措施，调动创新过程中各类人员的积极性。要取得成功还必须在组织上进行创新，所以说企业家是最重要的创新家。

（四）用户

用户作为创新主体，主要不是指其知识和技术的来源，而是指创新产品的来源及其产生的动力机制。希伯尔较为详细地分析了用户作为创新源泉的作用。他提出了一个功能源的概念，即把技术创新作为一种功能，它的动力来自何处，什么经济目的推动，谁将得益。

六、创新劳动成果存在形态

创新劳动成果相应地有四种存在形态。

第一类是知识形态，它可以是原理、公式、发明、图纸等。

第二类为设备形态，也就是知识形态的科学技术被固化在生产设备中。

第三类为最终产品形态，它具有弥补新的使用价值的性质，包括给人创造新的知识、新的感觉、改善健康的需要。

第四类是人的创新形态，也就是武装了新知识、新能力的人，他们可能掌握了技术诀窍，积累了生产经验，可以在接触知识形态、设备形态和最终产品形态的产品后进行创新，再生产出新的知识形态、设备形态和最终产品形态的产品来，从而使创新劳动不断积累、应用和再发展。

第三节 人工智能引发的劳动迭代

人工智能的出现（见图 12-14），引发了劳动就业迭代的现象，通俗来讲，就是人工智能的出现导致一部分职业被替代。那么，在这些被替代的岗位中的劳动者将面临怎样的再就业，则是当代劳动教育需要思考的问题。

图 12-14　人工智能时代

一、人类劳动活动的一般分类

人类劳动活动一般划分为四类：规则性体能劳动、规则性智能劳动、非规则性智能劳动和非规则性体能劳动。

（1）规则性体能劳动：主要指一般的体力劳动，其工作内容程序化、固定化、重复性强，劳动者处在人才链的最底端，主要聚集在农业、建筑业、制造业流水线和部分服务业，例如农民和“蓝领工人”，这是我国目前群体最大、数量最多的劳动者类型。

（2）规则性智能劳动：主要是一般性的事务性工作，其工作内容具有一定专业性，程序化和规律性较高，劳动者处在人才链中端，包括文员、会计、人力资源专员、程序员等，分布行业较广，位居我国劳动力人口的第二大群体。

（3）非规则性智能劳动：一般是指需要高知识、高技能的脑力劳动，其工作内容复杂，具有较高专业性，劳动者处在人才链的顶端，专注于对未知领域的探索，需要具有创造性思维方式，如科学家、企业家、艺术家等。

（4）非规则性体能劳动：一般特指从事体育运动、极限运动、野外救援等特殊领域中的工作，这一类劳动者数量少、工作危险性高，在劳动力总数中占比最小。

因规则性体能劳动具有较高程序化和重复性的特征，此类劳动最易被人工智能替代；规则性智能劳动虽然也强调专业性，但因其呈现的程序化和规律性，未来仍然可能被人工智能替代。而非规则性智能劳动则因其复杂性、不规律性和创造性是人类劳动所特有的优势，支撑着一个社会的创新，难以被人工智能所替代。

二、人工智能对劳动者的冲击

人工智能对劳动者的影响，同时覆盖了老、中、青各年龄层的人力资源。在中国，18～29 岁进城务工的农村青年，20～22 岁的本、专科毕业生，40～60 岁从事规则性体能劳动的中老年劳动者，是当前劳动力市场三大劳动低收益的人群。

大学生虽然普遍接受过良好的教育，但因为社会科技迭代速度往往领先于学校育人方案的更新速度，所以面临所学知识、技能与市场需求不匹配的窘境。

进城务工的农村青年因其只掌握了较为一般的职业技能，普遍缺乏高质量就业所需的核心竞争力，难以获得收益良好的就业机会，同时，因为城市的户籍政策、高消费水平等因素，难以长远地落户城市，因此只能流动性就业。40 ～ 60 岁中老年体能劳动者在生理机能退步以及自身职业技能贬损的双重压力下，同样面临着失业风险。虽然这两类就业人群的知识、技能水平高低不同，但其共同特征是职业技能更新速度低于社会科技迭代速度，同样容易被其他劳动者或人工设备取代。

人工智能首先会替代处于人才链底端的劳动者，在未来，人工智能还可能逐渐替代位于人才链中端的劳动者，尤其是替代掉那些工作程序化、工作内容制式化的常规岗位。比如，银行柜员现在已经逐渐由智能柜员机所取代，基于以上情况，现在的大学生对专业选择的困惑不止在于无法明晰自己的个人爱好和特长，还在于无法预测哪些专业技能未来可能被人工智能淘汰。例如，2010 年人口普查数据显示，每 10 个失业人员中就有 1 个是本、专科毕业生。

因此，人工智能对规则性体能劳动和规则性智能劳动的替代是基于社会科技进步，而劳动者向着更高智能劳动领域发展，一定要借助人力资本投资才能实现，主要是指国家为了经济发展，在教育和技术等方面所进行的投资。西方经济学家认为，教育上的投资是最有效的投资。

虽然完全替代人类劳动为时尚远，但人工智能的智能机器、智慧制造、产业机器人和服务机器人正在逐渐渗透人类的工作领域，代表着高强度、高效率的生产能力正威胁着人类的劳动机会，这是当前的教育必须高度重视的问题。

第四节 未来劳动教育新焦点

在人工智能时代，劳动教育必须焕发出新的生机，才能够有效帮助劳动者应对人工智能带来的挑战，同时劳动教育应在那些容易被忽略的或者是不容易将教育实践落地实施的方面做好有力的补充和融合，协调社会需求和人才培养方案的结构性失衡的问题。未来的劳动教育应该着力关注以下方面的培养，这也是中国的劳动者典型缺乏的核心竞争力。

一、软技能的培养

人工智能在人类生产劳动中逐渐渗透，将过去人工执行的若干任务在极大程度上实现了自动化或半自动化，致使多岗位的劳动者都面临工作组织方式、工作内容和性质的重大转变，因此对劳动者的技能需求也发生了相应变化。其中，对软技能的需求成为变化的重点。

软技能用社会学术语来解释，就是我们常说的“情商”（EQ），它由一系列能够反映个人特质的要素组成，比如劳动者个体的价值取向、性格特点、社交能力、语言表达能力、情绪控制力、行为习惯等。软技能是具有调动自己或他人的情绪、技术、知识等资源解决问题的能力。因此，软技能越高，处理事情的能力就越强，它是衡量一个人处理事情能力的量表。

在生活中，一个软技能较为充分的人，会表现出待人友善、积极乐观、易于相处等特点。可以说，它是一种不易看见的技能，是一个人激发自己潜能和通过赢得他人认可和合作，放大自己的资源，以获得超越自身独立能力的更大成功的技能的总和，软技能与那些作为一份工作硬性要求并能够部分反映一个人智商的硬技能是互补的。

目前，我国的职业结构正在分化，体力劳动逐渐减少，各类需要智能的社会服务工作不断增加，其中最明显的是越来越多的社会岗位需要销售与服务能力。大部分高等教育毕业生具备一定的商业素养，能够对商务语言信息进行处理，包括阅读、书写以及制作财务报表等任务，这属于智力维度可以处理的硬技能，而销售与服务的能力则来自社会维度的软技能。因为销售类、服务类的工作对象通常具有很强的随机性、多样性，面对不同工作对象，工作方式和工作效果是不能采用单一性指标进行衡量的，如幼教、法律咨询服务、心理咨询服务、健康理疗师等。即使是在人工智能背景下，酒店、餐饮、医疗和其他社会服务类工作对这一类软技能的需求也会越来越大。经济合作与发展组织（OECD）的研究发现，这些能力几乎在所有国家都是缺乏的，并且机器人对此很难复制。除此之外，对管理、自主决策、独立安排工作、协作和组织等软技能的需求也在不断上升。在这些无法被人工智能替代的软技能中，以情绪控制力、领导力、适应能力为代表的软实力成为社会选择优秀劳动者的新焦点。

二、数字信息技能的培养

更值得注意的是，在数字化、信息化时代（见图 12-15），数字信息技能的重要性正在逐步凸显。今天，运用计算机处理数字信息的技能已经发展成比肩外语、驾驶的通用技能，如使用通信设备、信息搜索、各类办公软件、解读网络语言的能力。研究表明，社会对数字信息技能的需求和供给之间存在明显的不匹配。尤其在中国，大约有四分之一的成年人缺少使用计算机的经验或缺乏互联网及其他移动设备的应用技能。除最基本的数字信息技能以外，其他相关技能也同样存在显著不足，如大数据分析、演绎推理、信息筛选或信息排序的能力。

图 12-15　大数据时代

信息科技飞速发展，数字创新正在融入劳动生产各领域中，促使企业更加青睐那些具备数字信息技能和其他相关知识的劳动者。这就要求开展劳动教育的时候做好技术保障，旨在促进劳动教育现代化，为教学和科研提供技术支撑。因此，做好技术保障工作对于学科发展有着极其重要的作用。

当前劳动教育技术保障内容主要包括建设劳动教育师资资源库、数字化教学资源建设、网络教学环境的建设、多媒体设备管理等。一方面，运用现代信息技术，创建区域性高校共享型劳动教育教师资源库，构筑开放式资源环境，搭建开放型、共享型公共服务平台，整合区域院校劳动教育教师资源以及各种社会人才资源，为教师更新知识结构、丰富教学经验、增强业务能力提供有力支撑。另一方面，无论是数字化教学资源还是网络教学环境的建设，都需要依托成熟的网络平台，通过网络技术解决当前教育发展中面临的诸多问题。

三、人文技能的培养

当前的人工智能在类似文学创作这样的劳动领域还很缺乏人类所具备的人文素养。当今社会生活中，人们的很多生产劳动、社会服务可以被人工智能替代，但是也对人类喜好社交的天性做出了规避，当生活中到处充斥着不具备情感、情绪的机器设备时，人类对于人文情趣、人文素养的需求则会更加凸显。类似的态度也会反映在生产劳动上，例如：各类设计师职业的需求增大，越来越多的消费者希望个性化定制服务，以及对服务人员是否能够提供人性关怀的需求也越来越强烈。因此对人文知识的掌握，成为社会劳动技能需求的新亮点。

四、可迁移技能的培养

随着我国城镇化进程的加快，人口地域变动、迁徙的频率高于历史上任何一个阶段。因此，现代的劳动者在工作选择上也会出现一系列的岗位变更、供职企业变更甚至行业变更。除此之外，婚姻、教育和新旧行业更替等因素也是加速劳动者职业流动的主要原因。各部门技能需求因分工不同，往往存在较大的差异，即使是同一部门同一岗位，在不同的企业中也会存在“隔行如隔山”的情况。因此，培养劳动者具备可迁移技能，有利于帮助劳动者因生活需要或社会发展需要面临职业变动时，更好地适应新岗位、新工作。

可迁移技能就是指那些能够从一份工作中转移运用到另一份工作中的、可以用来完成许多类型工作的技能。奥美互动全球董事长兼首席执行官布赖恩 · 费瑟斯通豪曾将可迁移技能做了归纳，包括乐观力、目标发现力、解决问题的能力、持续学习力、专业构筑力。

首先，当一个人遭遇工作压力、瓶颈期时，无论选择直面压力还是回避压力，拥有乐观力，静心思考，把经历变成经验，变成战略性的管理压力，这就是乐观力在生产劳动中的应用。其次，目标发现力是指善于发现问题，主动寻求解决之道，能够在工作中发现任务并制定目标的能力。然后，在执行任务的过程中还有一项非常重要的能力，就是解决问题的能力，有时也把它叫做“填坑”能力。遇到“坑洼”不可怕，可怕的是跳不出来，停滞不前。任何工作在开始的时候都不可能制定完美策略，因此更重要的是如何跨越难点、推进任务。再次，在现代劳动生产中，相比完成既定劳动任务，劳动者更应该重视任务之外的学习，此时的学习是自主自发的学习，需要较强的自学能力和自律能力，从而拓展自身的知识，拓展自身的认知边界，将所学知识碰撞重组，实现更多可能性。最后，专业构筑力是一种有计划地构建自身强项的能力，这是我们工作中不断追求的事情。这里的专业是指既能做到将理论运用到实际，又能从理论上说明实践经验。构建专业性能带来两个优势：其一是想要有真正创新的想法，先进入最前沿的领域，才能有所突破；其二是专注精进，做到专业顶端，能让我们在工作中找到成就感。无论工作、行业或部门的具体任务是什么，这种可迁移技能在当今劳动力市场的需求都十分强烈。

第五节 未来劳动教育新方向

由于人工智能逐渐融入人类生产劳动领域，导致部分劳动力因难以适应新兴产业和其他产业的需求而陷入结构性失业，从而引发人力资本存量贬损。不只是信息科技领域，任何一项新技术、新技能的出现，都可能带来类似的结构性失业，并通过劳动岗位的迭代影响更多劳动者。在实现产业转型升级战略的视角下，劳动教育应该由过去的以院校为主体，以在校课程为教育主场，转变为以政府、社会组织等作为教育主体，院校只是教育环节中的一个必不可少的组成部分，并不能承担全部的教育任务。政府有责任建构人力资本投资的社会合作制度体系，重点关注人力资本高低两端：一方面引导市场资源流向高端产业领域，满足高端产业发展对人力资本的需求；另一方面通过扶助弱势群体和低端劳动者顺利实现就业迁移解决民生问题。

一、政府层面的思考

（一）制定技能形成规划

政府根据产业发展需求制定宏观的技能形成规划，该规划主要着眼于三个方面。

其一，针对弱势群体的职业培训规划。在技术进步中，低端劳动者因人力资本水平最低而受到的冲击最大，同样因为人力资本水平较低而无法迁移到中高端就业岗位，是一个要经历频繁失业的群体，且常要面对跨行业的就业迁移。从改善民生、扶助弱势群体的视角，基于社会收益最大化的政府决策原则，该群体跨行业就业迁移所需的人力资本可由政府主导提供，比如依托地方人力资源和社会保障部门开展针对性强的短期培训。

其二，委托行业开展行业通用性职业培训规划。通用性职业培训可由市场提供，政府介入的应该是国家产业转型战略中亟待发展的部分，将劳动力引导到相应产业领域，用通用性培训为产业发展储备基础性和中端人才。

其三，依托市场主体制定高端特殊性职业培训规划。高端特殊性职业技能可由包括企业和培训机构在内的市场主体提供，通常不需要政府介入，但为了占据世界产业体系高端，推动中国从“制造大国”向“制造强国”转变，需要制定高端特殊性职业培训规划，由政府为市场主体提供配套资金和政策，旨在通过示范效应引导市场资源流向高端产业。

（二）推行技能使用制度

主要涵盖技能人才福利制度和技能人才成长晋升制度。根据技能人才的分类分级推行技能人才福利制度，将工资增长、工作福利改进制度化，为重点产业培养稳定的劳动大军。通过技能人才成长晋升制度，引导劳动者根据行业企业技能需求轨迹进行职业生涯规划，推进技能人才主动成长，以提高人才供需的匹配度。

（三）推进技能内部形成制度

打破当前由高等院校供给技能人才的外部技能人才形成现状，充分利用企业内部技能形成的优势。一是打造校企合作典范，依托行业遴选高端产业领域的优秀企业，形成校企合作的典范。二是打造企业大学典范，依靠政策激励高端产业领域的优秀企业办学，除了在企业内部推进技能形成，还可为行业供给技能。三是激励企业提供技能培训，强化企业的社会责任。

二、行业层面的思考

行业层面主要指通过规范和引导有条件的企业和合格的劳动者优先进入高端产业领域，通过示范效应将市场资源导向高端产业领域，从而促进国家的产业转型升级。

(1) 制定企业优先进入高端产业领域制度。为贯彻实施国家的产业转型升级战略，推进现代产业体系中的高端元素融入行业企业，可依托重点行业，率先打造高端产业元素，由行业牵头制定高端产业的企业优先进入制度。要考虑到新技术研发与科技成果转化应用的高投入性和投资回收期长的特点，避免企业因为“短视”——重引进而忽视自主创新。

(2) 制定技能评价制度。充分发挥行业在技能供给中的作用，主张技能评价主要依托行业进行，由行业依据岗位工作特征制定劳动者职业资格准入的条件，为企业的人才需求把关。

三、企业层面的思考

企业层面的主体包括用人单位和市场的培训机构，市场主体的行为遵循市场机制的要求。各行业通用的职业核心能力的培养主要为产业发展储备基础性人才，这类能力往往是弱势群体最急需的，从扶助弱势群体的视角，更为了引导劳动力进入国家战略性产业领域。

四、院校层面的思考

政府、行业、企业三个层面的思考都是基于技术革新和产业转型升级，而针对补偿和防范存量劳动力的人力资本存量贬损设计的人力资本投资路径，院校层面的制度则主要针对增加劳动力的职业能力获得。院校育人的外部技能形成路径的劣势即容易脱离产业需求，导致学生毕业即失业，院校人才培养滞后于产业发展的客观现实需求。

（一）完善校企合作制度

为摆脱人才培养供需两层皮的困境，在当前以高等院校为主培养技能人才的制度设计下，结合院校育人的专业优势，充分引进内部技能形成的优势元素，完善校企合作制度，引导企业肩负起人才培养的社会责任，为产业发展培养匹配的人才。职业教育产教融合亟待通过制度创新促进教育与产业的合作，系统地构建产教融合制度模型。分别为：个人层面——工学结合的教学组织制度；组织层面——校企合作的技术技能人才共育制度；区域跨组织层面——以“集群合作”为基础的职业教育“专业—产业双集群”的产教融合协调发展制度；国家层面——国家主导、行业指导、工会参与、学校和企业双主体育人的“政府—行业—企业—院校”合作办学制度框架。在组织层面的校企合作制度中分别依据校企合作的参与主体、企业所依赖的人力资本类型、企业的生产方式、学校的专业类别提出了校企双方的政策诉求。

校企合作制度对人才培养的关注点主要有三个：一是与企业需求相匹配的职业技能，确保新增劳动力从学校毕业后能够尽快获得一份职业；二是能够实现就业迁移的职业技能，确保在未来劳动力市场上受到外在冲击时能够相对顺利实现职业转换；三是创新能力，来自经济发展一线的创新是最接地气的创新，不论院校培养的人才处于人才金字塔的高、中、低哪一层次，创新能力的培养都至关重要，更是创新驱动发展战略得以实施不可或缺的关键要素。

（二）完善学历与职业资格衔接制度

目前中国的学历证书并不适合用来评价学生的职业技能，考虑在行业指导下，基于岗位工作分析设置专业培养方案，以校企合作的方式吸引企业参与到人才培养的过程中，通过工学结合的学习方式，确保院校的专业人才培养能够顺应产业发展需求。以此为基础，在学历教育过程中引进对应的职业资格内容，并在制度上打通学历和职业资格等级的对应关系，确保学生毕业时能够达到职业资格准入的条件，通过学历与职业资格衔接的制度安排，促进学生毕业后能顺利进入对应的产业领域，缩短职业适应期，最终使教育的人才供给与产业的人才需求相适应。在国家重点发展的产业领域，学历证书与资格证书的有效衔接和政府干预是助力产业发展的有效措施。

◎ 练　习

1.（　　）已经融入现代人生活的方方面面，它不只影响人们的生活方式，也影响现代劳动的生产方式。

A. 多媒体　　B. 新媒体　　C. 网络通　　D. 聊天室

2. 现代劳动与马克思时代的劳动相比，在劳动主体、劳动形式、劳动领域等方面(　　)。

A. 发生了很大变化　　B. 一脉相承，完全一致

C. 主体不变，形式变了　　D. 主体不变，领域变了

3. 信息时代，要把脑力劳动与体力劳动、群体劳动与个体劳动、有偿劳动与公益劳动、简单劳动与复杂劳动、(　　)、物质生产劳动与非物质生产劳动、实体劳动与虚拟劳动、生产劳动与科技劳动等，都看成劳动。

A. 智商劳动与情商劳动　　B. 学习劳动与实习劳动

C. 新劳动与旧劳动　　D. 创新劳动与重复劳动

4. 劳动教育还要重视劳动认知、劳动价值观、劳动科学知识与（　　）的培养，使学生形成全面、系统的劳动素养。

A. 奖励　　B. 成果　　C. 技能　　D. 层次

5. 一个典型案例是：过去“(　　)”作为一种职业，需要练就扎实的基本功、需要厚重的人文知识积淀、需要吃苦耐劳的工作作风。

A. 演员　　B. 圣人　　C. 干部　　D. 权威

6. 1942 年，毛泽东在（　　）上发表讲话，“某种作品，只为少数人所偏爱，而为多数人所不需要，甚至对多数人有害，硬要拿来上市，拿来向群众宣传，以求其个人的或狭隘集团的功利，还要责备群众的功利主义，这就不但侮辱群众，也太无自知之明了。任何一种

东西，必须能使人民群众得到真实的利益，才是好的东西”。

A. 第一届政治协商会议　　B. 延安文艺座谈会

C. 十九大五中全会　　D. 全国科学大会

7. 新时代劳动教育主要面向的是“90后”“00后”，这一代人是伴随着互联网长大的“(　　)”。

A. 文艺青年　　B. 知识青年

C. 新新人类　　D. 网络原住民

8. 倡导(　　)，是因为它能够创造满足人们需要的新的使用价值，在于它能带来劳动者自我素质的提高。

A. 群体智能　　B. 素质教育

C. 创新劳动　　D. 艰苦奋斗

9. 所谓“(　　)”，是指突破劳动的惯性思维，突破原有的生产方式、组织方式，创造和运用全新的思维观念、科技知识、工艺设计及方式方法所进行的创造性劳动。

A. 创新劳动　　B. 素质教育

C. 群体智能　　D. 艰苦奋斗

10. 所谓“(　　)”，即通过人的脑力劳动萌发出技术、知识、思维的革新，从而提升劳动效率、产生出超值社会财富或成果的劳动。

A. 创新思维　　B. 素质教育

C. 群体智能　　D. 创新劳动

11. (　　)年5月1日，人民日报发表社论《勤奋劳动、诚实劳动、创新劳动》，由此，“创新劳动”引起社会重视。

A. 2012　　B. 2011　　C. 2017　　D. 2021

12. 创新劳动生产的是(　　)，它们表现为新理论、新观点、新创意、新技能等。

A. 虚拟产品　　B. 思想方法

C. 知识商品　　D. 有价证券

13. 掌握了科技知识的劳动者进行的劳动是高级或超高级的(　　)劳动。

A. 复杂　　B. 简单

C. 重复　　D. 金牌

14. (　　)创造出商品（知识）的使用价值，研究、创新形成有益于人类进步的各种知识，推动人类社会知识的进展；或运用各种知识生产出产品和劳务，能够满足人类的物质、文化生活需要。

A. 工业劳动　　B. 技术劳动

C. 抽象劳动　　D. 具体劳动

15. 为进一步认识客观事物而获得新知识的创造性劳动可以称为(　　)劳动。

A. 人力创新　　B. 产品创新

C. 科学创新　　D. 技术创新

16. 为节约时间和空间，节约体力和精力，节约资源和能源而探索更简便的思想、方法和手段的创造性劳动可以称为（　　）劳动。

A. 人力创新　　B. 产品创新
C. 科学创新　　D. 技术创新

17. 为满足社会与个人新需要而设计与创造新的使用价值的创造性劳动可以称为（　　）劳动。

A. 人力创新　　B. 产品创新
C. 科学创新　　D. 技术创新

18. 为发展人自身的劳动又称为（　　）劳动，它包括学习劳动和部分教育劳动。

A. 人力创新　　B. 产品创新
C. 科学创新　　D. 技术创新

19.（　　）是最重要的创新家，这是因为他们在把发明转变为创新的过程中所起的卓越的组织和管理作用。

A. 大专家　　B. 设计师　　C. 企业家　　D. 工程师

20.（　　）的出现，引发了劳动就业迭代的现象，通俗来讲，就是它会导致一部分职业被替代。

A. 计算方法　　B. 人工智能　　C. 数字媒体　　D. 智能制造

◎ 课程学习与实践总结

至此，我们顺利完成了本课程的教学任务以及本书有关“劳动教育”的全部学习和实践作业。为巩固通过学习和实践所了解和掌握的相关知识和技术，请就此做一个系统总结。限于篇幅，如果书中预留的空白不够，请另外附纸张粘贴在边上。

1. 课程的基本内容

（1）本学期学习的“劳动教育”主要有（请根据实际完成的教学情况填写）：

第一章：主要内容是：________________________________

____

____

第二章：主要内容是：________________________________

____

____

第三章：主要内容是：________________________________

____

____

第四章：主要内容是：________________________________

____

____

第五章：主要内容是：________________________________

____

____

第六章：主要内容是：______________________

____

____

第七章：主要内容是：______________________

____

____

第八章：主要内容是：______________________

____

____

第九章：主要内容是：______________________

____

____

第十章：主要内容是：______________________

____

____

第十一章：主要内容是：______________________

____

____

第十二章：主要内容是：______________________

____

____

(2) 请回顾并简述：通过学习和实践，你初步了解了哪些有关“劳动教育”的重要概念（至少3项）？

① 名称：______________________

简述：______________________

____

____

② 名称：______________________

简述：______________________

____

____

③ 名称：______________________

简述：______________________

____

____

④ 名称：________________

简述：________________

⑤ 名称：________________

简述：________________

2. 实践的基本评价

（1）在全部实践中，你印象最深或者相比较而言你认为最有价值的实践是：

①

你的理由是：

②

你的理由是：

（2）在所有实践中，你认为应该得到加强的实践是：

①

你的理由是：

②

你的理由是：

（3）对于本课程的内容与实践，你认为应该改进的其他意见和建议是：

3. 课程学习能力测评

请根据你在本课程中的学习情况，客观地对自己在“劳动教育”知识方面做一个能力测评。请在表 12-1 的“测评结果”栏中合适的项下打“分”。

表 12-1 课程学习能力测评

关键能力	评价指标	测评结果					备注
		很好	较好	一般	勉强	较差	
课程主要内容	1．了解本书的知识体系、理论基础、练习实践及其发展						
	2．熟悉劳动的基本概念						
	3．熟悉本课程的学习方式与环境						
战略方针	4．了解德智体美劳“五育”战略						
	5．熟悉劳动形态与素养						
	6．了解劳动教育的发展历史						
劳动精神、劳模精神与工匠精神	7．熟悉劳动的文化建设						
	8．熟悉劳动精神，了解劳模精神						
	9．熟悉劳动者的工匠精神						
创新方法	10．了解劳动的创新发展						
劳动者的权益与评价	11．熟悉劳动者权益保护						
	12．了解如何评价劳动教育						
创新劳动与愿景	13．熟悉创新劳动概念						
	14．了解劳动发展愿景						
掌握学习能力	15．了解网络自主学习的必要性和可行性						
	16．掌握通过网络提高专业能力、丰富专业知识的学习方法						
自我管理与交流能力	17．培养自己的责任心，掌握、管理自己的时间						
	18．知道尊重他人观点，能开展有效沟通，在团队合作中表现积极						
解决问题与创新能力	19．能根据现有的知识与技能创新地提出有价值的观点						
	20．能运用不同思维方式发现并解决劳动教育问题						

说明：“很好”5 分，“较好”4 分，其余类推。全表满分为 100 分，你的测评总分为：________分。

4. 实训总结

____

____

____

____

____

5. 实训评价（教师）

____

____

练习参考答案

第一章

1. B　2. C　3. A　4. D　5. C　6. A　7. B
8. D　9. B　10. A　11. C　12. D　13. A　14. B
15. D　16. C　17. D　18. D　19. A

第二章

1. A　2. C　3. B　4. D　5. A　6. B　7. C
8. C　9. A　10. C　11. A　12. D　13. C　14. D
15. B　16. A　17. D　18. B　19. D　20. A　21. B
22. D　23. A　24. C

第三章

1. B　2. C　3. D　4. C　5. A　6. B　7. D
8. C　9. A　10. D　11. C　12. B　13. D　14. C
15. A　16. B　17. A　18. B　19. C　20. A　21. B

第四章

1. D　2. A　3. C　4. B　5. D　6. A　7. B
8. C　9. D　10. B　11. A　12. D　13. C　14. B
15. D　16. C　17. B　18. A　19. D　20. B

第五章

1. A　2. C　3. C　4. D　5. D　6. A　7. C
8. A　9. B　10. D　11. B　12. C　13. A　14. D
15. C　16. B　17. D　18. D　19. B　20. A　21. D
22. B

第六章

1. B　2. A　3. B　4. D　5. C　6. B　7. A
8. C　9. D　10. B　11. A　12. C　13. B　14. D
15. D　16. A　17. B　18. D　19. A　20. C

第七章

1. A　2. D　3. C　4. B　5. A　6. C　7. D
8. C　9. A　10. B　11. D　12. A　13. C　14. D

15. A	16. B	17. C	18. A	19. D	20. C	

第八章

1. B	2. C	3. A	4. A	5. D	6. C	7. B
8. D	9. A	10. C	11. B	12. D	13. A	14. B
15. C	16. D	17. A	18. B	19. C	20. A	

第九章

1. B	2. A	3. C	4. B	5. A	6. C	7. B
8. D	9. A	10. C	11. B	12. A	13. A	14. D
15. C	16. A	17. C	18. D	19. B	20. C	21. B
22. D	23. A					

第十章

1. C	2. A	3. B	4. D	5. C	6. A	7. B
8. D	9. D	10. A	11. D	12. B	13. A	14. D
15. B	16. A	17. C	18. D	19. A	20. B	

第十一章

1. C	2. A	3. D	4. B	5. C	6. D	7. B
8. D	9. D	10. C	11. B	12. A	13. C	14. B
15. A	16. C	17. B	18. D	19. D	20. D	

第十二章

1. B	2. A	3. D	4. C	5. A	6. B	7. D
8. C	9. A	10. D	11. B	12. C	13. A	14. D
15. C	16. D	17. B	18. A	19. C	20. B	

参考文献

[1] 本书编写组 . 新时代大学生劳动教育教程 [M]. 广州：华南理工大学出版社，2020.
[2] 何光明，张华敏 . 高职学生劳动教育教程 [M]. 北京：高等教育出版社，2020.
[3] 金正连 . 劳动教育与素质养成 [M]. 北京：中国人民大学出版社，2020.
[4] 曾天山，顾建军 . 劳动教育论 [M]. 北京：教育科学出版社，2020.
[5] 赵鑫全，张勇 . 新时代大学生劳动教育 [M]. 北京：机械工业出版社，2021.
[6] 刘向兵，等 . 新时代高校劳动教育论纲 [M]. 北京：社会科学文献出版社，2019.
[7] 人力资源社会保障部教材办公室 . 工匠精神 [M]. 北京：中国劳动社会保障出版社，2019.
[8] 方艳丹，韦杰梅，卢民积 . 劳动教育实践活动设计 [M]. 北京：电子工业出版社，2020.
[9] 季凌斌，周苏 . AI 伦理与职业素养 [M]. 北京：中国铁道出版社有限公司，2020.
[10] 周苏，余强 . 创新思维与方法 [M]. 2 版 . 北京：中国铁道出版社有限公司，2021.
[11] 周苏 . 创新思维与创新方法 [M]. 天津：南开大学出版社，2018.
[12] 周苏 . 技术创新方法 [M]. 北京：中国铁道出版社，2018.
[13] 周苏 . 管理创新方法 [M]. 北京：中国铁道出版社，2017.
[14] 周苏 . 创新思维与创业能力 [M]. 北京：中国铁道出版社，2017.